长白山学术文库
The Academic Library of
Changbai Mountain

第二辑

儒文化与中国现代作家

王　确　著

吉林人民出版社

出 品 人：常　宏
选题策划：吴文阁
统　　筹：孟广霞
责任编辑：王　静
装帧设计：尤　蕾

图书在版编目（CIP）数据

儒文化与中国现代作家 / 王确著. -- 长春：吉林
人民出版社, 2023.12
（长白山学术文库. 第二辑）
ISBN 978-7-206-20762-4

Ⅰ. ①儒… Ⅱ. ①王… Ⅲ. ①儒家－传统文化－关系
－作家－人物研究－中国－现代 Ⅳ. ①B222.05
②K825.6

中国国家版本馆CIP数据核字（2023）第232221号

儒文化与中国现代作家

RU WENHUA YU ZHONGGUO XIANDAI ZUOJIA

著　　者：王　确
出版发行：吉林人民出版社
（长春市人民大街7548号 邮政编码：130022）

咨询电话：0431-85378007
印　　刷：吉林省吉广国际广告股份有限公司
开　　本：710mm×1000mm　1/16
印　　张：14.25
字　　数：230千字
标准书号：ISBN 978-7-206-20762-4
版　　次：2023年12月第1版
印　　次：2023年12月第1次印刷
定　　价：58.80元

出版说明

习近平总书记在全国哲学社会科学工作座谈会上明确指出:"一个没有发达的自然科学的国家不可能走在世界前列,一个没有繁荣的哲学社会科学的国家也不可能走在世界前列。"同时强调,"哲学社会科学具有不可替代的重要地位,哲学社会科学工作者具有不可替代的重要作用。"两个"不可替代"充分阐明了建立高水平学术队伍、出版高水平学术著作的重大意义,为新时期学术出版工作指明了前进方向。

吉林历史文化源远流长,学术研究亦早发轫。中华人民共和国成立以来,在党和政府的亲切关怀和指引下,吉林哲学社会科学研究队伍不断发展壮大,涌现出一大批具有理论高度、学理深度、学术厚度的专家学者,有些专家学者不但驰名全国,而且饮誉世界。这支生机勃勃的研究队伍,坚持以辩证唯物主义和历史唯物主义为指导,在哲学社会科学的各个领域孜孜矻矻,上下求索,推出了一大批填补历史空白、具有当代价值,亦能产生历史反响的学术著作。研究队伍为吉林文化大省、理论大省、学术大省建设做出了积极贡献,研究成果是吉林一笔宝贵的精神财富,是吉林人文化自信的一种重要凭倚。

多年来,吉林人民出版社一直以出版学术著作和理论著作为工作的主基调,出版了一大批具有创新性的学术著作,受到学术界的一致好评,尤其是主题出版更是可圈可点,受到社会的广泛赞誉。新时期,新使命,新担当,本社决定投入人力、物力和财力,编辑出版大型丛书《长白山学术文库》（以下简称《文库》）。《文库》分辑推出，每辑收入哲学社会科学和人文学科等学术著作10—15部。通过《文库》出版，荟萃吉林学术经典，延续吉林文脉，弘扬创新精神，增强文化自信，为建设吉林文化高地和学术高地贡献力量，为以中国式现代化实现中华民族伟大复兴做出吉林出版的贡献。为保证《文库》的特色和质量，收入著作坚持如下原则：

——收入吉林籍专家学者的学术著作。

——收入具有正高级专业技术职称专家学者的学术著作。

——收入作者独立完成的学术著作。

——收入已由国内正式出版机构出版过的学术著作。

——收入各个学科有代表性的学术著作，优先收入国家哲学社会科学研究项目、教育部哲学社会科学研究项目以及入选《国家哲学社会科学成果文库》的学术著作。

——收入的学术著作一仍其旧，原则上不做修改。

——适当考虑收入学术著作的学科分布。

——收入的学术著作符合国家的出版规定和要求。

编辑出版一部大型学术丛书，是本社面临的一个全新课题。本社将秉持对历史负责、对人民负责的精神，认真听取各方面意见，不断优化编辑思路，努力编辑出版一部思想精深、学术精湛、做工精美的学术文库。

编　者

王　确

东北师范大学教授，博士，享受国务院政府特殊津贴专家。历任东北师范大学学术委员会主任、文学院院长、校党委学工部部长；教育部教指委委员，国家社科基金学科组专家，中国文艺理论学会常务理事，吉林省作家协会副主席，吉林省美学学会会长，日本东京大学客员研究员，日本文部省国际日本文化研究中心外国人研究员。主持教育部重大课题攻关项目等 11 项课题，在《文学评论》等刊物发表学术论文 90 余篇，由商务印书馆、中华书局等出版的独撰、主编和参编学术专著、教材和丛书 25 部，曾获教育部科学研究和国家级教学成果等奖励 10 项。

序

历史传统与精神文化现实

孙中田

我们在历史传统和精神文化现实之间，仿佛有说不完的话语。或者不妨说，我们自己就是这一历史与现实的时空中自然的中介。只要历史在发展，传统就在变异中演进，并给予我们这样或那样的启示。自然，每个时代对于传统都有它的解读准则，甚至不是名正言顺地去承传，乃至形成对峙的态势，大加挞伐；但是传统却不会因之而悄然退去，它总是在时空中保有自己的生机。就一个时代一个民族来说如此，一个人也莫不如此。只是这种传留始终是在一个变体链中延传着。传统自然有它的惰性，但在流变中又不断地赋予它以常新的活力。

在我国的历史发展中，五四新文化运动，可以说是新旧文化的一个分水岭。而新文学则是中国现代化进程中一支功勋卓著的劲旅。在那个历史时期，它以超前的意识、雷霆万钧之势，对中国传统的主流文化——儒家文化，对于"孔家店"的一切，进行了猛烈的抨击。当时文化新军的代表人物陈独秀、李大钊、胡适、鲁迅、刘半农、钱玄同等，莫不以卡里斯马的气势，要营造成一个全新的时代。在他们看来，要使中国真正成为民主共和国，便要通过"新旧思想的大激战"。李大钊呼唤青年，要"冲决过去历史之网罗，破坏陈腐学说之囹圄"，重造"青春之民族"。这时节，一切儒家的道德伦理，都被宣判为罪恶深重的樊篱，要

"拖四十二生的大炮"予以轰击（陈独秀语）。鲁迅也声称，这文化新军在前进中，苟有阻碍，"不论是古是今，是人是鬼，是《三坟》《五典》，百宋千元，天球河图，金人玉佛，祖传丸散，秘制膏丹，全部踏倒他"（《热风·随感录三十六》）。他们要在一个全新的基础上，建构"五四"以来的新文化。

如今，新文化运动已经具有半个世纪的历史，作为新文化的主流话语，自然已经构建起来，但是在权威话语后面的隐形话语并不因之而销声匿迹。或许在后人看来，在这些卡里斯马人物的凌厉武器中就或明或暗地在运用着儒家的观念。在这个问题上，也许后现代思潮的德里达说得颇近情理。在他看来，传统的威力是十分强大的，甚至是隐存在我们的血液乃至思维和语言里。你以为他已经离你而去，实则你已陷入不可自拔的境地。传统与创新的关系，恰如两个相似而不相等的同心圆，它重叠着却并不重复。任何创新都有它反传统的方面，因此它要背弃旧圆，改变旧圆的形状而出走，但又不断地回归，传统与创新正是这样的一个过程。我们在"五四"时期所进行的新文化运动正是这样，无论那时的文化精英是否意识到这一命题，都是如此。以"文以载道"与"为人生而艺术"两个命题来说，自然各有其质的规定性，如果不加分析地加以比附，自然不妥。前者是载封建之道；而后者则是在新文化倡导的时代，是以为民众和国民的人生而献身的。但是，这两者之间，却不难发现它们的同一性。所谓同一性，在哲学的意义上说，它们既有某个层面的联结点，又按照自我的方向转化着。我觉得这个联结点就是那种入世精神和社会的责任感。林毓生在《答常乃德〈古文与孔教〉》里也谈到这个道理。他说："那是中国知识分子特有的入世使命感。这种使命感是上承儒家思想所呈现'先天下之忧而忧，后天下之乐而乐'与'家事、国事、天下事，事事关心'的精神的。"这种联系只能是一种异质而同构的关系；如果说"上承"也是从悖反的方面联结的，但是这种联结中却难于排除中国式的脉络。

现在，历史已经拉开了距离，当我们进行理性反思的时候，传统与历史因缘，特别是与当时猛烈抨击的儒家文化的承传与转化的关系，给予它以科学的说法，便显得具有重要的价值。就此说来，王确的著作《使命的自觉》※无疑是应时而出，并且是具有敏感性和挑战意味的。

　　这是因为，中国新文学的开端，便是以反对儒家的教义为起点的。现在我们如果从新文学与儒家文化中寻求它的同一性，乃至千丝万缕的联系，无疑地具有悖逆初衷之嫌。同时儒家文化是一个庞大的思想体系，它因时代变迁，源远流长，进行梳理，实际上是一项泼出秽水留下婴儿的繁难的工程。对于现代文学的研究者说来，不仅要进行共时性的研究；同时必须深入历史的渊源中去，分辨是非，清理提纯，排除陈见，容纳新知，这是一项十分精密的事。在一定的意义上说，运作得不好，会得不偿失。因此，进行这项工作，不仅需要探求的勇气，而且需要智慧，需要科学的步履。据我所知，王确在完成这一课题中，是做了大量的前期的准备工作的。首先，他不断地在近年来关于新儒学讨论中获取新知，同时也以西方的现代文化思潮作为自己的思想补养，因此显得目光开阔，理性的思辨力度较强。其次，他从历史和现代文化的时空中，积累资料，因此文章做起来，才显得具有历史感和事理的说服力量。与此同时，他把翔实的知识积累与所研究的客体努力地结合起来，既有中国现代文学总体的宏观的解析，又有鲁迅、周作人、郭沫若、茅盾、老舍、赵树理等作家个案的剖析。在入世精神、尚群观念、使命意识等诸多方面，阐发了儒家文化思想的历史流脉。不仅如此，他在自己的课题中，也尽力从儒家传统与新文学的审美取向中，进行解读。例如同为功利意识，鲁迅的"以人为本"（启蒙主义功利观），郭沫若的"无用之用（客观功利观），茅盾的"镜子与斧头"（理性功利观）以及赵树理的"为了劝人"（现实功利观）的梳理，虽未必准确，但是，可见作者的细密的用心。应该说，作者的审视态度和抉择精神是认真的。在许多容易被忽视的潜隐事理中，寻取到此在与历史渊源的变异与文化联系。显然，一个作家是文化的创造者，也是历史文化的载体，文化的产物，正是如此，在他们身上，正可以析厘出创新与承传的历史关系。通读全书，感到作者对于这部学术著作的论述是平和、公允的。如果说，"五四"在对传统的审视中有失清醒的理性精神，那么由于时代的恩示，在作者处理这一问题时，虽然要做逆向的思索，但对历史的功绩，则给予充分的肯定，同时又使事理得以张明。既有分寸感，又使所论到位，这是很不容易的事。其中对于科学精神与以理以事服人态度的把握，起了重要的作用。

现在这部著作即将面世，我作为一个初读者，写下自己的一点印象，以求与智者共识。

1999年9月

※本书初版名为《使命的自觉》，本次再版改为《儒文化与现代作家》。

编者注

目　录

第一章　儒家传统的历史处境与新文化重建

　　"五四"文化重建仅仅在表面上看仿佛是以扫荡儒家传统为背景的，但在实际上，儒家传统不仅被作为打击的对象，而且还以一种特殊的姿态参与了"五四"文化重建。此后，儒家文化作为一种根深蒂固的民族传统，作为民族的集体无意识，在某种意义上影响着中国现代文学的历史走向。

一、儒家文化的历史处境

　　中国文化的各种形式在20世纪都经历了深刻的转型过程，当我们将要走出这个世纪的时候，自然会回首过去，反思历史，以资未来。中华民族在这个风风火火、坎坎坷坷的世纪里，不仅在物质文化和制度文化领域取得了举世瞩目的辉煌成就，在精神文化上也有突飞猛进的变化和发展，但我们在民族文化的选择和重建上仍然存在着某些失误，如对待传统文化的一些激进态度所带来的中国现代文化的某些畸变和遗憾，也是无法回避和令人深思的。

　　一个民族的存在依据是什么？我想主要有两条：一是独特的民族个性；二是它的存在对整个人类具有特殊的意义，并能够为人类作出独特的贡献。这些民族的存在依据说到底取决于一个民族的独特文化，并体现在民族文化的各种形式之中。儒家文化作为中国传统的主流文化，自然肩负着保持、改造、完善和发展中华民族在全人类的独特风格和特殊价值这一重要使命。中国历史经历了多次的时代更迭，每一个时代的人们对儒家文化所采取的立场和态度也都不尽相同，但不论时代推崇儒家文化，或要求儒家文化加以改造以适应时代，还是彻底否定儒家文化，儒家传统都以其自强不息的进取精神和可能的方式参与到时代文化的变革和重建的过程之中。这种坚韧不拔的文化品格，这种参与意识，不会完全受某个时代的某些人的意志所左右。这是任何一种古老的"轴心"文化都具有的"使命的自觉"。

　　儒家传统作为民族的主流文化，尽管它对它的文化使命具有明确的自觉，但由于不同时代的处境不同，它在各个时代所发挥的作用，所实现的价值也有所不同。因而，了解儒家文化在各个历史时代的不同处境与所发挥的作用之间的关系，对我们扬弃文化传统的惰性因素，弘扬文化传统的积极成分，当是十分有意义的。

　　我们现在说的儒家，与"儒"的含义自然是不同的，但它们却有联系。儒家传统的根本意义在"儒"的产生时就已经有所体现了。尽管历史上对最早的"儒"的解释并不一致，如有说是"求雨的巫觋"；有说是与那时的乐师有关[1]，但我觉得胡适先生把"儒"描述为"'殷礼'的保存者与宣教师"[2]，是一种更具概括性的看法。儒士们特别看重仪式，关注仪礼所象征的一种秩序化的社会理想。孔子们正是在这些"秩序"的象征形式中，发掘出有关秩序社会的观念、伦理范畴和支持这些秩序和伦理理

---

[1]　参见葛兆光：《七世纪前中国的知识、思想与信仰世界》，复旦大学出版社1998年版，第171—172页。

[2]　胡适：《胡适论学近著》第1集，商务印书馆1935年版，第17页。

念的依据——仁的。这些社会观念和思想对现代人的社会理想、道德信奉和情感需要仍然发生着影响。

儒家思想和文化从一开始就强调在人性的基础上对现实社会和历史进程表现出切实的关怀。历史上儒家文化式微的时期，人们也常对儒家传统所包含的纯粹理念表示过怀疑或否定，但儒家传统的真正危机更多的不是来自于它的内在理念，而是产生于它与某种特定的社会现实或历史的暂时走向之间的不和谐。盛极一时并奠基了中国封建社会的周王朝在公元前771年被戎人切断，周王虽被杀，但王子得逃东迁，再建史称为东周的王朝。东周时期一般被分为两个阶段——"春秋时代"和"战国时代"。

当历史把我们带到春秋战国这个很遥远的时代时，我们所观照的春秋战国这个历史时期与我们已经没有实际的利害关系了，因而，在我们的感受中可能会更多地欣赏那个时代的变动不居，欣赏那个时代丰富的历史故事，欣赏由于那个时代的久远而带给我们的新奇感，尤其欣赏那个时代的多元文化。然而，如果我们把春秋战国时代假定为我们的处境，我们就会体会到那个时代的战乱四起、民不聊生、生灵涂炭、政治混乱、经济倒退这样一个罪恶的现实。也正是由于这个时代给当时的人们带来了多方面的灾难，才使当时那些有识之士从各个方面对历史和时代进行深入的反思，这种反思的结果就是诸子百家和他们所创造的流芳百世的思想成果。实际上虽并没有百家，不过一二十家，但这种自由争鸣的文化氛围，却创造了中国思想文化史上最为辉煌的时代。这说明灾难和罪恶的时代有时仍然可能创造出璀璨的文化，但这种文化却不支持当下的社会现实，而是在批判现实的基础上构筑着未来时代的社会和文化格局。

在诸子百家中，儒家、道家和法家是最不可忽视的学派。他们虽都关心人，关心社会，但他们的社会理想，他们设想的拯救时代的理路很不一样：道家以一种反文化主义的姿态，否定一切有为和人为的结果，试图用个人的任运随缘、全生避害的方式来达到世界的和谐；法家用一种政治现实主义的价值尺度来判别社会事物，以简单明快的唯目的方式支持和维护独裁暴君的意志，试图借此实现社会的统一秩序；儒家是从人的发展需要出发，试图建立一种符合人性的、理想的道德和社会秩序。道家在总体上是出世的，它更多的是提供某种形上思考和精神境界，很难深入现实并在实际上推进历史进程。儒家和法家虽然主张大不相同，但在秦统一之前，都主张建立一种集权统一的秩序体系，但在这时，人们更愿意接受法家的观念，这不仅因为农业文明的发展，需要社会的安定，而且当时的人们也实在厌倦了社会的无序，急于实现社会的统一和安定，而法家的那种不顾及传统理法、现有习俗和手段的道德约束，以赏和罚来维护统治者意志的主张，在一定意义上能够满足人们对统一安定的那种急切的心理和现实需要。这一时期儒家的孟子提出许多治世主张，宣传儒家的治世之道，但得到的反应多是被冷落。

我总是对中国历史有这样一种不想去加以深入证明的感觉：人们在急功近利面前自然会优先选择法家，在大失所望时会优先选择道家，在抱有一种从容的社会理想之时必然会优先选择儒家。儒家在战国末叶所表现出来的现实失败，实际上是一种外在危机，因为中国的农业社会结构，需要长治久安，长治久安需要儒家的仁爱原则及其情感基础。

一种文化的危机意味着它将面临新的转型，并在自身产生新的生命，因而我们不能把一种文化的危机当作它的腐朽来看待。秦的灭亡，人们看到了儒家文化对中国的文明和社会的重要性。汉代在汲取秦的历史教训基础上，又经过几十年的文化选择，最终还是把儒家思想作为了立国的根本理念，但汉代的儒学不同于先秦时期孔孟的以人本和民本观念为核心的思想，也没有守住荀子所张扬的"从道不从君"[①]的独立原则。董仲舒是汉代儒学的代表，他对先秦儒家思想作了两方面的改造：一是淡化了孔孟的人本和民本观念，强调了君主至上的思想。这就给儒家思想创造了一个走向正统思想轨道的机会；二是董仲舒虽然承认君主至上，但他尚不忘儒家文化的独立社会使命和长治久安的社会理想，在君主之上设置了一个

---

① 《荀子·臣道》。

"天"的终极权威，试图通过天来限制君主的独裁和妄为，但这一设置在更多的时候还仅仅是一种在现实中无效的观念形态，因为君主对此常常是拒不接受的。董仲舒的思想对儒家学说最大的历史贡献是，它弘扬了儒家文化的自强不息、积极入世的精神，但它的君主至上和神学倾向在东汉没落王权手上最后还是变为一种御用文化，甚至退化为一种谶纬迷信。这是儒家思想的异化形态，这种"异化"虽与儒家思想的入世观念和尚用追求有关，但并不是儒家思想的应该和必然结果。

魏晋时期一些出身儒学世家的人表现出的对老庄思想的崇尚，这是从东汉儒学的堕落来的，他们的本意与其说是对儒家思想的否定，不如说是对异化儒家的一种匡正和拯救。许多学者都认为魏晋玄学的内在本质是儒学，其原因也正在于此。这种谈玄正儒的过程动摇了独尊儒学的思想文化格局，为儒学的改革、再造和完善提供了某些条件。于是，隋唐时的儒佛道三教并尊局面，为此后儒学内涵的丰富性提供了更为广阔的天地，尤其是唐代的一些有识之士，进一步还原儒家思想的入世精神，提倡"以《诗》《礼》《春秋》之道施于事，及于物，思不负孔子之笔舌"[①]。主张以儒为本，融合各家思想，促进着儒学的复兴。同时，对儒家思想的哲学化倾向加以关切。这些对宋代理学都产生了相当的影响。

宋代以后的新儒学，再次把儒家思想推到社会文化的正宗地位，但儒家思想的内部结构却有很多的改变，无论是朱熹的以"理"为起点的理学，还是王阳明以"心"为起点的心学，都一方面把儒家思想与历史和现实联系在一起，发扬了儒家文化的进取和入世精神；另一方面，又区别于先秦和汉代儒家思想与现实的那种过于黏合的关系，带有极明显的超验性，这就有效地强化了儒家学说的独立品格。这一时期的儒家思想虽然兼为官方哲学，但它的相对独立的哲学性质，使它具有了独立于封建王权之外的某些条件。然而，中国传统的各种思想文化都必然以一元论的宇宙中心主义为背景，主流文化对社会现实的左右是明显的，当然从另一方面

---

① 《柳河东集》，上海人民出版社1974年版，第418页。

说，一种主流思想也从不离开对当下社会历史的总结。从朱熹到王守仁的儒学越发地趋于内省，于是，代表着社会风尚的缙绅阶层表现出过于追求个人教养、过于看重学识和心性举止的合于大体，在他们的价值观念中，原则和理念比生活的富庶和国家的实力更为重要。这种主流文化在某种程度上强化了宋明以后中国文化的惰性，当时的社会政治、经济等方面的内向和停滞状态也不能说与这种文化倾向无关。这样一种社会和文化，在它处在完全封闭的情况下我们必须承认它自有其产生、存在和发展的充分理由，但当外来文化不论以何种方式介入之后，情况都将发生明显的变化。这也就是儒家文化在宋明以后，渐渐地呈现出各方面的危机的历史和它自身方面的部分原因。

儒家文化在中国近现代的危机来自三个方面：一是普遍王权的瓦解，动摇了儒家传统的正统地位。这对儒家传统本身并不是一件坏事，因为在它脱离了普遍王权之后，就有机会伸直被历代统治者扭曲的部分，还其本来面目；二是它重义理和人格、轻实力和成就，重和谐、轻斗争的基本观念。在这一观念的指导下，中国的历史舞台上曾上演过一出出的闹剧和悲剧，如庚子事变中，普通老百姓、上层官僚、知识分子都把赶走洋人这样一个现实而又现实的事情，当作义理和道德情感来对待，造就了一场令人哭笑不得的千古悲剧。更能让我们深思的是，经过了义和团的历史教训，经过了几代中国知识分子在屈辱和挫折中向外来文化学习，以及对中国文化的不断深入的认识之后，新中国的国人不是仍然把一种社会理想和信念与喇叭裤、口红，甚至富裕和舒适对立起来吗？以至于强行地撕开年轻人心爱的裤子，砍倒大片的果树和庄稼；三是伪儒借儒学招牌欺世盗名，败坏了儒家声誉，如袁世凯的尊孔丑行。这种现象的出现与儒家文化本身并不具有内在和必然的联系。

当我们面对西方强大的实力的时候，一些有识之士试图一方面在自我更新、自我调整的基础上保持民族文化传统的生命力，另一方面又主张在西方的生存技术中获得能够有效地抵御西方侵入的实力。这就是洋务运动时期的"中体西用"思想。洋务运动的失败原因虽很复杂，但人们最后集中关注的是政治制度。于是有了"百日维新"运动，但它也同样破产了。百日维新的失败，带给中国知识分子的反思结果是，一切民族传统，一切现存的制度和文化都已不可能造就出中华民族往日的辉煌，必须加以扫荡和彻底铲除，五四新文化运动的文化立场和批判姿态就充分地体现了这一点。中国近现代的这种现实和文化上的选择，是必然的，也是合理的，因为这段历史需要我们解决的最为首要问题就是如何使民族摆脱生存的危机，要生存就要有与西方列强的抗衡能力，因而也就必须全面向西方学习。同时，在某种意义上守望着儒家传统的近现代的一次次改革的破产，也都仿佛告诉人们儒家文化与新的时代的紧张。

但面对中国近现代的文化选择我们却不能不说，由于历史的原因，人们还表现得过于急切，过于注意眼前，以至于未能对以儒家思想为代表的传统文化进行冷静的思考。此外，中国传统文化作为世界上几大"轴心"文化之一，有它独特的优越性，有它顽强的生命力，操持着这种文化的中国人也不可能像日本明治维新时代，像代表着日本人价值观念的福泽谕吉在当时所采取的对待西方文化的那种没有自我优越感的、对世界文化加以比较之后进行选择的态度。①接受西方的文化，把西方文化作为一种文化资源重新创造出一种适应时代的新文化，对我们来说是极为复杂和艰难的，因为我们有相当特殊的文化积淀和背景，我们的文化确实有许多值得保存的精华部分。实际上，传统文化的断和续也并不会完全以我们的意志为转移，这是被无数的事实所证明了的。我们应该承认其存在，促进其向新的时代和未来转化。

过去很长一段历史时期，西方世界一直认为儒家文化与西方的"资本"文明是矛盾的，在中国文化笼罩下的民族不可能使他们的经济腾飞，国人也有持这种观点的。可是，近二十年间，东亚国家和地区就是在儒家文化的背景下不断地创造出了经济和社会发展的一个个奇迹。这一切引起

① 参见［日］福泽谕吉：《文明论概略》，商务印书馆1982年版。

了世界的关注，人们怀疑和否定韦伯关于东方文化，尤其是儒家文化的看法，重又提出儒学复兴的口号，这既是从历史现象中获得的启示，又是儒家文化固有生命力的一种历史表现。

面对儒家文化的危机，我们的态度应该是以一种更为宽阔的历史视野来观照、评价、利用儒家文化，要以一种现代的眼光促进儒家文化的现代转化，而不是不负责任地、没有分析地向传统文化"打棍子"，或者把弘扬传统文化仅仅当作一个极为抽象的口号，只是在需要的时候拿出来喊几声，之后也就再没有任何举动了。

当然，尽管在中国历史上，特别是"五四"时期的文化精英们曾以切实的思想和行动试图扫荡儒家文化，扫荡民族传统，但我们不应该指摘那些早已长眠地下的，曾为民族的崛起、为中国文化的现代转化而呕心沥血的人们，相反我们应该褒奖他们那种无畏的进取和所取得的伟大成就，因为今天的我们的看法无论如何高明或合理，也都是建立在先驱者们的认识基础之上的。在我的思考处于这样一种场合的时候，我总能想起陈思和在80年代中期出版的一本书中的一段话："正是由于五四运动比较彻底地批判了传统文化，大量地吸取了西方新文化，才使中国文化充溢了新鲜的血液，使它的生命力从窒息状态中逐渐复活过来，终于完成了由否塞向泰通的伟大转化，给今天的阿城们[1]提供了重新认识传统文化的客观条件。也正是由于对西方文化的开放精神，使新一代的中国人及时吸收了同步的外来文化，在现代意识的基础上重新审视传统文化，给阿城们提供了重新认识传统文化的主观条件。以此观之，'五四'对传统文化的批判和否定，不仅无过，而且有功，我们应正确认识它的价值。"[2]陈思和这一富于思辨色彩的论述之所以能给我一种思想的惊奇和愉悦，就在于他没有像另外一些人那样，仅仅站在一个极端上，把"五四"传统与民族文化传统割

---

[1] 阿城在1985年1月8日的《文艺报》上曾发表过《文化制约着人类》一文，陈思和在讨论新文学与文化传统的问题时，是从阿城的文章谈起的。

[2] 陈思和：《中国新文学整体观》，上海文艺出版社1987年6月版，第239—240页。

裂和对立起来，而是以一种对"五四"文化传统的深刻肯定方式，呼唤了"五四"文化传统所必须依赖的民族文化传统。因此，我们必须意识到，我们毕竟是又一个时代的国人，我们要发现属于我们这个时代独特的价值，我们要说出我们这个时代的话来。我们要对历史，尤其要对从中国近代到"五四"时期的文化思潮进行全面的反思，在这个背景和起点上，我们才能够充分认识中国新文化。

二、儒家与"五四"文化重建

中国文化的现代转换，是在外源动力的推动下起步和进展的，因而有人把中国从农业文明向工业文明的转化过程，干脆视为对西方近代以来新的生活方式的被动认同过程，但在这一过程中，我们所从事的却是一种文化上的主动选择和重构。不论把这一过程看成是外来文化对民族传统的改造，还是民族传统对外来文化的选择性受容，它的目标都是民族文化现代重建，它的本质与可能性都是民族文化的现代转化。因此，充分认识作为民族传统文化主流的儒家与"五四"文化重建之间的关系，就显得特别重要了。

（一）

仅就"五四"文化革命与儒学传统之间的关系而言，一个显而易见的现象是"五四"知识精英们对儒家激进的、历史性的批判。儒家在"五四"这个受西学强烈冲击而形成的社会大变革时代，挨一顿"棍棒"，大概是它的定命。儒家的创始人孔子虽强调对传统加以"损益"，使之继往开来，但"祖述尧舜，宪章文武"①也为其身体力行。儒家的哲学本质一开始就带有保守主义倾向（这并非守旧主义，它是维持传统的连续性的一种出新思想）。因而在中国历史上的一些大的社会和文化改革时期，儒家常常受到激烈的打击和批判。秦统一后为避免"主势降乎上，党与成乎下"②局面的出现，为争夺官方哲学和社会意识形态的控制权，出现了禁毁《诗》《书》百家语事件，无疑这是儒家在历史上遭受到的第一次严重打击。魏晋南北朝时期的社会变革和文化转型，使社会出现了"六经为污秽""仁义为臭腐"③等对儒家的偏执看法，形成了中国历史上第二次批判儒家传统的思潮。"五四"时期是又一个中国社会和文化转型的重要时代，儒家的命运也合于历史的惯例承受了再次摧毁性的批判。

鸦片战争以后，由于民族的屈辱，优秀知识分子的思想中都带着振兴民族、强化民族肌体的现实焦灼，因而他们从事的一切文化活动总是与这种历史化的焦灼相关联。"五四"以前的中国近代史，主要有三件醒目的大事：洋务运动、戊戌变法和辛亥革命。在"五四"文化精英的眼里，洋务运动和戊戌变法所做的都是借西方的文化来修复和强化儒学传统及其政治背景的努力，但留给现实的是一个梦想的破灭。辛亥革命虽以摧枯拉朽的暴力方式推翻了封建王朝，但这场革命还是毁于具有惰性的文化传统。面对着历史与现实，"五四"文化先驱们"总觉得中国圣人与皇帝有些关系，洪宪皇帝出现以前，先有尊孔祭天的事；南海圣人与辫子大帅同时来京，就发生皇帝回任的事；现在又有人拼命在圣人上作工夫"，这让人很害怕，"很替中华民国担忧"④。五四启蒙运动和"倒孔"浪潮，就是知识精英们的这些认识和心态的外在表现。

---

① 《中庸》。

② 《史记·李斯列传》。

③ 嵇康：《难自然好学论》，见戴明扬：《嵇康集校注》，人民文学出版社，1962年7月版，第263页。

④ 《圣人与皇帝》，见《李大钊文集》（下），人民出版社1984年版，第95页。

　　我们虽不能从《新青年》上看到"五四"新文化重建的全部图景，但却可以认为它是"五四"新文化重建的核心阵地。易白沙在《新青年》发表文章，集中评价孔学优劣得失以前，《新青年》发表的理论文章（包括译文）不到三十篇，其中纯粹介绍西方文化和用西方思想理论来说明中国问题的就有二十几篇。从这些文章看，《新青年》同人的初衷是想通过引入西方文化，来建设中国现代文化。然而"五四"知识精英们的这种还有几分平心静气的思考和文化行为，在袁世凯承认"二十一条"、定孔教为国教、称帝等令国人不解的现实冲击下，一扫而光，剩下的只是失望和愤激。

　　大概谁都会这样想：承认"二十一条"是卖国，称帝是历史的倒退和时代的反动，被定为国之一尊的孔教是卖国和"倒退"的价值支柱和精神背景。这对于要重建时代文化的启蒙思想家们，首选的进攻目标自然会是作为其精神支柱的孔教。"五四"大规模的倒孔浪潮就是在这样的时代语境中滚滚而起。

　　《新青年》第1卷第2号和第5号连载一篇易白沙的《述墨》，它在《新青年》西学氛围中略显个别。易氏与其他《新青年》同人的文章不同，他力图从传统文化中找到启发国人、实现救亡的思想文化资源，认为："周秦诸子之学，差可益于国人而无余毒者，殆莫如子墨子矣。"欲救国于危亡，"非举全国之人，尽读墨经"[①]。不仅如此，他张扬墨学的同时贬抑了儒释道三家。沿此轨迹，易白沙紧接着又在《新青年》上发表了《孔子平议》。文章认为儒家："当春秋季世，虽称显学，不过九家之一。""中国古今学术之概括，有儒者之学，九家之学，域外之学。""三者混成，是为国学。"这表明易氏承认儒家是为显学，但否定儒家的"独尊"地位。同时他又将孔子之学与汉武帝以来的官方儒学加以区分，认为前者自有可贵之处，后者的悖谬，一方面来自于学说本身的缺陷，即所谓孔子"尊君权，漫无限制，易演成独夫专制之弊"；"讲学不许问难，易演成思想专制之弊"；"少绝对之主张，易为人所借口"；

---

① 　易白沙：《述墨》，《新青年》第1卷第2号，1915年10月。

"但重做官，不重谋食，易入民贼牢笼"。另一方面是被历史和现实中的独夫民贼所利用，因此他认为汉以后的儒学是董仲舒之流"用强权手段，罢黜百家"；"用牢笼手段，附会百家，归宗孔氏。其悖于名实，摧沮学术之进化"。"独夫民贼利用孔子，实大背孔子之精神。"从易氏的文章看，他一是把儒学作为各种传统思想之一种，反对独尊；二是以分析、继承、扬弃的态度对待传统儒学，把儒学也作为重建现代文化的资源之一。很显然，易氏的主张是文化保守主义的。因而一些人认为"五四""倒孔浪潮"是从易氏的《孔子平议》肇始，或许该说是一种误解。

《孔子平议》发表后，《新青年》的核心人物陈独秀连续发表了《驳康有为致总统总理书》《宪法与孔教》《孔子之道与现代生活》《再论孔教问题》等批孔文章。这自然与现实的尊孔活动有关，但这里对易白沙的"平议"式学理态度是否也是一种有意识的纠正呢？陈独秀在1917年用《文学革命论》来纠正胡适的《文学改良刍议》或许可说是一种方式。在当时，陈独秀的一言一行是举足轻重的，他的导向大概就是鲁迅后来说的"将令"，因为"他是五四运动的总司令"[1]，紧随其后，有胡适、吴虞、钱玄同、刘半农、鲁迅和李大钊等人，采取了坚定的批孔态度。

他们首先将批判儒家传统与所追求的现实目标相联系。陈独秀说："按孔教的教义，乃是教人忠君、孝父、从夫。无论政治伦理，都不外这种重阶级尊卑三纲主义。""若是用此种道理做国民的修身大本，不是教他拿孔教修身的道理来破坏共和，就是教他修身修不好，终久要做乱臣贼子。"[2]"若一方面既然承认共和国体，一方面又要保存孔教，理论上实在是不通，事实上实在是做不到。"[3]这里透露着"五四"文化先驱们的

---

①　转引自彭明：《五四运动史》，人民出版社1984年版，第52页。

②　《旧思想与国体问题——在北京神州学会讲演》，《陈独秀文章选编》（上），三联书店1984版，第206页。

③　《旧思想与国体问题——在北京神州学会讲演》，《陈独秀文章选编》（上），三联书店1984版，第206—207页。

一个共识：中国的强大首先是基于建立共和制政体。要实现这样一个历史化的现实目标，就必须扫除与其不相适应的意识形态——孔教。在他们看来，"孔教与共和乃绝对两不相融之物，存其一必废其一"，"提倡孔教必排共和"。①而且，我们从"五四"文化先驱们的言论中还可以看出，他们总是把改变现实政治与人的启蒙联系在一起。

在康德看来："启蒙运动是人类脱离自己所加之于自己的不成熟状态。不成熟状态就是不经别人的引导，就对运用自己的理智无能为力。""要有勇气运用你自己的理智！这就是启蒙运动的口号。"②就此而言，启蒙运动是人类对自身惰性的唤醒，对人的主动性的张扬。从五四新文化运动的第一声呐喊开始，"五四"文化先驱们就不断呼唤民族意识的生机。陈独秀说："今天所谓共和，所谓立宪者，乃少数政党之主张。多数国民不见有若何切身利害之感而有所取舍也。"③还说："不出于多数国民之运动，其事每不易成就。既成就矣，而亦无益于国民根本之进步。"④李大钊说："非大声疾呼以扬布自我解放之说，不足以挽积重难返之势。"⑤这里把"共和"的建立强调为多数国民之事，认为能对多数国民构成"切身利害之感"并使其对现实和文化建设主动地"有所取舍"，真正的"共和"才能实现。陈独秀等人虽然批判所谓"少数政党"的社会变革，这表现出"五四"文化重建的独特主题，是对晚清以来知识精英们所从事的社会运动和文化改革的扬弃，但陈独秀对国民启蒙的认识还很浮泛和笼统。相比之下，鲁迅在这方面的认识更加深刻。他早在1907年就发表了这样的观点，"欧美之强"，"则根柢在人"，"是故将生存两间，角逐列国是务，其首在立人，人立而后凡事举；若其道术，乃必尊个性而张

---

① 《复辟与尊孔》，《陈独秀文章选编》（上），三联书店1984版，第229—230页。

② ［德］康德：《历史理性批判文集》，商务印书馆1990年版，第22页。

③ 《吾人最后之觉悟》，《陈独秀文章选编》（上），三联书店1984年版，第107页。

④ 《一九一六年》，《陈独秀文章选编》（上），三联书店1984年版，第104页。

⑤ 《宪法与思想自由》，《李大钊文集》（上），人民出版社1981年版，第247页。

精神"。①鲁迅后来的启蒙思想在这个基点上不断深化,他在《娜拉走后怎样》一文中,十分具体地提出了启蒙运动之初在自觉独立个体与大社会之间的巨大问号。这里,显然是在修正那些带有情绪化倾向的个性解放主张,提醒人们要用深沉的、理性的态度,重新思考将"铁屋子"中"熟睡的人们"惊醒之后,每个人都普遍认同的社会价值。因此,他后来明确提出:"我们在'毋友不如己者'的世上,除了激发自己的国民,使他们发起火花,聊以应景之外,又有什么良法呢。可是我根据上述的理由,更进一步而希望于点火的青年的;是对于群众,在引起他们的公愤之余,还需设法注入深沉的勇气,当鼓舞他们的感情的时候,还须竭力启发明白的理性。"②这种理性的实际的启蒙主张,导致了后来中国文化重建新的选择。

人的自觉的呼唤,需要精神资源和思想武器,"五四"文化先驱们当然对此有足够的视野。他们看到中国人的精神惰性,与儒家传统有着密切关系。他们认为国人不能以自觉意识对待"立宪政治",是"仰望善良政府、贤人政治",是"希冀圣君贤相实行仁政"。③认为"儒者三纲之说为吾伦理政治之大原","近世西洋之道德政治,乃以自由、平等、独立之说为大原",放弃儒家伦理政治,接受西洋思想的"伦理之觉悟为最后觉悟之觉悟"④。在他们的思想中,儒家传统是国人惰性的文化根源,要使国人成为自由独立个体,首先要扫除儒家传统。可见文化启蒙本身就包含着打倒儒家传统的任务。

彻底摧毁传统之后,拿什么作为"共和"国家的意识形态,打倒民族旧有文化?以什么作为民族觉醒后的精神背景?"五四"文化先驱们的抉择必然是全盘西化。反过来,他们认为:"儒教不革命,儒学不转轮,吾

① 《文化偏至论》,《鲁迅全集》第1卷,人民文学出版社1981年版,第56—57页。

② 《杂议》,《鲁迅全集》第1卷,人民文学出版社1981年版,第225页。

③ 《吾人最后之觉悟》,《陈独秀文章选编》(上),三联书店1984年版,第108页。

④ 《吾人最后之觉悟》,《陈独秀文章选编》(上),三联书店1984年版,第109页。

国遂无新思想、新学说，何以造新国民？悠悠万事，唯此唯大！"①要全面引进外来文化，也一定要打倒以儒家文化为中心的传统文化。

学术界对"五四"时期的文化重建过程中的救亡与启蒙、政体关怀与文化追求、西方文化与民族传统等方面有过许许多多的看法，但这些看法大都不能高屋建瓴地从整体的结构关系中，来解释这些方面的内在逻辑关系。因而面对那些分析，人们常常产生认识疑惑。就上述情况看，五四文化先驱所从事的文化重建工作，可以化约为一个简单的逻辑：使民族强大——首先要实现共和政治——就必须进行国人启蒙——需要西方的思想武器，而民族固有的儒家传统与这个逻辑的每个环节的关系，都被他们解释为绝对的冲突，因而，儒家传统成为他们摧毁的主要对象是顺理成章的。但是作为悠久的、具有主流地位的民族文化传统儒家，在"五四""倒孔"之后是不是真的"倒"下了呢，这显然是一个仍须说明的问题。

（二）

儒学传统与"五四"文化先驱们文化重建主张的对立，是明确的，但作为一种文化传统的儒家，却在许多方面深刻地影响着新文化重建的从事者，影响着不断建构中的新文化本身。鲁迅曾说："我们中国本不是发生新主义的地方，也没有容纳新主义的处所，即使偶然有些外来思想，也立刻变了颜色。"②这是一个清醒的思想家对民族历史的敏锐透视，这既说明他对民族文化传统的强大力量的足够认识，也反映出鲁迅精神中那种儒家的"无所为而为"式的执着。儒家传统在历史现实和国人主体中的影响力，是"五四"文化先驱们必须接受的事实。

使命意识是"五四"精神的核心内涵，而这里的使命意识与儒家文化传统是有密切关系的。"五四"文化先驱们是以一种儒家的处世态度和人生理想来批判儒家，进行民族救亡和思想启蒙的。知识告诉我们，西方

① 吴虞：《儒家主张阶级制度之害》，《新青年》第3卷第4号，1917年6月。

② 《圣武》，《鲁迅全集》第1卷，人民文学出版社1981年版，第354页。

知识分子的主流总是保持着知识者的独立人格，总是与现实政治造成一种疏离感。旧沙俄时期知识阶层激进精神的形成，西方近现代知识分子疏离政治，绝无对政治的归属意识的基本面貌，都在说明着这一点。倘若我们仅就作家而言，即便是儒教文化圈的日本作家，也常常把纯美作为主要的追求，远离政治，强调情感陶冶。中国是"文以载道"，是"为人生而艺术"，是为政治服务，是"主旋律"。中国的知识分子始终把自己的工作视为切近于历史进程和现实目标的事业，"五四"文化先驱们在这方面表现得更为突出。这难道不是与儒家文化的"修身齐家治国平天下"的实践理性精神一脉相承的吗！所以海外学人林毓生曾这样描述"五四"精神："那是一种中国知识分子特有的入世使命感。这种使命感是直接上承儒家思想所呈现'先天下之忧而忧，后天下之乐而乐'与'家事、国事、天下事，事事关心'的精神的。"①我们只能说这种对"五四"文化先驱们的具有历史感的认识是深刻的。

"五四"知识分子对传统批判的彻底性，是他们从整体上反对传统思想（主要是儒家）的表现。"五四"文化先驱们虽大力提倡西方的科学精神，但他们却不具备西方科学思想中的分析意识，他们把社会文化视为一个绝对的有机整体，并假定这个"有机体"中的所有部分或因素都具有同样的性质。于是，他们认为中国文化的所有部分都是有害的。鲁迅在谈到青年的读书问题时，甚至说："我以为要少——或者竟不——看中国书，多看外国书。"②这显然是对中国文化传统的全盘否定，而不是一种扬弃。说起这个问题，我们还很容易想起鲁迅的这样一段话："明明是现代人，吸着现在的空气，却偏要勒派朽腐的名教，僵死的语言，侮蔑尽现在，这都是'现在的屠杀者'。"③我们可以说这话讲得痛心疾首，但也可以说是一种语重心长，因为在鲁迅的理智层面中，"现代"与"古代"本来就是

---

① ［美］林毓生：《中国传统的创造性转化》，三联书店1988年版，第147页。

② 《青年必读书》，《鲁迅全集》第2卷，人民文学出版社1981年版，第12页。

③ 《现在的屠杀者》，《鲁迅全集》第1卷，人民文学出版社1981年版，第350页。

必须割裂的。李大钊认为："中国一部历史，是乡愿与大盗结合的记录。大盗不结合乡愿，作不成皇帝；乡愿不结合大盗，作不成圣人。所以我说，真皇帝是大盗的代表。到了现在，那些皇帝与圣人的灵魂，捣复辟尊孔的鬼，自不用提，就是这些跋扈的武人，无聊的政客，那个不是大盗与乡愿的化身呢！"[①]陈独秀一再反对把儒家分为原始儒家与后世儒家，强调儒家的民本思想与西方的民主主义的不可相提并论，也都是出于同样的判断。

基于这样的认识，他们把现代文化与民族传统文化、西方文化与中国文化假定为二元对立的关系，然后以一元论的价值标准进行取舍。在他们看来，中国传统主流的儒家文化已经浸透了腐朽和邪恶的病毒并侵染了整个的民族文化，现代文化不可能是对传统的创造性转化，而是与传统的坚决告别；现代的中国文化又是民族传统的延续，也必然是有"毒"的，只能是同传统一起打倒，这样"现代文化"就不能称其为"文化"，只是一个空洞的时间框架，有人称其为"文化真空"。于是，横移西方文化作为中国现代文化，便成为势所必然。

"五四"文化先驱们的这种思维方式，不可能来自于他们尚未真正理解的西方文化，恰恰相反，它正是包括儒家在内的民族文化传统的历史积淀。仅就儒家而言，作为道德实现过程的"礼"和"乐"及其所蕴含的一元化等级社会理想，"天人合一"的宇宙观，在"人"的本质上强调"群"的思想[②]，即所谓"人之生，不能无群"[③]。以及儒家的伦理政治化、政治伦理化观念所体现出来的大一统思想等等，都表现为一元有机整体论的观念。儒家的这种一元的有机整体意识之所以构成了"五四"文化先驱们的思维方式，除了文化传承的历史经验和规律可以提供基本的依据之外，他们所受到的儒家思想的教育显得更为直接，陈独秀这个"必不

---

① 《乡愿与大盗》，《李大钊文集》（下），人民出版社1981年版，第125页。

② 孔子对人的本质的解释是"仁者，人也"。（《中庸》）与此相关的是"爱人""达人"等观念，都不是从单个的人来看人的本质的。

③ 《荀子·富国》。

容反对者有讨论之余地"的坚决的批孔者,其内心也是矛盾重重的,如他也曾在不同的场合说过:"孔学优点,仆未尝不服膺"[①],"记者非谓孔教一无可取,惟以其根本的伦理道德,适与欧化背道而驰,势难并行不悖。"[②]。这表明他不仅仅在民族感情上对儒家文化有所认同,在理智层面上也难以完全摆脱儒家传统的影响。鲁迅虽然只说"中些庄周韩非的毒"[③],但史料告诉我们,鲁迅绍兴老家的"德寿堂"不正是写着"品节详明德行坚定,事理通达心气和平"的大对联吗?这是一个大家庭的"哲学",鲁迅怎能不受到潜移默化的熏陶和影响呢。鲁迅是有过自白:孔孟的书"似乎和我不相干",然而他却"读的最早,最熟"[④]。"早"或许是出于无奈,那么"最熟"也可作不相干的解释吗?苏联汉学家谢曼诺夫在他的《鲁迅和他的前驱者》一书中所阐述的鲁迅的创作中存在着言行不一的情况,也正是在说明鲁迅与民族文化传统之间的不可割断的联系。

(三)

儒家传统受到摧毁性的批判,给"五四"文化重建带来的意义是复杂的。

美国加州大学的列文森认为中国现代知识分子处于两难之境,"在感情上,他们不能接受所面临的由西方文化所带来的事实。常常回到传统,特别是儒学上去;但在理智上,则是完全西化的,他们在与传统决裂时所进行的理智思考,往往言之成理,持之有故;而他们的生活和行为又深受传统文化的影响。用我们的话说,就是他们无法摆脱儒家所代表的封建意识形态在中国知识分子的文化心理结构(特别是下意识层)所起的作用。因此,他们

---

① 《答常乃德(古文与孔教)》,《陈独秀文章选编》(上),三联书店1984年版,第177页。

② 《答佩剑青年》,《陈独秀文章选编》(上),三联书店1984年版,第186页。

③ 《写在〈坟〉后面》,《鲁迅全集》第1卷,人民文学出版社1981年版,第285页。

④ 《写在〈坟〉后面》,《鲁迅全集》第1卷,人民文学出版社1981年版,第285页。

对儒学所代表的真正有价值的文化精神，不可能有继承，更谈不到主动的创造；而对于他们经过理智分析，认为应该引进的西方文化又采取了一种实用主义的、急功好利的态度，对其背后的精神价值没有什么真正的理解"[①]。这种看法虽不完全妥当（如对儒家的前途过于悲观等），但对"五四"文化先驱们的两难处境和矛盾心态的描述是令人难忘的。

正是这种"五四"文化重建主体的独特处境，对这一时期文化重建的实际进程构成了深刻的影响：一方面，就一定意义而言，使鲁迅的"在旧马褂未曾洗净叠好之前""做一件新马褂"[②]的愿望得以实现。当一度作为中国人的精神支柱和思想资源的儒家传统受到激烈的批判以后，必然造成人们的信仰饥渴，这就为引入西方的先进文化提供了动力；更为值得重视的是，"倒孔"运动撕破了旧有的文化网络本身，带来人的觉醒。尽管这种觉醒还伴着彷徨，尚不能算作人的真正自觉的唤醒。但其价值和意义表现在为此后中国文化现代化进程中的历次选择提供了某些动力、经验和价值标准。另一方面，正像列文森所讲的那样，所大力引进的是一种我们并未真正把握的异质文化，其结果是不言而喻的；同时，我们并没有接受文艺复兴的成功文化重建经验。由于"倒孔"运动，使儒家传统潜于"地表"之下，沉入人们的深层心理层面，来参与文化的选择和重建，而这种"参与"我们大概很难说它是理性的。从而，对此后歪歪扭扭的中国现代文化进程我们还能作出其他的判断吗？

[①] 见［美］杜维明：《儒家传统的现代转化》，中国广播电视出版社1992年版，第49页。

[②] 《未有天才之前》，《鲁迅全集》第1卷，人民文学出版社1981年版，第167页。

三、儒家传统与现代作家的历史走向

如果我们承认"五四"文学革命时代是中国新文学起点的话，那么，中国新文学就是在激烈地反传统的旗帜下迈开的第一步，于是，许许多多的人都采取否认、搁置、自欺的态度来面对中国现代文学与民族传统文化之间的千丝万缕的联系，然而对事实采取上述态度是于事无补及有害的，我们的明智选择只有一个，那就是积极地面对民族文化传统给中国现代文学带来的多方面影响，从而发现民族文学摆脱历史的片面和局限并走向新的境界的途径。

（一）

儒家文化的历史本体论的世界模式，建立在仁学体系之上的人道观念，内圣外王的人格境界，"大同"的社会理想等观念，有力地促成了它的入世精神和使命意识。这种入世精神和使命意识在中国现代作家的精神结构中显然具有某种普遍意义。

我们从"五四"文学革命时胡适的"八不主义"和陈独秀的"三大主义"中或许还能悟出些"文学的启蒙"之意味来，但这场文学革命的"实绩"所显示的结果却是造就了"启蒙的文学"。因为它的最初的实绩是鲁迅的小说，而鲁迅则真真切切地反复告诉过我们，他做小说并非想当小说家，他做小说不是为了做小说，而是为了用小说的力量"来改良社会"①。也许在胡适和陈独秀那里，包含着某种对晚清时梁启超等维新人物所倡导的小说观念的反思，可鲁迅以他的实际创作又回到了文学的觉世醒民的主张上。虽然，当时的"新潮"小说、"问题小说"等也都把文学的启蒙作用作为创作的主要目的，但鲁迅们的启蒙事业的目光则主要集中在人的精神世界，致力于人的思想解放和人的自觉，而在文化传统的力量和现实的需要推动下，中国现代知识分子并未停留在人的灵魂的改造上，

---

① 《我怎么做起小说来》，《鲁迅全集》第4卷，人民文学出版社1981年版，第511页。

而是真正"以天下为己任"，去参与更切实的历史进程。从某种意义上说，这也正是20年代中国作家以及知识分子们的一个共同选择。

这一时期，文学研究会作家们的现实精神是具有代表性的，他们强调"为人生而艺术"，希望文学能够关心现实的变革和历史的进程。其中在理论和实际创作上都有突出成就的茅盾虽不能说是文学研究会作家的典型代表，但可以说他的精神姿态却表明着那个时期的中国知识分子在文化选择上的某种取向。茅盾尽管写了大量的文学理论和批评的文章，也创作了为数不少的小说，但他更为热衷的则是能够直接参与现实变革的事业，他把更多的精力都投入到了社会活动之中。在文学研究会成立的半年之后，又一个文学社团创造社也诞生了。创造社虽举起的旗号是"为艺术而艺术"，但他们的实际创作却一再地表明他们也在实质上是为人生的艺术。其中的最有代表性的作家郭沫若虽然一直反对作家在创作时带着社会功利目的，但他并不否认文学所具有的社会功利性，他的创作很显然并没有超越现实，相反倒是表现出对现实历史的极大关切。他个人在历史中的选择同样是把参与现实的活动放在优先的位置上，这似乎也对我们的观点有所帮助。

20年代出现的两大文学社团的代表茅盾和郭沫若，对革命事业的共同选择和渴望建功立业的积极入世精神姿态，在中国当时的知识分子中并不是少有的现象。面对这种普遍现象，我们可以承认它与西方的某些思想文化有关，但当时的一切外来文化对于中国知识分子及作家来说都不是根深蒂固和深入人心的，而真正对这一历史走向起决定作用的当然只有以儒家文化为主流的中国传统，因为某种外来文化的被接受和被拒斥都主要是民族传统文化对外来文化的认同和选择的结果。

这种中国现代作家的积极入世、关切现实历史进程的精神走向，到了40年代则发展成为一种政治忠诚。

40年代，中国现代的一大批作家都集中于延安的旗帜下，他们这一时期的普遍精神姿态是放弃过去自己的个性追求，主动认同文艺为政治服务的基本方向。谁都知道文艺的巨大成就常常来自于作家的个性化追求，但丁玲们为了使自己的生命能够更为贴近仿佛能够表明中国光明未来的现实历史进程而甘愿放弃自我。在比丁玲们更为顺利的作家中，赵树理的形象当然是最为鲜明的。他认为人民政权就是中国老百姓走出苦境的救星，领袖甚至那些"领导"就是这个政权的直接体现者，所以他决意以他的政治忠诚献身于人民政权所进行的事业。仅就赵树理而言，由于他拒绝外来文化，我们不必过多地去证明他的积极入世精神和历史使命意识与民族文化传统的渊源关系，但中国现代作家在总体上的入世精神，也许在外来文化中也有类似的情况，如法国启蒙主义文学之于法国大革命，俄国革命民主主义文学与俄国革命，世界反法西斯文学与"二战"等，都体现出文学与现实政治的密切关系，但这些外国作家所体现出来的个人化追求和独立的批判精神，赵树理们并没有表现出来。而且，中国现代作家在历史本体论框架中的救世追求，在道德立场上的入世精神大概都显示着儒家传统的"修齐治平"和博施济众的积极本质。

儒家的入世精神与它的审美理想和文艺观念是相适应的，儒家在美和善的关系中，特别强调善的优先性，把善作为美的存在基础；强调文学的"迩之事父，远之事君"[①]的社会作用；强调"礼乐之统，管乎人心"[②]，以及"以诗化民"[③]的文艺教化作用。中国现代作家也形成了一个"为人生而艺术"的文艺功利观的现代传统，如鲁迅用文学来进行国民启蒙的文艺思想，郭沫若的客观主义文艺功利观，茅盾的动机与效果统一论的文艺功利观，赵树理的政治功利观等。这当然与他们的救世济民的入世精神有着直接的关系，在深层的文化基因上又与儒家的美论思想和文艺观念一脉相承。

---

① 《论语·阳货》。

② 《荀子·乐论》。

③ 孔颖达：《礼记正义》卷五十。

（二）

1906年，鲁迅带着"文学——启蒙——救国"的宏伟蓝图，踌躇满志地从仙台返回东京，准备用自己可能的方式为救民于苦难做出贡献，可是此后的几年间，他的切实努力换回的只是越来越多的灵魂折磨，于是他消沉了许多年。他为什么会如此？他后来的回答是：独有叫喊于生人中，而生人并无反应，如置身毫无边际的荒原，他所感受到的是一种非凡的寂寞，这寂寞如大毒蛇，缠住了他的灵魂。[①]这的确是一种极为令人恐惧的寂寞。实际上这不仅是鲁迅的寂寞，而是一种时代的孤独感。

"五四"前后，西方思想纷至沓来。但由于人们更为关心如何从封建伦理道德的束缚下解放出来，所以个人本位主义和个性解放的思想曾产生过很大的影响，尤其在文学领域，胡适提出的"易卜生主义"、周作人提出的"人的文学"对人们的灵魂曾发生过不小的冲击。然而，这些西方思想很快就受到了普遍的怀疑。周作人因为盲目地接受个人主义而使自己的灵魂陷入困境。那一时期的郁达夫们的小说所表现的，是张扬出来的个性找不到土壤和归宿的苦闷，以及"自我表现"文学的衰落，大概都在说明着同一个问题。鲁迅后来提出的"娜拉走后怎样？"的历史性疑问所揭示的，也正是对个人本位主义和个性主义的深刻怀疑，虽然它在伦理关系中更有意义。

人们在强调个性和个人主义的时候所体会的无限寂寞和孤独感，是因为现实没有为个性主义提供必要的土壤，而这种现实的土壤说到底是文化背景。近代的历史似乎曾告诉过人们，代表着中国传统的儒家文化不能给民族带来辉煌，所以，"五四"时期涌进来的西方文化虽渐渐受到怀疑和否定，但人们还是认为应该在外来文化中寻找中国文化和历史的出路。于是，人们发现了十月革命，发现了指导十月革命的思想，并感受到了一种文化上的共鸣，而不是某种盲目的喜悦。这种文化上的共鸣也可以解释为

---

① 参见《呐喊·自序》，《鲁迅全集》第1卷，人民文学出版社1981年版，第417页。

儒家文化对十月革命和它的指导思想的选择。

我们知道十月革命的指导思想有三个主要的倾向：一是群众观点；二是公有制；三是人民民主专政。而这些主张与儒家的许多思想都可产生共鸣。儒家文化最为核心的本质就是它的仁学体系，仁所强调的根本问题是人只有在与他人的关系中才能得到确认，人的本质只有在人与人的关系中才能得到体现和说明，即所谓的"修己安人""博施济众"的人道理想。儒家的宗法思想也是强调群体而抑制个性的，这种宗法观念从群体利益出发，主张"有国有家者，不患贫而患不均，不患寡而患不安。盖均无贫，和无寡，安无倾"①。这里的意思是：有封国有家族的人，不忧患于贫困而忧患于不平均，不忧患于缺少什么，而忧患于不安定。因为平均了就没有贫困，和谐了就不缺少什么，安定了就不能倾覆。这种群体意识和平均观念便形成了儒家的"大同"社会理想。但儒家所看到的现实社会还只能是"小康"社会，在小康社会里，就需要尊王、礼教和大一统的社会结构和机制。我们当然不可将儒家的思想与十月革命的指导思想加以一一对位式连接，但它们在人们的文化心理上可以达成共鸣的成分的确很多。日本学者沟口雄三曾把中国的社会主义称为"儒教社会主义"②，这提法并不一定十分合理，但它所透露的儒家文化与十月革命的指导思想之间的联系，倒是已经成为许多人的共识。

的确，在俄国十月革命胜利以后，俄国人发挥前所未有的创造力，社会的政治和经济都得到了长足的发展，而就在那个年代里，欧美各国则大都陷入了严重的经济危机，西方有的国家的工人失业率竟达到50%左右，因而，那里的人们向往俄国人的世界、俄国人的生活，被西方历史学家称为"红色的30年代"也就是这样产生的。然而，以中国为首的儒教文化圈的东亚国家却显得更能理解十月革命的指导思想，其中原因自然不会是单

① 《论语·季氏》。

② ［日］沟口雄三等：《儒教ルネッサンスを考える》，株式会社大修馆书店1991年版，第19—20页。

一的，但我们也无法否认儒家传统这个深层的文化背景与十月革命的指导思想所发生的"互文"关系。

儒家传统的尚群思想，不要说对于多数受过儒家传统文化的正规或非正规教育的中国现代作家，就是今天的国人也还程度不同地存此观念。20—40年代，中国主要有两类和而不同的作家，一类是自由作家老舍们，一类是革命作家茅盾们。他们在现实的启蒙或者是革命的事业上有区别也有配合，在与文化传统的关系上，他们则以各自的形式体现着儒家的尚群观念，如茅盾强调"集团的活力"，相信民众是历史的主宰力量，因而在人性上呼唤"共同的灵魂"；老舍所关注的是家国图式中的群体命运。

二三十年代中国历史对"五四"西化倾向的反思，对十月革命的指导思想的文化选择，到了40年代以后，得到了进一步的文化和历史的确认，这就是强调民众、平均、专政的延安政权所显示的勃勃生机。毛泽东领导的革命的成功，从一定的意义上说，就是毛泽东正好满足了中国人固有的尚群观念，及其与此相关的平均思想的结果。文艺为工农兵服务的口号也正是这种文化背景的直接产物。赵树理是"幸运"的，他没有经历西方个人主义或个性主义的任何洗礼，因而他仿佛是自然天成似的与延安政权对作家的要求和文艺政策一拍即合。但像丁玲那样的曾经受过个性主义影响的作家们，在延安的文化情境中则时常显得有些个别，尽管当时的延安政权对某些作家的改造有时是十分严厉的，但他们还是愿意做"顺民"，因为这是他们经过多年探索而作出的一次现实的选择，也可以说是一次文化的选择。这选择的依据中就应该有他们渴望在民众中来确认自己的生存价值，在群体中揭示自我的人格和本质这样一种由传统文化释放出来的能量。

（三）

当我们发现了以儒家传统为主导的中国文化与中国现代作家保持着那么多的复杂关系时，必然会对传统有些新的评价；当我们发现了儒家传统对中国现代作家甚至整个现代文学的历史走向发生过那么明显的影响时，必然会对中国现代文学的性质作出新的描述。

那些批判甚至企图扫荡传统的人们，总是忧患于历史的倒退；那些拒斥变革、死守传统的人们，总是忧患于历史的断裂。可这一切都是杞人忧天，历史永远不会重复，我们不必担心它会出现倒退；历史也永远不会跳跃，我们不必担心它会出现断裂。一个古老民族的文化传统当然是源远流长、川流不息的，同时它也将不断进行着自身的时代性转化，以回应现实和未来的挑战。因而，我们应该正视传统的川流不息，也正视传统的必须改造以求得新的生机。

现代人与儒家传统之间的冲突也是一种正常现象。这里，一方面表现为儒家传统是在古老的农业文明背景上建立起来的，它的一些思想需要扬弃，一些思想又需要进行现代性的转化；另一方面我们也应该区分儒家文化的积极本质和它的被后人利用的僵化偶像。中国现代作家们对此并非没有意识到，如郭沫若就这样说过："儒家精神埋没于后人章句，而拘迂小儒复凝滞于小节小目而遗其大体。自汉武帝以后，名虽尊儒，然以帝王之利便为本位以解释儒书，以官家解释为楷模而禁人自由思索，后人所研读的儒家经典不是经典自身，只是经典的疏注，后人眼中的儒教、眼中的孔子，也只是不识太阳的盲人意识中的铜盘了。儒家的精神，孔子的精神，透过后代注意的凸凹镜后是已经歪变了的。要把这些反射率不一致的凸凹镜撤去，另用一面平明的镜面来照他，然后才能得见他的正体。但是这样的行为是被官家禁止了的，而且积习既久，狃于常见的人竟以歪变了的虚像为如实的真容，而不去考察生此虚像的镜面的性质了。于是崇信儒教，崇信孔子的人只是崇信的一个歪斜了的影像；反对儒教，反对孔子的人也只是反对的这个歪斜了的影像。弥天都是暗云，对于暗云的赞美和诅咒的声音，于天空有何交涉呢？"①郭沫若的这种看法，我们虽不能全信，但

① 《王阳明礼赞》，《郭沫若全集·历史编》第3卷，人民文学出版社1982年版，第293—294页。

它却可提醒我们以求实的态度对待传统。实际上，郭沫若的这种看法恐怕鲁迅也有。①虽然一种文化传统的积极本质与它的被歪曲形式的界线并非完全与历史年代相对应，但以一种独立的文化思想而存在的原始儒家与以一种现实政治的思想工具的汉以后的儒家确实是有很大的区别。总之，不论儒家文化能够为我们提供多少有益的重建现代文化的资源，也不论它对我们的现代文化重建带来多少阻碍，我们都不应以消极的搁置或自欺的无视对待它，而是应该积极地面对它，重新认识它，并促成它的现代转化。关于我们如何对待传统的问题，有人曾这样说："自'五四'以来，'民主'与'科学'成为关切中国前途的知识分子们所共许的理想，也确定了中国未来所应走的道路。然而由当代的人类文化学家得知，完全扬弃传统的改革，是不会有太大成功之希望的。任何文化都是具有延续性和有机性的，它形成了一民族赖以生活的内涵及价值理想的寄托所在。然而，传统文化的内容与精神与现代的'民主'与'科学'，在现实上的矛盾冲突是难免的，另方面传统与现代之间亦并非完全拒斥的两极。两者之间似乎有可资衔接贯通的脉络可寻。如何予以客观的探讨和了解，期能予以有机的接生，是项艰巨而漫长的工作。"②这种承认现代与传统的矛盾，也承认传统与现代的贯通性，显然是一种可取的态度，但如果我们细想想，这不过是对某种事实的描述，我们即便在主观上否认这些文化的历史事实，传统对现代历史进程的影响也仍然存在。

只要我们少一点自欺，我们就无法否认以儒家传统为主导的中国文化对我们的基因式的作用。中国现代社会虽然是以摆脱旧时代文化的姿态来重建现实和展望未来的，传统却在深层结构中影响着现代文化的重建甚至历史的进程。德里达的《书写与奇异》一书中有一句话十分精辟和生动，说我们与传统之间的关系是："你以为已经离它而去，实则你已陷入其中

①　参见《我之节烈观》，《鲁迅全集》第1卷，人民文学出版社1981年版。

②　曾春海：《儒家的淑世哲学——治道与治术》，（台湾）文津出版社1992年9月版，第1页。

不可自拔。"对于中国现代文学来说，由于现代作家所接受的具有特殊性的教育，决定了传统文化与中国现代文学的关系更加密切。

我们尽可以强调现实生活与文学的密切关系，也可以强调文本的独立存在和可接受的价值，但我们却不能否认创作主体是文学的直接缔造者，不能否认文本不过是作家的经验、感受、思想、情感、心理等主体因素的艺术化结果。从这个意义上说，我们有可能通过对若干作家的把握来认识一段文学史的某些本质和品格，虽然我们无法说仅仅如此就可以看到一个特定文学史的全貌。更为重要的是，面对作为中国传统的主导形态的儒家文化与中国现代文学之间的关系这一问题时，中国现代作家主体，对我们的研究或许具有特别的意义。有人主张，探讨"五四"知识分子与传统文化之间的关系的问题，"既不可能从纯粹思想史的角度，又不可能从客观的社会背景中求得比较圆满的回答，要想回答这一问题，要想解释这一历史的悖论，我们只能将着眼点放在将这一矛盾具体地统一起来的主体——五四知识分子身上。因为在文化意义上说，五四一代知识分子自身正是这种传统与现代的矛盾统一体"[①]。这里虽然是仅就"五四"知识分子而言的，我们也不管它还会推导出怎样的结论，其中所强调的从主体上来认识传统与现代的复杂关系的思想方法，则是非常可取的。在表面上看，中国现代作家中的多数人是相当疏离儒家传统的，但实际上对于大多数的作家来说，他们的精神构成都有儒家文化的参与。而由于现代作家的精神世界在相当的范围内有着儒家传统的深刻介入，使得中国现代文学的基本精神走向也自然地受到这一传统文化的影响。

说来说去，我们不过证明了一个无须去证明的常识，那就是作为受过中国文化传统教育或熏陶的中国现代作家，他们的精神结构当然主要是由中国文化因素来构成，中国现代文学的文化选择当然无法摆脱中国文化传统的制约。

---

① 罗钢：《历史汇流中的抉择——论五四时期中西文学理论的融合与嬗变》，载《中国现代文学研究丛刊》，1991年第4期。

第二章　儒家传统与现代作家的世界模式

中国现代作家那种整体的、历史的、人格化的思考范式，尽管说起来显得复杂、微妙，甚至玄奥，但却构成了他们的精神背景。鲁迅不认为自我能与历史相对，他的精神向往和终极关怀也没有超越历史；郭沫若所构想的世界模式是以人为中心的人与自然的和谐关系结构。

一、现代作家的精神背景

人们对"新文学"的界定是不同的，但如何界定新文学的问题却不是我们的中心论题。通常的说法一般把从"五四"时期开始到现在的中国文学称为新文学，以新中国成立为界，前半段叫现代文学，后半段叫当代文学。我们在这里所关心的对象主要是从五四新文化运动到新中国成立的30年间的文学。这虽不是中国新文学的全部历史，但它是中国新文学形成和发展的关键期，这30年的文学是中国文学现代转型的重要过程，并携带着具有普遍意义的经验和教训。当我们有意要了解传统文化在现代文学的演化过程中所起到的作用之时，大概这30年的新文学对我们就显得尤为重要了。

应该说，在20世纪之初，新文学所必须依赖的思想文化背景就已经孕育着它"现代"的脚步，而且在文学创作上也展现出某种新的姿态，四大谴责小说的内在意义已经区别于古典小说，同时期的某些小说在叙述角度、方式和结构上也在以一种新的姿态呼唤着新文学的到来。然而，真正意义上的、最初的新文学作品却产生在"五四"时期。在这个意义上说，时间的界线对《呐喊》、对《女神》、对《沉沦》、对《超人》等新文学的实绩是有意义的，但创作这些作品的作家，这些作家的精神世界的形成，与这个时间界线却没有直接和明确的关系。这些作家的知识储备、文化积淀、审美理想、艺术趣味则是从小开始，渐渐地铸造成形的，所以，新文学家们的精神世界与他们所创作的新文学作品相比表现出更多的复杂性，那种在传统教育过程中所积累下来的传统文化成分，和经过新的时代思潮的冲击所留下的痕迹，一般地看来是同样鲜明的。

人们很早就对中国现代文学家的精神世界给予了关怀，尤其是新时期以来，思想的解放和言论的自由，学术研究与政治意识形态的相对疏离，使得许多研究者不必担心会被人说成是"唯心主义"，专门注意了现代文学家们的精神世界。譬如有人在与西方文学现象的比较中提出了中国新文学的"现实战斗精神"和"忏悔意识"等[1]；有人在时间的维度上描述了新文学的"个性解放"思想，充满阳刚雄性文化特征的"尚力"意识和新文学的集体主义精神等[2]；有人从心理学入手，揭示了新文学家们的多种心态，如"政治型心态"、"人文型心态"和"超然型心态"，以及对新文学具有负面价值的"政治禁忌心态"、"急功近利的浮躁心态"和"宗派心态"[3]等。我们从这些精辟的分析、高度的概括和细致的描述中可以

---

① 参见陈思和：《中国新文学整体观》，上海文艺出版社1987年版。

② 参见孟繁华：《百年中国：作家的情感方式与精神地位》，载《文学评论》1996年第4期。

③ 参见杨守森主编：《二十世纪中国作家心态史》，中央编译出版社1998年版。

看出，这里所关注的，主要是新文学家精神世界的具体内涵。这些精神倾向的来源主要有两个方面：一是对历史经验的反思和对现实需要的认同；二是对新的思想和新的文化的接受，从而会形成新的民族精神和文化传统，如中国古代有古代的精神传统，"五四"以后，民族传统接受了时代的选择和重铸，形成了新的民族精神和文化传统，尽管这一传统仍然是民族传统的一种延续。

所有的精神内容都与人的精神背景有关，与人的分析范式和世界模式有关。人的这种精神背景往往又与民族文化传统有着十分密切的关系，从这个意义说，个人的精神背景实质上要在某种程度上受到民族思想文化基本精神的制约。所以，我们要想了解新文学家的精神世界，必须对它的深层结构，如精神背景有较为充分的认识，要实现这一点，我们就必须找到新文学家的精神世界与传统文化之间的联系。

影响着新文学家的精神结构的因素有许多，既有现实人生的直接刺激和触动，又有外来文化中的新价值和新观念的启示和催化，同时，民族传统文化的制约作用更是我们不可忽视的方面。人们可以批判原有传统和接受新的精神价值，但这一切并不意味着我们在实际上就能够清除民族传统文化的历史积淀。这一点不仅现在的人们认识得很清楚，"五四"以来的新文学家们在学理的层面上也认为传统文化的价值和糟粕是并存的，但他们并没有对中国传统文化采取一种冷静的、公允的态度，而是试图全面地扫荡传统，这也是后人对"五四"传统感到遗憾的所在，是人们怀疑"五四"传统的主要根据。这种现象的出现，当然与急切的现实生存需要和呼唤新文化的焦灼心绪有关，但民族传统，尤其是儒家文化积淀下来的有机整体论的精神背景和分析范式则是造成这一现象的又一重要原因。这就是说，这里隐藏着一个深刻的悖论。

在这样一种分析范式的左右下，他们不但不能分析地对待儒家传统的优秀部分和腐朽部分，也不能分析地对待历史和现实，以及政治、道德和文艺。新文学阵营在20年代初与"学衡派"和"甲寅派"的论争，是一个复杂的历史学案，需要进行专门的讨论才有可能厘清原委黑白，但梅光迪提出在文化传统与现代文化重建的问题上，对"文学美术"、"工商制造"和"政治法制"要加以区别①，显然有很多合理的成分，因为传统文化对审美形式的意义与对社会的经济和政治，以及其他社会文化形态的意义是有明确区别的，有时甚至是迥然不同的。这里也正是体现出现代文化重建所需要的"多元分殊"模式，但鲁迅们却对梅氏的观点一概地加以批判。新文学家们在这种整体论的分析范式下对某些事物所采取的态度，我们这些旁观者有时甚至会产生哭笑不得的反应，如对古书，鲁迅告诉青年人不要读中国古书②；巴金则因为当时的北平图书馆花大钱购买《金瓶梅词话》稿本而深感不可思议③。

中国文化传统是不相信宇宙这个有机整体是由一个外在于它自身的不可理喻的绝对智慧，一个有意志的上帝创造的。他们对宇宙模式的认识极为独特。中国人把社会文化的任何一个侧面和部分都放在整体中加以观照和判断，与西方世界中的系统论思想有其相通之处，但在实质上并不是一回事。关于这一点，这样的一种分析是值得重视的："现代西方系统论、格式塔等也讲整体，也讲功能，也讲整体大于部分之和，但这种整体结构功能仍是建立在西方实体性和明晰性的传统之上的。它靠部分、层次、结构关系的明晰来提炼整体功能。它的大于部分之和的整体是以明晰这个具有历史性的东西和实体性这类明晰可见的层次关系为基础的。它的整体必须有部分的清楚，可以由部分来验证。从这种整体而来的部分，必然是实体性的、定位的，这种整体的部分中绝不会有从整体功能上推出有它而在

---

① 参见梅光迪：《评提倡新文化者》，北京大学、北京师范大学、北京师范学院中文系中国现代文学教研室主编：《文学运动史料选》第一册，上海教育出版社1979年5月版。

② 《青年必读书——应〈京报副刊〉的征求》，《鲁迅全集》第3卷，人民文学出版社1981年版，第12页。

③ 《书》，《巴金全集》第12卷，人民文学出版社1989年版，第468—469页。

具体部位中却找不到的东西。……中国的整体功能是包含了未知部分的整体功能，是气。它的整体性质的显现是靠整体之气灌注于各部分之中的结果，各部分的实体结构是相对次要的，而整体灌注在这一实体结构之中的气才是最重要的。因此谈某一整体，首先重整体的气，论人讲神情气度，论画以气韵生动为第一。"[①]这大概就是说中国的整体论世界模式所强调的是统一的整体功能向部分的贯彻，因而鲁迅们就把儒家传统的各个层面，把时代文化的各个部分，不加分析地，以一个价值参照加以衡量，漠视了各个部分自身的相对独立的存在意义。这与西方的系统论等思想中那种在整体里对各个部分的独立价值的承认是有所不同的。

中国人的这种宇宙模式，深刻地影响到了人们对世界，对自然，对人生的总体看法，尽管一些新文学家对儒家传统深恶痛绝，但由于这种世界模式和由这种世界模式而形成的分析范式已经超出了历史和道德的层面，是一种人的精神世界的深层结构，人们很难对其进行直接的观照和具体的价值判断。尤其是新文学家们一开始就特别地关注现实的、生存的价值，救亡图存是树立在他们眼前的最显赫的目标，因而他们便很容易忽视儒家传统中的这种隐蔽因素，以至于对自己用传统的分析范式来扫荡传统的行为方式几乎没有察觉。

世界历史的一般规律是，现实虽然也在孕育着未来，孕育着新的传统，但现实在质和量上则更是体现着历史和原有传统的载体，所以在呼唤改革、呼唤新生的历史时期，人们经常是反对过去的传统，揭露和批判体现着历史传统的社会现实，以求重建一种新的文化和一个新的时代。但这种具有普遍意义的历史现象在文学艺术上的反映却因负载着不同文化传统的民族而有大为不同的表现。

中国现代文学所在的历史情境正是这样一个民族大变革的时代，那么中国新文学究竟以什么样的"话语形式"诉说着这个语境的故事，描绘着这个时代的蓝图呢？陈思和在他的《中国新文学整体观》一书中有这样

---

① 张法：《中西美学与文化精神》，北京大学出版社1994年版，第29—30页。

一种说法："在西方，数度反对传统思想束缚的文艺运动，都给文学创作带来了人文主义与浪漫主义。无论是文艺复兴时期的《神曲》《十日谈》《巨人传》，以及稍后的莎士比亚戏剧，还是德国狂飙运动时代席勒、歌德的华美诗剧与法国反古典主义时代的雨果、大仲马的英雄戏剧，无不充满着歌颂人性的伟大存在的浪漫激情，以及与这种激情相适应的夸张的表现手法。他们很少拥有以后的现实主义所常备的纪实风格，却醉心于梦幻、神游、历史故事、民间传说等，使现实的画面上升为抽象的精神。其支撑点不是描述现实生活的真实状态，而是探求情绪的夸张力和想象力。可是中国新文学正相反，虽然'五四'也是一个扫荡千年封建传统束缚，思想空前解放的伟大时代，虽然人的歌颂、浪漫精神也一度引起中国知识分子情绪上的共鸣，成为时代的普遍心态，但从文学创作的实际情况来看，具有非凡想象力的浪漫作品实在是寥寥无几。唯一的一部《女神》，如流星般携着风雷掠过文坛，却很快为《星空》的静寂与《瓶》的感伤所替代，所能产生的，只是对现实生活中人性泯灭的愤怒、喟叹以及悲泣。人们揭露社会现实的黑暗与弊害，总结中国革命的历史经验教训，抒发对病态生活的不满和牢骚，远较之正面追求人性解放，歌颂人的力量，以及对远大理想和人类未来命运乃至至善至美的憧憬更富有吸引力。这种公众的文学兴趣的社会意象至今尚未改变。在'五四'初期则明显地表现为缺乏充分张扬的浪漫精神，也缺乏充分发展的个性意识。"[1]面对陈思和的这一描述，我们的确不能说它的所有细节都是准确的，但在总体上，这种分析和揭示对我们思考这方面的问题却是极有启发的，尤其是对中国新文学的现实精神的突出把握是十分可信的。

"五四"以来的中国新文学从鲁迅始，此后的"新潮"小说、"问题小说"都是在现实精神的照耀下展开的；文学研究会一开始就举起"为人生而艺术"的旗号；创造社的郁达夫和郭沫若的创作到后来也渐渐地趋向了"为人生"的艺术轨道；老舍因为《骆驼祥子》的发表，使许多人改

---

① 陈思和：《中国新文学整体观》，上海文艺出版社1987年版，第105—106页。

变了对他那种以往的冷漠；巴金小说的成功，是由于这些小说展示了现实社会的腐朽和一代新人从这旧传统中突围的现实人生的故事。从反面说，在现代文学的领域，那些不是紧紧贴近现实的作品，就有可能会被人们搁置、冷落，甚至否定，如曹禺的《原野》，按说是一部相当出色的戏剧文学，其中十分成功地塑造了仇虎这个在中国文学史中少有的悲剧性格，他为了实现他对恶的惩罚的目的，在内心和现实两个线索上承受着非凡的灾难，以至于主动走向死亡。这是一部把普遍人性置于具体的人生情境中加以表现的精彩作品。但由于它在现实的起点上超越了现实，由于它使用了某些表现的和象征的手法，竟然被某些人说成是失败的作品。这说明，中国新文学史的背后隐藏着一个强有力的价值选择和判断的尺度。然而，我们却不能把这个尺度与一般的写实主义原则完全等同起来，中国新文学的现实精神所特别强调的是历史的忧患意识和现实的使命感。鲁迅极力反对"瞒"和"骗"，要求真诚地看取人生[①]的目的并不是要真实地再现现实的血和肉，而主要是为人们指点出改变现实的必要性和目标，所谓"引起疗救的注意"，而这正是中国现代文学的现实主义精神的核心内含和前提。

这种进取的现实主义精神，一方面是中国传统中崇德利用和文以载道思想观念在现代国人身上的一种文化心理积淀，另一方面这种传统的积淀又与当时的救亡图存的急切的时代需要一拍即合。鲁迅、茅盾、叶绍均等的文学创作在一开始就非常有意识地关注着时代脉搏，自不必说。值得注意的是，无论是一直关切现实的鲁迅们，还是起初与鲁迅们的追求并不一样的一些作家也都随着时间的推移，越发地有意用自己的笔来参与现实的历史进程：郁达夫从《银灰色的死》《沉沦》走向《春风沉醉的晚上》和《薄奠》；郭沫若从《女神》走向《前茅》和《屈原》；老舍从《二马》到《骆驼祥子》；巴金从《灭亡》到《寒夜》……凡此种种，都体现着现

[①] 参见《论睁了眼睛看》，《鲁迅全集》第1卷，人民文学出版社1981年版，第240—241页。

代作家们在文学与生活的关系问题上的一种理性的选择。中国现代文学家对现实的那种独特的关注，试图把自己手中的文艺作为救亡的直接力量，在国人看来或许是再正常不过的事了，但如果我们跳出来想一想，问题并不那么简单，这里除了上面陈思和提出的问题之外，也还有文艺所应具有的对现实的超越品格、文艺之所以是文艺的自主性和独立性问题。这里就包含着现代文学家们习以为常但又未必明确察觉的思维范式和心理习惯：自己或文艺只有在现实境遇中才能实现自身的价值，这种价值的最终意义归宿也不在历史之外的什么境界，而是现实历史本身。

当我们面对中国现代文学家的这种历史中心论的灵魂追求和现实选择时，尽可以说是由于时代的救亡任务的紧迫和重要所带来的必然结果，但有一个事实却应该给予注意，那就是中国几千年的历史并非都处在民族危亡之中，但"文以载道"的主张，却在中国历史中成为一种具有主导性的、剪不断的文学思想传统，这种现象存在的原因就是它体现着民族的"集体无意识"。在中国的传统文化中，"道"虽也具有万事万物的本原或本体的意义，但"道"说到底是人的最高价值，因此道家主张人在"至正""常然"之中达到并顺应宇宙大化的秩序，进而便可实现"与天地精神往来"①，这是以一种人格宇宙化的方式实现的人与道的拥抱和融合。儒家以人生为中心，强调用人心来体认宇宙秩序，在"心"中来实现与"道"的融合，获得宇宙的反响。儒家虽把"道"分为"天道"、"地道"和"人道"三个范畴，但儒家经常讲的是"人道"，往往把"人道"作为论"道"的话题。因此儒家所欣赏的是自我人格中所获得的宇宙反响，而这种有能力获得宇宙反响的人格又要在修身养性的途径中积累起来；同时，儒家不像道家将"心斋"和"坐忘"看作达"道"的途径，而是把在现实中的道德践履作为修炼心性与人格实现的双重目的的通道。因而，儒家把人的本质定位在历史性和社会性存在的基础之上。这一方面关心现实，另一方面又在人的存在的历史性和社会性中冲淡了人的个体性和

①　《庄子·天下》。

独立性。

由此看来，要实现与宇宙沟通，"与天地精神往来"，就必须使人达到一定的境界，使人成为仁义之人，而这一目标又必须在人生中来完成。于是，人生以及由人生所构成的社会历史也就成为儒家压倒一切的关注点。同时，儒家思想中的一体化的宇宙又是以人类历史为中心的整体结构。儒家所确立的就是这样一种带有历史本体论倾向的世界模式。

儒家的这种历史本体论思想，既是一种文化存在，又是一种文化主张，既是中国文化的结晶，又是中国文化的引导和约定因素，所以中国人是在它的文化传统已经给定的一元论的历史构架中，从事着他们的文化活动，追问着自身和相关的外界的。中国现代作家们虽然处在选择传统、重建民族文化的大变革的历史时期，但他们在认同、否定、选择民族传统，或重建时代文化的过程中，也都只能在这个肯定历史本身的构架中来进行。儒家文化作为中国几千年的文化主流，它的这种将社会历史作为人的存在和价值体现的场合的观念，便成了中国人的一种文化心理积淀。中国现代作家不论对传统的态度如何，他们都难以清除对历史和社会特别关切的内在意识。

由于儒家将人的本质定位在历史和现实之中，天道也就不过是一种历史逻辑和秩序的体现。历史和社会是生动的，也是具体的，在历史和现实中的一切标准和尺度都是相对的，有缺陷的。西方在宣布了"上帝死了"以后，人们的困惑、彷徨、悲观才普遍起来，因为他们已经否定了超越历史的东西。中国现代文学中，郁达夫的悲观，鲁迅的彷徨，巴金的苦闷，大概也与在他们的意识习惯中只有历史的记忆有关，因为历史本身不能提供绝对的真理，也不能提供绝对的价值标准。中国现代文学家们那种整体的、历史的、人格化的思考范式，尽管说起来有些显得复杂、微妙，甚至玄奥，但它却构成了他们的精神背景。

二、鲁迅的历史本体论

在人的灵魂中寻找意义实现的依据，把历史功能作为内心渴望和社会理想的目标形式，是鲁迅思维结构中的基本程序，这种思维程序没有在"历史"之外去追问本体，因为它不存在于历史与"上帝"之间，而只被"历史"创造、派生和拥抱。鲁迅曾经试图挣脱"历史"并站在"历史"的对面来审视历史，但他似乎没有得手，因为中国文化已经给定的背景就是"极高明而道中庸"，人们必须在历史中来超越历史，在历史中揭示本体。因而，鲁迅的人格情境，所使用的价值标准，以及他的历史文化心态，都带着对以儒家传统为代表的历史本体论的无奈或是主动的选择。

（一）

中国文化的原初选择是以求善为目标，在这个古老的东方民族的集体意识中，具有突出地位的冲动是渴望与宇宙达成真正的和谐。他们看到的是，在宇宙这个整体中的万事万物都是处于某种两端互补的相辅相成的联系之中。我们最为熟悉的"孔孟的哲学精神——仁爱，是对于普遍的、基本的族类情感的升华，没有设定一个单一的造物主。老子的哲学精神的核心是道，道本身是一个恍惚未分的浑沌"①。韦伯将中国文化的这一类现象称为：肯定世界的宇宙中心主义。②

一个西方学者曾这样说："局外人感到很难探明的基本点是，在古代的和当代的、原始的和文明的各民族中，唯独中国人没有创世神话。也就是说，他们认为世界和人类不是被创造出来的，而是自发自生的宇宙的基本组成部分。在这个宇宙中，不存在外在于它本身的创世主、上帝、终

---

① 张立文：《中国哲学范畴发展史（人道篇）》，中国人民大学出版社1995年8月版，第775页。

② 参见［德］马克斯·韦伯：《儒教与道教》，江苏人民出版社1995年8月版。

极原因或意志。"①显而易见，这段话对中国创世神话的描述并不十分准确，因为中国仍有少量的创世神话，如有关女娲的传说，《淮南子·精神篇》中阴阳二神的故事等。但其中关于中国文化中的世界模式的论述却是相当精到的。

的确，中国文化传统是不相信宇宙这个有机整体是由一个外在于它自身的不可理喻的绝对智慧，一个有意志的上帝创造的。他们对宇宙模式的认识极为独特。

在《周易》中，乾卦坤卦是阴阳的象征。乾坤是天地的别称，天地是阴阳的表象，刚柔是阴阳的体性。阴阳刚柔的合德，使"万物化醇"，"万物化生"。无论是生物，还是非生物，都是阴阳交媾所化之物。这一基本认识孕育并形成了中国思想中独特的宇宙观念，即宇宙的生成是一个单一的自生自灭的过程。

与道家的自然本体论观念不同，儒家认为与宇宙达成统一不是一种自然天成之事，而必须在执着的求索中才能实现。在孔子看来这种求索的路径和目标就是"道"，因而孔子说："谁能出不由户，何莫由斯道也。"②"朝闻道，夕死可矣。"③我们虽然还不能对"道"作出十分清楚的解释，但我们却可以肯定地认为这个"道"，主要指的是人道。

人道既然主要是指人进取高境界的一个过程，它就带有某种阶段性，于是儒学思想家们把与生俱来的人性同后天养成的人性区分开来。他们首先肯定人是自然万物中最为可贵的物种，所谓"水火有气而无生，草木有生而无知，禽兽有知而无义，人有气、有生、有知且有义，故最为天下贵"④。人的可贵之处就在于人生来就具有恻隐、羞恶、辞让和是非之

---

① 　［美］牟复礼：《中国的文化基础》，转引自杜维明：《儒家思想新论》，江苏人民出版社1996年1月版，第31页。

② 　《论语·雍也》。

③ 　《论语·里仁》。

④ 　《荀子·王制》。

心，而这些因素还不是人的真正本质中的仁义礼智，还只是能够形成仁义礼智的可能性。用孟子的解释就是："恻隐之心，仁之端也；羞恶之心，义之端也；辞让之心，礼之端也；是非之心，智之端也。"[①]

人能够成仁成义是为了与宇宙达成和谐，而人不断地修炼自身的宇宙所赋予的"气"，使其得到不断的升华和扩展，也是实现孟子所期待的"万物皆备于我"[②]的境界的过程。

人的肉体和精神在世间万物之中，虽然是气化的最高形式，但人还需努力与宇宙万物合而为一，使人的由精气构成的心灵与自然万物产生共鸣。这会实现一种生命力的内在反响，使人从内心体验宇宙。

（二）

无论是主动的，还是无奈的，鲁迅还是将自我置于了历史本体论的背景之中。

尽管有人试图发现鲁迅的人格中所体现出来的救世精神与基督教的宗教情操的类同和联系，不用说是十分可贵的探索，但在本质上无论如何也是一种徒劳，因为鲁迅将自我人格从一开始就置放在传统儒家早已给定的历史本体论的构架之中，他不认为自我能与历史相对，他的精神向往和终极关怀也没有超越历史。所以我较为赞成一位批评家对鲁迅的人生选择的这样一段分析：

> 我常想，鲁迅的人生有着三种可能。一种是已有的坚持"绝望的抗战"的姿态，以这种姿态，鲁迅活到了五十六岁。一种是《孤独者》中魏连殳的人生姿态，这其实是以精神和肉体双重自杀的方式报复社会。鲁迅如果选取这种方式，多半还活不到五十六岁。还有一种可能，便是精神崩溃，变成疯子。……在宗

---

① 《孟子·公孙丑上》。

② 《孟子·尽心上》。

教信仰者那里，对人世彻底绝望后，还可以在尘世之外找到精神支点，而鲁迅所有的，只有一个人间，对人世绝望后，精神并没有别的寄寓之所。①

　　我这里无意评价对鲁迅人生的这三种可能的描述是否准确和妥当，而特别关切的是无论鲁迅作出何种选择，都是立足"历史"的，鲁迅为什么摆脱不了历史本体论的框架，因为这不仅仅取决于历史个体的文化选择，更为关键的原因在于他所隶属的那个牢固的历史文化系统。

　　鲁迅的确对以神和上帝为本体的宗教表示过关心，但我们必须注意到，他所关心的不过是这些神学体系中所包含的睿智和人生命题，是这些神学形式在历史中的化俗价值。鲁迅说"宗教之作，不可已矣"②，是因为他认为宗教"足充人心向上之需要则同然"③。他对宗教作出了历史本体论的解释，这正是因为他完全不相信世间有神、上帝和鬼魅的存在，因而他诙谐地说过他"不大喜欢下地狱"，"又有些怕上天堂"④。可见，他所特别关注的是儒家传统也特别关注的"心"，是人的精神世界，因而他肯定宗教的依据是由于它具有对人的心灵的净化。鲁迅说"顾吾中国，则夙以普崇万物为文化本根"⑤，还说"中国人自然有迷信，也有'信'，但好像很少'坚信'"⑥。这是他对中国传统文化的理解，也是对中国传统文化的认同，虽那后者还透露着某种怀疑，但在那怀疑中，我们却不难看出是对其历史功能的忧心，因而，就总体而言，鲁迅有关中国

---

① 王彬彬：《多少话，欲说还休——关于鲁迅的"顾忌"》，载《鲁迅研究月刊》1997年第3期，第31页。

② 《破恶声论》，《鲁迅全集》第8卷，人民文学出版社1981年版，第27页。

③ 《破恶声论》，《鲁迅全集》第8卷，人民文学出版社1981年版，第28页。

④ 《厦门通信（二）》，《鲁迅全集》第3卷，人民文学出版社1981年版，第374页。

⑤ 《破恶声论》，《鲁迅全集》第8卷，人民文学出版社1981年版，第27页。

⑥ 《运命》，《鲁迅全集》第6卷，人民文学出版社1981年版，第131页。

文化对"实体"和"百昌"的崇拜的担心是"躯壳虽存，灵觉且失"，是"天物罗列，不关其心"[①]，是对人的心灵和精神的极大关注。他的这种人文关怀显然不是建立在与人之历史相对的彼岸世界，而是置放于历史和现实的构架之中。是无法摆脱也好，是自觉也好，鲁迅为自己选定的人格背景是"历史"，他的精神结构也是以历史本体论为支柱的。

（三）

当传统文化出现了危机，当历史本身的原因迫使它必须变革，进而人们在寻找能够作为重建新的价值的文化因素时，常常会由于对历史的怀疑而感到茫然，鲁迅就是在这茫然中找到了十分历史化的价值标准。

鲁迅的思想模式虽以儒家传统的历史本体论为背景，但由于他所处的是一个社会变迁、文化转型，从而造成原有的社会信仰和价值尺度等受到颠覆的时代，孔子及其继承者有对"道"的价值执着，鲁迅却没有，而鲁迅又不能没有审视外界、评判历史的价值标准。传统的普遍价值遭到否定，鲁迅的心中又没有上帝，留给他的唯一出路就只有在历史中寻找属于他那个时代的价值尺度，严格地说，这不是出路，而是一片价值的荒原。鲁迅的彷徨与执着，困惑与坚定，失望与希望，以及他最终命运所显示出来的辉煌和悲剧，可以说都与这片"荒原"有关。也许鲁迅的头脑本来就不是一个哲学家的头脑，也许鲁迅所处的价值荒原起点太低，也许鲁迅背负的现实使命过于沉重和急切，鲁迅所使用的价值尺度非但在历史本体论的界线之内，有时甚至连"本体"的意味都没有，而是社会目的论的价值尺度。

历史告诉我们，历史是残酷和黑暗的，它以成败论英雄；历史是光明和乐观的，它有过去、现在和未来，它总是在"新"战胜"旧"的过程中实现它的变迁。鲁迅正是在这种历史存在和历史逻辑中找到了自己的价值标准。

---

① 《破恶声论》，《鲁迅全集》第8卷，人民文学出版社1981年版，第28页。

成与败的背景和依据是实力的强与弱，强者是历史的主人，强者推动着历史的变迁，承认强者是承认事实和承认存在的表现。鲁迅拯救历史，重建文化的追求和努力正是从这一价值取向开始的。人们习惯于将鲁迅思想中的这种价值倾向说成是达尔文进化论的影响，这种看法并未全错，但由于这一看法是建立在某种先在误区的基础上的，因而它也很难合于实际。我总是这样想，一个接受了中国传统文化严格教育的，生活在中国传统文化氛围中的，要重建中国文化的中国人，怎么会一下子就接受了外来文化那样大的影响，因而，我认为所谓这种影响不过是某种对自身传统文化的印证、提示和共鸣。鲁迅的思想中有社会达尔文主义的影子，这也的确是一种事实，因为自晚清以来，达尔文的进化论在中国社会确曾产生过极大的影响，尤其在"五四"时期，中国文化受到了大规模的非难，民族文化的表面"真空"使各种外国思潮有机会被大量地介绍到中国，那时的文化先驱者陈独秀、周作人、胡适等都对进化论表示了极大的关注，并将进化论实际运用于他们的文艺思想中。然而，"五四"过后没几年的时间，达尔文的进化论为什么就被中国历史所排斥，是什么力量在选择和淘汰着这种外来文化，这不是值得我们深思的吗？再者，包括鲁迅在内的近现代中国的所有爱国知识分子，不都曾蒙受了以强者姿态出现的西方列强入侵中国而带来的精神上的沉重打击，不都在这种灵魂的危机和屈辱中为民族的崛起执着地寻找道路吗？这说明，鲁迅等知识分子对强者哲学的认识主要来自于对民族历史的深切关怀，而鲁迅不会不清楚，外来文化是不能最终解决民族自身危机的。

此外，鲁迅所理解的强者哲学是具有特殊内涵的。鲁迅对"强者"与"弱者"的判断，具有明显的道德倾向，他对民族和国人的"强者"理想是在是与非、善与恶的明确判断的基础上作出的选择。所以他说：

> 我觉得中国人所蕴蓄的怨愤已经够多了，自然是受强者的踩踏所致的。但他们并不很向强者反抗，而反在弱者身上发泄，

兵和匪不相争，无枪的百姓却并受兵匪之苦，就是最近便的证
据。①

　　鲁迅在这里所作的判断是表现出强烈的同情弱者的倾向，他所渴望
的是弱者"向强者反抗"。鲁迅对弱者的深切同情，一方面，表现出对周
围生命的普遍关注的生命伦理精神，这种生命伦理精神虽不仅仅是中国儒
家的伦理学传统，西方思想也有生命理性，特别是西方神学伦理学中的道
德思想更为突出。鲁迅也曾从达尔文的进化论中推导出"以幼者弱者为本
位"的伦理观念。②那么，鲁迅的同情弱者的人间理性究竟来自于哪一种
文化系统？表面看来，它好像更接近于西方文化，但如果我们再深入一点
思考，或许就会产生疑问，因为问题的关键是鲁迅是不是以西方的价值尺
度去选择西方思想的？在选择西方思想之前，是不是有一个先在的外在于
西方文化系统的价值尺度已经存在？而这种先在的价值尺度一般只能在长
期的文化积淀和个人的历史经验的基础之上形成。从这一逻辑去思考，鲁
迅心中的主导性的价值尺度就一定与中国传统的关系更为密切。对此我们
能否从中国现代作家们在接触到西方思想时就联想到中国传统中的命题和
范畴，并常常以中国传统的命题对外来思想加以判断的现象中得到一些启
示呢？鲁迅多次说他"摆脱不开""古老的鬼魂"是不是也能帮助我们加
深对这一问题的理解呢？另一方面，鲁迅同情弱者的目的无非是要唤醒弱
者，希望他们"欲自强，而力抗强者"③。他始终担心于我们民族被外国
列强"吃"，忧患于被压迫者和被损害者继续被压迫和被损害，同时他又
认为弱者只有靠自身的觉醒和反抗才能解放自己，这说明，社会历史的变
革目的，要通过历史主体来实现，历史的发展动力就在历史本身。鲁迅把

① 《杂议》，《鲁迅全集》第1卷，人民文学出版社1981年版，第225页。

② 参见《我们现在怎样做父亲》，《鲁迅全集》第1卷，人民文学出版社1981年版，
第132—133页。

③ 《摩罗诗力说》，《鲁迅全集》第1卷，人民文学出版社1981年版，第78页。

推动历史变革的力量和希望完全寄托于历史人生本身，是以历史本体论的价值标准来辨别历史和指示历史道路的。

人们常把鲁迅的这种同情弱者的人间理性，描述为人道主义思想，这显然是无可非议的，但我们应当注意的是，这种人道主义并不能等同于西方的人道主义，他是鲁迅式的人道主义，是中国化的人道主义。西方的人道主义尽管出现在文艺复兴时期，但仍具有深层次上的神学意识，就其内在的含义来说，西方的人道主义的核心是对人的普遍尊敬，18世纪法国资产阶级革命时期曾把文艺复兴时提出的人道主义具体化为自由、平等、博爱，这是一种神化的、抽象的人道主义，它并不是具体化在历史中的、以同情弱者为普遍本质的人道主义。与此不同，中国的人道传统是以性善和性恶这一伦理本质展开的，它具有人伦日用的品格，他关注历史进程本身。这是中国文化传统，更是儒家文化道德主义传统。鲁迅同情弱者的人道主义与儒家传统中伦理主义人道观显然具有本质上的相似之处。鲁迅不仅把人道主义作为他的人格理想，更重要的是这种同情弱者的人道主义思想，蕴含着一种贴近历史的价值形式。当然，从整体上说，鲁迅的人道主义是一种中西文化汇流的产物。

与鲁迅心中这种强者—弱者哲学所体现出来的价值标准相对，鲁迅审视历史的另一个尺度是历史的时间所带来的意义。鲁迅常常把大人与孩子、新与旧、过去与未来作为他对历史和人生加以评判的内心尺度。例如，《狂人日记》整部作品就是一个绝望的呐喊，唯一地透露着一点希望的，就是他认为可能有的"孩子"尚未吃过人，因而作家在面对他已经完成的那个阴森可怖的文本情境时，发出的最后一声呼喊是"救救孩子"，他认为只有新人才有可能没有吃过人，有可能成为"真的人"。鲁迅寄托在"孩子"身上的希望实在太沉重了，以致他后来一再地目睹了"杀戮青年的似乎倒大概是青年"[①]之后，而在灵魂中产生了绝望的感受。鲁迅在历史和现实中所看到的几乎都是失望，因而他将历史和人生的希望投掷于具有多种可

---

① 《答有恒先生》，《鲁迅全集》第3卷，人民文学出版社1981年版，第453页。

能的"孩子"身上和未来社会,这正如他对启蒙事业的理解一样:

"幸而谁也不敢十分决定说,国民性是决不会改变的。在这'不可知'中,虽可有破例——即其情形为从来所未有的——灭亡的恐怖,也可以有破例的复生的希望。"①这种"不可知"的未来,常常给鲁迅带来灵魂上的虚空和惶惑,但正是这种"不可知",使他有可能在某种形式的逻辑中推导出一种"不可知"的希望形式,这种希望形式使他在失望中看到了希望,在虚空中产生出无畏的坚韧和执着。这里既包含着对历史存在的承认,也包含着对历史逻辑的乐观态度。从这个意义上说,鲁迅在《狂人日记》等作品中所体现出来的,正是一种对历史、对人生、对人的命运的全新的发现。那么,我们对鲁迅既全面地批判传统又认同儒家文化的现象应该作出何种解释呢?当我们把这些表面上看来很矛盾的因素,置于鲁迅的精神结构中去时,会发现鲁迅在显意识中所否定和批判的是他所判明的传统的弊端和罪恶,他在无意识中所承传的是他不能远离的自我精神的背景和家园。他这种对传统的有意扬弃与无意承传,正是他重建自我精神的过程。中国新文化的重建过程或许也带有这一特征。

鲁迅不相信历史之外有上帝和鬼神,不相信社会问题是由一个外在智慧来主宰,也不相信人生灾难能够受到某个外在智慧帮助而得到解决。因而,他始终站在历史的大地上思考历史问题,始终以一种积极入世的人生态度来面对人生,始终在历史的逻辑中来展示未来的人生理想。

显然,我们的用意是要发现以儒家文化为主导的中国文化传统与鲁迅精神结构之间的本质联系,具体说,就是儒家传统与鲁迅思想中的历史本体论倾向之间究竟是否一脉相承?这里我能够说我已经回答了这个问题,而人们是不是通过我的论证承认这个结论,还是一个未知数,但令人欣慰的是,至少有这样一个事实我们可以作出毫不犹豫的肯定:鲁迅的历史本体论思想与儒家传统的内在倾向并不矛盾,相反是一致的。

---

① 《忽然想到(一至四)》,《鲁迅全集》第3卷,人民文学出版社1981年版,第18页。

三、郭沫若的世界模式

当"五四"文化先驱们为重建一种现代文化，而掀起一场横扫传统文化的飓风时，郭沫若正身居海外。也许与此有关，他虽也以他的方式参加了这场文化革命运动，但他与"五四"文化先驱者们对待传统的态度，一开始就有所不同。他不是国粹派和复古派，也不是激进派，他的一生虽在思想上表现为某种"多变"姿态，但就总的逻辑而言，他几乎一直在明里暗里地用现代意识分析和改造着传统文化，试图在促成传统文化的现代转化的过程中辟出重建民族新文化的有效路径。尽管我们不应简单地否认陈独秀、胡适、鲁迅们的全盘性反传统主义的历史意义，但我们又不能不说，与他们相比，郭沫若对待传统文化的态度显得更为理性和明智。

儒家文化在中国传统文化系统中的主导地位是不言而喻的，即便是今天的我们也仍需要正视它，因而就我们所关注的问题，在无须面面俱到的场合里，把目光集中于郭沫若与儒家传统的关系上，或许是可取的选择。

每一个人的思维活动都是在一定的世界模式的背景上进行的，其区别只是在于自觉与不自觉的隶属关系上，一个人对自己所肯定的世界模式的不同层面的自觉意识也是不尽相同的。因而，我们也应该在这样一种认识的基础上来了解和把握郭沫若的世界模式。

（一）

如果我们承认符号与意义之间的约定俗成的性质，我们也就不必纠缠于"泛神论"能否概括郭沫若早期的哲学观念了。这样我们便可以心安理得地使用"泛神论"这个符号来探讨郭沫若的精神世界。泛神论之于郭沫若的思想来说，具有背景性，认识特定对象的背景是把握特定对象的基础性环节，因而，我想我们的话题应该从这里说起。

"泛神论"本是16至18世纪流行于西欧的一种哲学学说，是一种具有确定内涵的西方思想，因而，也很容易使人们在寻找郭沫若的泛神论观念的思想渊源时，更加注意西方，这种分析意识虽无可非议，但我觉得更为有意义的是那些与郭沫若泛神论思想发生着联系的历史事实和可体现本质的内在资源。因为有时"符号"是"意义"的概括，有时"符号"却只是"意义"的一个临时标签。

郭沫若和泛神论的缘分似乎与泰戈尔有关，与斯宾诺莎有关，用作家自己的话说是："因为喜欢泰戈尔，又因为喜欢歌德，便和哲学上的泛神论的思想接近了。""我由泰戈尔的诗认识了印度古诗人伽毕尔，接近了印度古代的《乌邦尼塞德》（即《奥义书》）的思想。我由歌德又认识了斯宾诺莎的著书，如像他的《伦理学》《论神学与政治》《理智之世界改造》等，我直接间接地读了不少。"①从这里看来，郭沫若泛神论思想的来源是印度哲学和斯宾诺莎的思想了。但一个显而易见的问题是，当时外来的思想那么多，郭沫若为什么偏偏对那些具有泛神论倾向的思想情有独钟呢？一个有力的暗示是，在接触国外的泛神论思想之前，郭沫若的精神世界中就已经有了泛神论的观念了，只是这个"泛神论"还仿佛需要某种合法性的确认。从郭沫若所讲的"可以说我本来是有些泛神论的倾向，所以才特别喜欢有那些倾向的诗人"②的话里，我们不难发觉，郭沫若对这种先在的"泛神论"的复杂真相并非没有意识到。更为引人关注的是，作家原有的"泛神论"是什么？又从哪里来？郭沫若下面的这段话也许对我们解开这个谜团大有帮助："民国四年的九月中旬，我在日本东京的旧书店里偶然买了一部《王文成公全集》，……每日读《王文成公全集》十页。……而在我的精神上更使我彻悟了一个奇异的世界。从前在我眼前的世界只是死的平面画，到这时候才活了起来，才成了立体，我能看得它好像水晶石一样彻底玲珑。我素来喜欢读《庄子》，但我只是玩赏他的文

---

① 《创造十年》，《郭沫若全集·文学编》第12卷，人民文学出版社1992年版，第66页。

② 《创造十年》，《郭沫若全集·文学编》第12卷，人民文学出版社1992年版，第66页。

辞，我闲却了他的意义，我也不能了解他的意义。到这时候，我看透他
了。我知道'道'是什么，'化'是什么了。我从此更被导引到老子，导
引到孔门哲学，导引到印度哲学，导引到近世初期欧洲大陆唯心派诸哲学
家，尤其是斯皮诺若。我就这样发现了一个八面玲珑的形而上学的庄严世
界。"①郭沫若的"彻悟"，也带来了我们的彻悟：作家所崇尚的"泛神
论"由两种思想成果构成，一是中国传统的儒家和道家文化；二是外来的
印度和西欧的哲学。在这二者之间，前者在郭沫若的哲学思想中显然处于
更为优先的地位。

（二）

郭沫若之所以将西欧的泛神论、中国的老庄哲学和儒家哲学都捆在了
一起来看待，就是他发现了这些思想中有一个共同的观念，即不承认外在
于宇宙的绝对智慧，不承认作为人格神的上帝的存在。西方的泛神论虽否
认神的存在，但它宣称神即自然界，神存在于自然界的万事万物之中。其
代表人物布鲁诺和斯宾诺莎分别提出的"自然界是万物之神"和"上帝就
是自然"等命题，是他们的思想的最高概括。泛神论的理论倾向是：一，
否定超自然的人格神，也否定外在于自然的客观精神；二，崇尚自然，具
有物质至上主义色彩；三，并未明确强调人的中心意义。

《周易》中所蕴含的思想，有人说是道家学说，如陈鼓应先生就一直
坚持这一观点；也有人说是儒家的思想，持这一观点的人更是大有人在。
在我看来，这种争论是没有意义的，因为，如果我们不是认为儒家和道家
思想干脆没有交叉，不是认为它们的区别是绝对和静止的，我们就要承认
一种事实：同在中国这个特有的农业文明的背景上产生的文化现象和哲学
观念，根本不可能没有共同点，这种共同点就是《周易》所揭示的宇宙模
式，儒家和道家文化的共同思想背景就是这一世界模式。

---

① 《王阳明礼赞》，《郭沫若全集·历史编》第3卷，人民文学出版社1992年版，第
289—290页。

就总体而言，《周易》的宇宙模式，是将宇宙视为一个自我生成的单一过程的展开，整个宇宙所有组成部分都同属于一个统一的有机体，其中的任何一部分都要参与这个生生不息的生命创造和演化过程。中国文化中的阴阳学说，"气"的学说、"天人合一"观念等，都是这种宇宙模式的衍生形态。由这种世界模式确立的基本思想决定了其基本内涵，这种世界模式与西方泛神论思想一样，绝对否定外在于宇宙的不可理喻的绝对智慧的存在；这种世界模式必然认为世界万事万物在本体上都是相同的，所以在本体上承认万事万物的平等地位；这种世界模式既然将宇宙中的所有部分都看成是一个有机体，于是它便忽视个体的独立性，强调相互的和谐关系。儒家的仁学观念、尚群思想都是这一文化背景的派生物。作为中国文化的总体背景的这个人与自然和谐统一的宇宙模式，正像冯友兰所说："自然就是中国传统哲学中所说的'天'；社会和个人，就是中国传统哲学中所说的'人'；人和自然之间的关系，就是中国传统哲学中的'天人之际'。人类的生活无论是精神的或物质的，都是和'天人之际'有关系的，所以中国哲学认为'天人之际'是哲学的主要对象。"[1]

在这个中国文化的大背景上，道家的观念是"天地与我并生，而万物与我为一"[2]，强调"人法地，地法天"[3]。这与西方的泛神论思想有些接近，这也是郭沫若在庄子和老子的哲学积淀上发现并喜欢布鲁诺和斯宾诺莎的一个主要条件和原因。这里我们不能不提醒人们注意的是，道家对自然（天、地）的崇尚，是建立在人与自然合一的基本前提之上的，换一句话说，道家是试图通过与自然的和谐关系来实现人的生命完善。对于布鲁诺和斯宾诺莎来说，更为重要的是把自然作为某种绝对意义加以肯定，是对自然的一种信仰。郭沫若有时也把自然作为偶像加以崇拜，但他投以更

---

① 冯友兰：《三松堂自序》，三联书店1984年版，第246—247页。

② 《庄子·齐物论》。

③ 《老子·二十五章》。

多的，是对自然的热爱，是把自然当作"爱人"和"亲人"。①我们从他的早期诗歌中所看到的也几乎都是这种人与自然的拥抱，人与自然所达成的和谐。这样一来我们或许可以认为，与其说郭沫若的世界模式是对自然的崇尚，不如说是人与自然的统一及和谐。

我们虽认为道家同样对中国文化的宇宙一元论背景具有依赖性，但又必须看到道家在对这种世界模式上的独出特征。从道家主张"人法地，地法天"和"圣人法天贵真，不拘于俗"②等观念中，我们不难看出，老庄的天人观念的方向意识和倾向性，不是一般意义上的"天人合一"，而是"人合于天"。所以庄子把人类文明过程中的人的自我意识和创造本质视为人性背离天性的堕落过程，明确提出了"夫至德之世，同与禽兽居，族与万物并，恶乎知君子小人哉？"③的天人理想模式。这与郭沫若对"人"的一贯肯定是很不相同的。

（三）

郭沫若虽是一个"偶像的崇拜者"，但他所构想的世界模式是以人为中心的人与自然的和谐关系结构。用郭沫若自己的表述就是："泛神便是无神。一切的自然只是神的表现，我也只是神的表现，我即是神，一切自然都是自我的表现。"④他这种对人的肯定，使他成为他自己所说的"又是一个偶像的破坏者"。他甚至希望孔圣人和"亚圣"也能成为有七情六欲的真正的"人"，如在《孔夫子吃饭》和《孟夫子出妻》两个历史短篇中对圣人的人性的展示，和对两位圣人故作圣人姿态的揭露。所

---

① 参见《神话的世界》，《郭沫若全集·文学编》第15卷，人民文学出版社1990年版，第286页。

② 《庄子·渔父》。

③ 《庄子·马蹄》。

④ 郭沫若：《〈少年维特之烦恼〉序引》，《郭沫若全集·文学编》第15卷，人民文学出版社1990年版，第311页。

以他说："歌德是个'人'，孔子也不过是个'人'。孔子对于南子是要见的，'淫奔之诗'他是不删弃的，我恐怕他还是爱读的。我看他是主张自由恋爱（人情之所不能已者，圣人不禁）实行自由离婚（孔氏三世出其妻）的人！"①郭沫若这种把一切自然都视为"我"的表现的世界模式，显而易见，是对"自然合于人"的观念的一种极大强调。西方的泛神论是以自然崇拜为中心的，他并不特殊强调人与自然和谐统一。道家一贯认为人与物没有尊卑高下，正如庄子所说："号物之数谓系万，人处一焉。人卒九州，谷食所生，舟车之所通，人处一焉。此其比万物也，不似毫末之在于马体乎？"②所以道家批判儒家的"贵人"观念是"人自以为种而天下耳"③。由此可见，郭沫若的世界模式是复杂的，其主导倾向又是明确的，这种主导倾向不是西方的，也不是道家的，那么，它究竟从哪里来？

孔子同时代的子产则说："天道远，人道迩。"④在荀子看来，人"最为天下贵也"⑤。孟子引《泰誓》语："天视自我民视"，焦循注曰："言天之视听，从人所欲也。"⑥"尽其心者，知其性也；知其性，则知天矣。"焦循注曰："惟心为正。人能尽极其心，以思行善，则可谓知其性矣；知其性，则知天道之贵善者也。"⑦孟子又说："天听自我民听。"后儒也多有这种"贵人"的观念，如朱熹讲"人者，天地之心"⑧，陆九渊讲："天地人三才等耳，人岂可轻？人字又岂可轻？"⑨这

---

① 《三叶集·致宗白华》，《郭沫若全集·文学编》第15卷，人民文学出版社1990年版，第22页。

② 《庄子·秋水》。

③ 《庄子·天运》。

④ 《左传·昭公十八年》。

⑤ 《荀子·王制》。

⑥ 《孟子·万章句上》。

⑦ 《孟子·尽心章句上》。

⑧ 《朱子语类·卷四十五》。

⑨ 《陆九渊集·卷三十五》。

些言论表明，儒家在天人关系上是贵人的，是以人为重心的。

儒家文化是中国文化的主流，它的思想可以说是深入人心的，郭沫若在许多方面都受到了儒家思想的影响，就郭沫若的世界模式而言，也是如此，不然，郭沫若就不会从硕儒王阳明那里发现了所谓的"泛神论"，不会由此思想再"导引到孔门哲学"，更不会把孔子也直接称为"泛神论者"并因此而那么崇拜孔子，这一点正如他所说："由以上所述，我们可以于孔子得到一个泛神论者。而他认本体在无意识地进化，这一点又与斯宾诺莎Spinoza的泛神论异趣。我们觉得孔子这种思想是很美的。可惜仅仅在名义上奉行他的教义的秦以后之学者，好像没有把他了解。宋儒比较的有近似的解释，尤其种种语的概念屡被混同，总不免有盲人说象之感。现在的人大抵以孔子为忠孝之宣传者，一部分人敬他，一部分人咒他。更极端的每骂孔子为盗名欺世之徒，把中华民族的堕落全归咎于孔子。唱这种暴论的新人，在我们中国实在不少。诬枉古人的人们吙！你们的冥蒙终久是非启发不可的！"[1]郭沫若认同了孔子的"泛神论"宇宙模式的同时，又发现了孔子宇宙模式中那个自发演化、生生不息的生命辉煌，而从孔子开始的儒家所认定的世界模式，又是以人为中心的，这是郭沫若理解得更为深刻的地方。

中国文化在先秦是百家争鸣的，但后来便渐渐地归于一统。先秦的法家、墨家等都是显学，但汉以后则被儒家正统仅仅作为一种思想资源，整体被拆解，部分被利用，或者被扬弃。道家虽一直保有自己的传统，但它与儒家文化相比，在中国文化传统中已完全被挤到了边缘地带，它的一些优秀成分也同样为儒家，尤其是宋代以后的新儒家分解后加以吸收。这说明儒家文化有能力有胸怀将博大精深的中国文化精华纳入自身系统，从而使它成为最具有资格代表中国文化传统的一个文化体系。郭沫若的哲学观念尽管受到过多种文化辉煌的照耀，而实际上他的世界模式在儒家一

---

① 《中国文化之传统精神》，《郭沫若全集·历史编》第3卷，人民文学出版社1992年版，第259页。

统中已经得到了一个相当完整的印证，他的发现是："佛氏出而不入，老氏入而不出，孔氏所以异于二氏的是出而能入，入而大仁。孔氏认出天地万物之一体，而本此一体之观念，努力于自我之扩充，由近而远，由下而上，横则齐家治国平天下，纵则赞化育、参天地、配天，四通八达，圆而又圆，这是儒家伦理的极至，要这样才能内外不悖而出入自由，要这样才真能安心立命，人才能创造出人生之意义，人才不虚此一行而同大道同寿。"①郭沫若对佛、老二家的"出而不入"和"入而不出"显然不满，所欣然选择的是儒家的世界模式，他充分肯定儒家在"天地万物之一体"的背景上来实现人的"自我扩充"的哲学理念，"人"在这宇宙整体中，一方面要与"天地万物"合为一体，实现人与宇宙之间的生命反响；另一方面是人在"自我扩充"中"创造出人生之意义"，实现人的历史价值。这是郭沫若的世界模式，也是他一生的现实选择和文化选择的最为内在的动力和依据。因而，郭沫若赞美孔子"由他那动的泛神的宇宙观出发，而高唱精神之独立自主与人格之自律"②的伟大风范。

郭沫若的所谓"泛神论"既然是一种以人为中心的强调人与自然的和谐统一的世界模式，那么，比起西方的泛神论，比起道家思想，儒家以"贵人"为突出特征的肯定宇宙的历史中心论哲学，对郭沫若的世界模式的形成或许最为富有渊源关系和意义。

---

①　《王阳明礼赞》，《郭沫若全集·历史编》第3卷，人民文学出版社1992年版，第293页。

②　《中国文化之传统精神》，《郭沫若全集·历史编》第3卷，人民文学出版社1992年版，第260页。

第三章　儒家传统与现代作家的历史关切

关切现实和历史的进程是中国现代作家们的一种带有普遍性的思想倾向。儒家思想所强调的，不仅仅是要求知识分子能够真正成为社会的良心，而且要求知识分子能够成为社会良心的实现者。

一、鲁迅在历史存在中的价值选择

鲁迅的精神结构显然并没有完全摆脱中国儒家的文化传统，但他为什么又被人称为激进的反传统主义者？鲁迅在好善而恶恶、是是而非非方面为什么表现得那样突出，甚至有时让人觉得过于尖刻？鲁迅在中国20世纪的历史中的文学地位可谓无人可比，但他为什么始终没有树立一个成为世界文学巅峰作家的目标，而倾心于把文学作为他进行思想启蒙的价值形式？其中的原因自然很多，然而他以一种尚用态度，在历史存在中的价值选择所起的作用，大概是不可低估的。

（一）

从历史轨迹上说，鲁迅对待传统的态度有三个重要阶段：第一阶段是辛亥革命之前，他要改变国民精神，呼唤新的思想、新的文化和新的时代，但他却很冷静地对待历史及其传统，认为："文明无不根旧迹而演来，亦以矫往事而生偏至。"[①]希望新的时代也要"弗失固有之血脉"[②]。鲁迅当然自己也承认"那时大抵带些复古的倾向"[③]。

第二阶段是辛亥革命之后直至五四新文化运动之前，鲁迅总的感觉是，"革命以前"，"是做奴隶；革命以后不多久，就受了奴隶的骗，变成他们的奴隶了"。[④]他觉得不平，也觉得苦闷，于是他又"回到古代去"，每日抄古碑，读佛经，搜集金石拓本，辑录校勘古书。学界大凡认为这是鲁迅精神历程的黑暗期，鲁迅自己也的确说过，他这样做是"来麻醉自己的灵魂"[⑤]。然而鲁迅当时的精神姿态并不是以这样简单的方式就能描述出来的，麻醉自己或宣泄痛苦方法很多，鲁迅为什么偏偏选择了整理国故？为什么一定要在陶醉于传统文化过程中来实现灵魂的解脱？为什么这个灵魂经过了一段传统知识的"麻醉"，非但没有沉沦下去，反倒更加清醒，"一发而不可收拾"？面对这些问题，我们至少可以这样认为：鲁迅这一时期的沉默表现出两点，一方面是他对民族传统知识价值的肯定；另一方面是他在这段时间里开始对自己、对民族、对时代、对历史进行再一次的深入反思。可见鲁迅在这一阶段并没有改变他对传统的有选择信奉。

第三阶段是五四新文化运动以后，鲁迅表现为一种全盘反传统的文化姿态。这时的鲁迅与此前的他判若两人，如果我们把他的部分对传统而发的言论集中起来，就谁也不会怀疑某些人认为鲁迅思想偏激这样一

---

① 《文化偏至论》，《鲁迅全集》第1卷，人民文学出版社1981年版，第49页。

② 《文化偏至论》，《鲁迅全集》第1卷，人民文学出版社1981年版，第56页。

③ 《呐喊·自序》，《鲁迅全集》第1卷，人民文学出版社1981年版，第417页。

④ 《忽然想到（一至四）》，《鲁迅全集》第3卷，人民文学出版社1981年版，第16页。

⑤ 《呐喊·自序》，《鲁迅全集》第1卷，人民文学出版社1981年版，第418页。

个结论了。

我们从鲁迅大量的激烈地反传统的言论中，可以看出鲁迅的认识是，中国文化和现实的希望必须建立在对民族旧有文明的全盘扫荡基础之上，所以有人说鲁迅反传统的主张是"全盘的"和"激进的"。国内的一些人在涉及鲁迅与文化传统的关系时，也都从未怀疑过鲁迅这种反传统态度的本质性，甚至不允许他人谈到鲁迅的精神结构与传统文化的积极联系。然而鲁迅的动机、目的和历史实际又是如何呢？这个问题的明确，显然对我们很重要。

实际上，鲁迅在猛烈批判以儒家为代表的传统文化时，已经十分明确地表达了他的目的，他说："我有一位朋友说得好：'要我们保存国粹，也须国粹能保存我们。'""保存我们的确是第一义。只要问他有无保存我们的力量，不管他是否国粹。"[①]我们虽不排除这里有某种斗气的成分，但这只是一种形式的问题，其内涵是严肃的，鲁迅批判传统的根本目的，或者叫作"第一义"是"保存我们"（这里的"我们"我们不妨理解为国家和民族），而他并不在乎"是否国粹"。那么，批判传统就成了"保存我们"的手段和过程，激烈地反传统也就更多地具有了那个特定目的的方式方法的意义。鲁迅将"保存我们"视为"第一义"，说明目的具有优先的地位。

当然，如果鲁迅真的把传统文化与国家民族的希望理解为二者必具其一的选择关系的话，尽管动机与手段、目的与过程各自所处的范畴不同，但就其历史意义而言可勉强视为同物，因为我们坚持思想的真理性与思想的价值属性相统一的原则。可是，不管鲁迅曾说过什么，鲁迅并没有发自内心地将中国传统看作完全恶毒的东西，他所表现出来的激烈地反传统姿态，是因为他对历史功能和社会价值取向的一种选择，一种"峻急"。

在鲁迅"陶醉"于金石拓本、佛经古书之中的时候，他所感到的"未

---

① 《随感录三十五》，《鲁迅全集》第1卷，人民文学出版社1981年版，第306页。

尝经验的无聊"①和寂寞，是他以力避"文化偏至论"的赤裸裸的真理性姿态去呼唤民众觉醒时的那种毫无反响。鲁迅这时所信奉的是要积极入世，有所作为，这与儒家的某些传统是一致的。积极入世和有所作为的思想虽不是中国传统所独有，但建立在内在于历史人生而不是追求与绝对智慧同一的文化背景，以国家、民族和他者的救助而不是为个人的解脱和幸福为价值取向的入世和有为精神，却不能不说是以儒家的文化传统为典范的。鲁迅的入世精神和渴望有所作为的思想，显然是中国式的。我们曾在前面说鲁迅在这一时期是在消极的现象下进行着积极的反思和抉择：他不怀疑他在"文化偏至论"时代的认识所具有的真理性意义，然而，他看到了赤裸裸的真理，是无法在特定的历史文化土壤中得到反响并实现他应有的历史功能和文化价值的，要实现真理的价值，就必须引入价值的逻辑。所以他后来在表述这一思考的结果时说：

> 中国人性情是总喜欢调和，折中的。譬如你说，这屋子太暗，须在这里开一个窗，大家一定不允许的。但如果拆掉屋顶，他们就会来调和，愿意开窗。没有更激烈的主张，他们总连平和的改革也不肯行。那时白话文之得以通行，就因为有废掉中国字而用罗马字母的议论的缘故。②

这下子我们应该明白了，鲁迅举着"拆屋顶"旗帜，却不认为"拆屋顶"是对的，其用意不过只想"开个窗"，喊得极端些是为了实现妥帖的目的，使原本冷静的认识与良好的结果达到同一。

认识的真理本质与其价值意义虽然具有某种相同的内在属性，但二者却不能相互取代，因而，人们在为了某种价值目标所作出的选择和所表现

---

① 《呐喊·自序》，《鲁迅全集》第1卷，人民文学出版社1981年版，第417页。
② 《无声的中国——二月十六日在香港青年会讲》，《鲁迅全集》第4卷，人民文学出版社1981年版，第13—14页。

出来的姿态，有时会使人产生某种误解，也就实属正常了。在对待传统文化上，人们把鲁迅仅仅视为一个激烈地反传统文化者，而未看到鲁迅精神结构的另一个侧面，我认为就带有这种误解，因为鲁迅对传统文化的本质认识和他批判传统的根本目的，都不能说明他认为以儒家文化为代表的中国传统是一无是处的。

一个人在价值目标指导下的思想行为不一定是或者不完全是这个人对真理认识的实际表达。如果我们不否认鲁迅那种激烈的全盘反传统的文化姿态带有明显的价值逻辑的话，那么外在于他思想的那种对传统不加分析的全面否定就不能说是鲁迅对传统的真实认识和实际理解。换一个角度说，鲁迅对待传统的内在认识与外在姿态之间的矛盾是在他的价值论思想模式中形成的，这种矛盾也必然在他的价值论思维构架里达成统一。

在中国传统面前，鲁迅从警惕和反对"文化偏至"到后来的竟然告诫青年们干脆"不读中国书"①，这中间虽表现出很大的不同，但其中却包含着一个统一的价值取向，这个价值取向又是造成这种思想姿态差距的内在依据，这个依据就是鲁迅急切地渴望实现社会变革、历史进步和民族振兴这样一个最为基本、最为核心的历史文化价值取向。当我们把这种价值取向的内在含义还原在历史主体的精神结构之中时，它就只能是历史忧患意识和社会使命感。简单地说，鲁迅表现在传统问题上的价值论思想模式，是对儒家传统的历史忧患意识的积极延续。

是的，我们不能简单地将忧患意识和使命感看作中国文化的独特传统，儒家文化强调忧患意识和使命感，佛教、伊斯兰教和基督教世界也有这种忧患意识和使命感，但我们却应当看到它们并不是同一种东西。儒家的历史忧患意识和使命感有两个特征：一是它完全建立在历史本体论的基础上，它所忧患的不是有关地狱、人世和天堂的人生选择，也不是人能否实现对历史的外在超越，而是内在于历史的，对于历史本身历程的一种忧患，儒家的心学传统与鲁迅的那种在人心或人的精神上寻找历史进程依据

① 《写在〈坟〉后面》，《鲁迅全集》第1卷，人民文学出版社1981年版，第286页。

的思想模式，就是基于他们同时不承认有一个主宰人之历史的外在于历史的绝对智慧的存在。即便西方那些怀疑上帝的人们，他们的关怀表面上是人本身，实际上所真正关怀的是能否更多地掌握自然，从索取更多的自然中以满足个人的欲望。文艺复兴煞有介事地呼唤人文主义，而历史给予他们的回答却恰恰相反，是一个极端泯灭人性的打着科学主义旗号的物质主义，是一个侵占了"人"的家园的反生命化的生存环境。这又一次说明西方文化并不具有真正的历史本体论特征。二是儒家传统中的历史忧患意识，是一种"二人"模式的价值论思想，是一种以大同理想为前提的历史思考和危机感，是一种群体目标的价值渴望，而不是代表着西方主流思想的立足于个人的人生忧患。所以我们可以认为，忧患意识虽然在西方文化中存在，但它却不是世界文化的"公分母"，真正称为"历史忧患意识"的文化精神，真正在一种文化中具有普遍意义，并能不愧为一种文化特征的历史忧患意识，只能属于中国传统的儒家文化。儒教文化圈的人们自不必说，西方学者也十分习惯于谈论儒文化的历史忧患意识和使命感，而很少看见他们提及西方文化的历史忧患意识，对于这种现象，我们不能不认为它是对一个不可争辩的事实的揭示和认同。

显然，鲁迅是一个彻底的历史本体论者，他从不相信有什么外在于宇宙的神或上帝，他倡导立人，倡导改变人的精神，就是在人生和历史中寻找历史和社会进步的根本依据的有利证明。更不必说，鲁迅无论在家庭里还是在社会中，他都是以他者和民众的利益为其价值选择的基本目标。因此，我们尽管不否认鲁迅的历史忧患和使命感接受过"摩罗诗人"们的时代之风的吹拂，但其在本质上则更接近于儒家传统。

徐复观在谈到西方文化和中国文化的主体依据时曾这样认为：西方的实践理性的依据一是"宗教"，一是"物"；中国文化精神的依据是儒家的忧患意识。[①]而且我们知道，许多学者都曾以不同的方式提出过类似的

---

① 徐复观：《儒家政治思想与民主自由人权》，见《当代新儒学八大家集·徐复观集》，群言出版社1993年12月版，第550页。

观点。

儒家文化的历史忧患是历史的，不是宗教的；是"人"的，不是"物"的，因而这种忧患意识的价值关切就一定是通过人的转变来实现社会的转变，通过人的解放来实现历史的进步。这种忧患意识既然是历史变革的动机，价值目标的依据，它的真正意义就不仅仅在于某种精神范畴，而在于价值实现。因而，关心天下国家始终是儒家的志士仁人所奉行的宗旨，"以天下为己任"，"先天下之忧而忧，后天下之乐而乐"，就是他们的内心忧患和救世关怀。鲁迅在传统问题上的思考和表现，正是受到这种由历史忧患所导致的价值论思想模式的某种制约。

当然，某种历史价值的主体动机是相当复杂的，历史忧患意识也不可能是鲁迅对传统的价值论把握的唯一根据，与鲁迅相关的各种文化、思想、心理等因素都可能参与了他的这种思想模式的形成和运作过程。如在《鲁迅全集》中有许许多多的地方都讲到了反对"大言无实"，提倡"注重实行"等，这些传统成分也很难排除在鲁迅这种价值论思想倾向基本依据之外。他这种讲求实际、注重有效的价值关怀，几乎是他看问题的一种公式，他甚至在富有隐喻性质的杂文里，对"蚊子"发出"叮只管叮，但请不要叫"的愤怒，进而说与"蚊子"相比他更爱"默默的吸血"的跳蚤。[1]这些都在反证着鲁迅思维中那个尚用公式的存在。

尽管我们在上述文字里集中揭示的是鲁迅在对待传统方面所持的价值论思想，但实际上这部分文字却给了我们两方面的认识：一是鲁迅的激烈而全盘反传统的表现并非他对传统的实际认识，这说明他与传统之间仍然有着本质的积极联系。实际上这一点我们在许多方面都可以得到证实，不过这里给了又一次的论证帮助。二是鲁迅激烈地反传统的表现是价值论思想模式的产物，而鲁迅那种特定的价值论思想又与儒家的历史忧患意识的文化积淀相联系。

---

[1] 参见《集外集拾遗补编·无题》，《鲁迅全集》第8卷，人民文学出版社1981年版，第101页。

61

（二）

我们不能忽视这样一个逻辑，一个人既然具有了某种思想模式，这种思想模式就会在那个人的许多方面都有所表现，相反如果失去了这种现象的重复，我们也无法证明这一点。鲁迅的价值论思想模式，不仅表现在他对待中国传统的领域中，而且还体现在他对待人和人生、对待文艺等问题上。

我曾在一篇文章中，论及过鲁迅的精神至上主义思想模式与儒家心性之学之间的历史渊源关系，从中可知，鲁迅的精神至上主义与儒家的心学思想都具有强调历史功能的道德属性，这种道德属性除了表现在历史进程的价值目的等方面，还表现在追求人世的价值判断和价值实现上。这实际上是儒家的道德传统的必然逻辑。所以一位学者曾这样说：

> 儒家主流所讲的心，既然是实体性的道德的本心，则它必然是道德实践的主体，而这一个主体，亦必不已地显发其明觉之用，以好善而恶恶、是是而非非。换句话说，依于道德心的本性，它必然地要求道德价值的实现。因此，创造价值，实现价值，实际上就是道德心的内在之目的、自发之要求——要求它自己在主观面和客观面都能获得充分的认识。[1]

儒家思想的道德倾向至少带来了两个特征：一是"明觉之用"，就是对是非善恶的明辨；二是创造价值和实现价值，即将某种内心法则必然地转化为一种实践及其结果。从这个意义上说，儒家传统是一种价值文化。儒学史中留下的那些善恶之辨、公私之辨、义利之辨、理欲之辨等，都是这种"明觉"的具体表现。

儒家思想的确特别强调"平和"，但"和"从来没有离开价值判断这

---

[1] 蔡仁学：《儒家心性之学论要》，（台湾）文津出版社1990年版，第9页。

一不可动摇的前提，可以说"和而不同""和而不流"是儒家中和观念的更为完善和坚实的表达。因而，疾恶如仇、明辨是非当是儒家人格理想的更内在特征。鲁迅在这一点上不能不说是知行统一、身体力行。

鲁迅一生在把握人生世事的价值标准上没有妥协过（对于他个人的某些恩怨得失另当别论），他所谓硬骨头人格的主体依据就来自于他思想上的明觉性。他甚至认为在辨别善恶是非时应视其主流，而放弃对事物两面性的认知方式，因而他在批判别人的"似是而非"论时，就用如此深刻的反讽语调说："天下何尝有黑暗，据物理学说，地球上的无论如何的黑暗中，不是总有X分之一的光的吗？看起书来，据理就该看见X分之一的字的，——我们不能论明暗。"①鲁迅不能容忍对那些重要的问题没有明确的价值判断，他坚信任何事物只有一个本质，反对那种将事物的两面性和转化性无限制地加以夸大的思想方法。他认为中国文化的失败不是"明觉"的失败，中国历史的不幸正是国人的麻木和混沌的结果。所以，他告诫人们：

> 但要明白，首先就要辨别。"幽默处俏皮与正经之间"（语堂语），不知俏皮与正经之辨，怎么会知道这"之间"？我们虽挂孔子的门徒招牌，却是庄生的私淑弟子。"彼亦一是非，此亦一是非"，是与非不想辨；"不知周之梦为蝴蝶欤，蝴蝶之梦为周欤？"梦与觉也分不清。生活要混沌。如果凿起七窍来呢？庄子曰："七日而混沌死。"②

孔孟之道讲究"有为"，老庄哲学讲究"无为"。"有为"就要"明白"，要"明白"就要"辨别"，不然的话，"有为"就会成为一种盲目，乃至胡闹，非但不能有所作为、创造价值、实现价值，反倒可能成为

① 《三论"文人相轻"》，《鲁迅全集》第6卷，人民文学出版社1981年版，第374页。
② 《"论语一年"》，《鲁迅全集》第4卷，人民文学出版社1981年版，第570页。

历史的罪人，时代的"害虫"，反不如顺其自然，无为而治了。儒家讲究理性，讲究价值判断，老庄是讲究"彼亦一是非，此亦一是非"的无是无非，所以鲁迅才认为他所讽刺和批判的"亦是亦非"的文化抽象主义，不是孔子之学的本质，而是对庄子思想的继承，是"庄生的私淑弟子"。鲁迅所信奉的是"蛆虫也有大小，有好坏的"，"猴子的亲戚也有大小，有好坏的"，"狗也有大小，有好坏的"。[1]这就构成了鲁迅思想模式中的"好善而恶恶，是是而非非"的价值取向。

在具体的历史进程中，鲁迅也批判过非此即彼的观点，譬如在20年代末，鲁迅与太阳社之间的论争中，他所持的立场就是一例，但我们必须注意，鲁迅的出发点却不是拥护非此即彼的思想方法，而是要肯定思想的个别性，也是在张扬作为社会良心的知识分子的独立人格。只有保持了这种独立的人格，才能在世事面前作出"明白"的价值判断。更何况那场论争是鲁迅本人脱不掉干系的一个十分具体的事件呢。鲁迅还认为一切历史存在都是"中间物"并自比这种"中间物"，他认为任何特定的具体的历史存在，都是相对于过去和未来的中间物，因而它就必然否定过去和被未来否定，所有的带有主体性的历史文化存在都将同时肩负扬弃与被扬弃的双重文化使命，鲁迅说的文艺"总要陈旧，以至灭亡"[2]，从本质意义而言，一方面这是一种发展观的思想，与鲁迅的价值论思想既不矛盾而有联系，又分属两个思想逻辑；另一方面鲁迅的这一思想是为他的历史批判主义建构的本体论依据。儒家的文化传统虽也有文化批判的理论和实践上的某些倾向，但就总体来说，儒家传统的那种以温和的历史选择方式而显现的存亡继绝、继往开来的文化特征应该被认为是儒家的主流传统。然而文化传承方式和结果的复杂性，使我们一方面很难说鲁迅的"中间物"思想与儒家的"存亡继绝"传统之间在本质上是对立的；另一方面更无法断定鲁迅的文化批判主义与他的价值论思想模式是相互否定的。鲁迅在《端午

---

① 《"论语一年"》，《鲁迅全集》第4卷，人民文学出版社1981年版，第570页。

② 《文艺与革命》，《鲁迅全集》第4卷，人民文学出版社1981年版，第82页。

节》中所批判的"差不多说"不也是这一思想的具体表达吗？在这些事实面前，我们只能说，鲁迅的价值论观念不是偏激的，对事物只作简单判断的精神结构和思维机制，而是一种具有原则性和丰富性的思想模式。

二、郭沫若的现实关怀

我们假定郭沫若的哲学主要是泛神论的世界模式，那么，他的世界模式则是以"赞化育参天地"和"齐家治国"为实践形式的，以"人生之意义"为最终目的的，这就决定了郭沫若在历史和文化选择上的积极入世和进取精神。这种自强不息的入世精神是儒家传统的最突出的品格。

（一）

范仲淹的"先天下之忧而忧，后天下之乐而乐"，之所以流传久远和广泛，说明它代表着中国人的主流心态，这种主流心态的文化背景就是儒家积极入世的救世精神。儒家文化对世界的肯定，对人生的敬重，决定了他们的一切努力都是在凡俗的世界中来进行。他们积极入世的根本目的就是要使世界变得更加美好，是要在现世中使世界发生转化。

孔子说："未能事人，焉能事鬼？""未知生，焉知死？"[1]我们不管人们对孔子给子路的这个回答的理解有多少争议，孔子用了一种颇为醒目的语气强调了人生的重要和优先地位，却是人们的共识。儒家的救世途径不是使人赎罪，他们不相信世界之外还有什么超验的智慧存在，因而也就没有让上帝因为人尊奉了他的旨意而欢愉的使命。儒家的天职是适应基

---

[1]　《论语·先进》。

于宇宙和谐所形成的共同社会秩序和人生规则。于是就要求社会中人将自己塑造成为一个全面的和谐发展的人。所以，儒家强调"为己之学"。

"为己之学"的"己"，既有"反躬修己"的意义，也有"以天下为己任"的内涵。我们不能狭隘地去理解"为己之学"，因为将这里的"己"仅仅理解为"修己"，就有可能造成与孔子的仁学体系紧张的局面。儒家正是从以天下为己任的使命感出发，在理论和实践两条轨道上坚持了积极入世、博施济众的人生原则。孟子曾从政治伦理角度提出了"保民而王"的主张。在孟子看来，王者如果能够安抚民众而称王天下，就将牢不可破，势不可挡。而要实现"保民而王"的目标，就要有两项基本措施作为保证：一个是"制民恒产"，理由是："民之为道也，有恒产者有恒心，无恒产者无恒心。苟无恒心，放辟邪侈，无不为也。"①这里的含义很有点像今天的控制失业率的国家政策。另一个是"与民同乐"，这一措施的具体所指是："乐民之乐者，民亦乐其乐；忧民之忧者，民亦忧其忧。乐以天下，忧以天下，然而不王者未之有也。"②这是一个同情了解民众疾苦的安民措施。荀子在政治上的救世主张是"庶人安政，然后君子安位"。为君主提出为政的三个要领，即"平政爱民"、"隆礼敬士"和"尚贤使能"。③这里的以安民为核心的救世主张虽是面向政治、面向社会的，但它还是强调了人格理想，强调了人格养成。所以我们说修己与博施济众是儒家一个完整的人伦理想的两个侧面，这正像《大学》里所说：

> 古之欲明明德于天下者，先治其国；欲治其国者，先齐其家；欲齐其家者，先修其身；欲修其身者，先正其心；欲正其心者，先诚其意；欲诚其意者，先致其知；致知在格物，物格而后

① 《孟子·滕文公上》。

② 《孟子·梁惠王下》。

③ 《荀子·王制》。

知致，知致而后意诚，意诚而后心正，心正而后身修，身修而后
家齐，家齐而后国治，国治而后天下平。①

这种"修齐治平"的观念，体现着儒家的特点，儒家文化体现着中国
文化的基本精神。儒家认为"修身"是"平天下"的前提，"平天下"尽
管也是儒家救世的一个外在目标，但它又是"修身"的一种现实途径，以
及"身修"的一个现实形式。因此，儒家的救世精神及其表现方式都是人
格主义的。这种人格主义倾向所导致的第一个结果就是，人格优先的价值
标准。这就使儒家的价值标准有可能保持相对的独立姿态，从而构成"社
会良心"的自觉。

儒者的社会角色细说起来也还是复杂的，但就总的情况看，他们主要
是知识分子阶层。据余英时的考证，中国古代的知识分子阶层，是贵族阶
级中地位最低的一个集团，因而，在社会地位上与庶人相衔接。②从史料
看这一观点是可信的。这也就是说，古代知识分子虽说是贵族阶级的一部
分，但从它的社会功能来说它实际上是处于贵族与庶人之间的社会集团。
儒家知识分子在社会结构中的独特位置，连同他们所秉承的人格优先的价
值标准，直接影响到他们在实现救世企图时对具体途径的选择。

儒家所实践的社会使命主要有两个，一个是对统治者施加影响，一个
是对民众进行教化。用荀子的话说，就是：

儒者在本朝则美政，在下位则美俗。③

儒家作为敬重人生、关怀世事的"社会良心"，正像荀子所说的那
样，站在"政"与"俗"之间，发挥着它的"美政"与"美俗"的文化

①　《礼记·大学》。

②　[美]余英时：《士与中国文化》，上海人民出版社1996年版，第9—12页。

③　《荀子·儒效》。

功能。

在"美政"方面，荀子的意思是，儒者在朝廷上做了官就能为朝政的完美做出贡献。这里应该主要指那些谏官的作用，因为即便是儒者身为高官，也具有很大的局限。这些谏官向朝廷提出建议、批评，有时甚至批评皇帝，中国历史上以死相谏者不乏其人。荀子这里讲的只是一种情况，实际上儒家在美政方面尚有其他的途径，如在为政的理论和舆论上对统治者及其政权机构所施加的限制。我们上边讲的孟子的"制民恒产"和"与民同乐"的主张，荀子的"庶人安政""平政爱民"思想，《大学》中的"修齐治平"的逻辑等，不都是主要为统治者设定的吗。董仲舒的天人感应论，一方面为帝王的至高无上的权威提供了理论依据，另一方面也包含着帝王要顺民应天的严格戒律。孟子的"天视自我民视，天听自我民听"[①]也是如此：天虽掌管着最高律令，但天却是以民众的视听为视听，统治者以天为背景，实质上是以民众的意愿为依据。再有身不在朝廷的儒家知识分子为拯救世事而进行的集体请愿，如东汉末年三万太学生在当时京城搞的文化运动，康有为时代的"公车上书"等。

在"美俗"方面，儒家知识分子肩负着其他社会集团所无法取代的救世使命。中国是一个没有相对成熟的、统一的宗教的国家，在中国人的心中没有外在于世界之外的终极价值，那么，如何在这个庞大的社会里建立起共同的生活秩序所需要的社会价值，中国走着一条独特的道路，这就是儒家在中国人的心灵世界建构起来的道德哲学体系。这是在一个艰难的、缓慢的动态过程中去渐渐实现的，它的实现方式很多，我们这里只能以举隅的形式略说一二。首先是地方讲学。始于孔子的地方讲学，在中国的封建或中央集权制时代一直延续着，到宋明以后，这种讲学方式对维持社会的精神秩序发生着重要的作用。在这期间，当时的地方绅士常常能够做着十分有效的努力，对此，我们不能以现代以来人们头脑中先在的"土豪劣绅"的概念去判断他们，因为这是在两种参照和功利目的下获得的认识结

---

① 《孟子·万章上》。

果。其次某些官方的职位具有普及儒家文化的职能，如汉代的循吏除了履行他的政治责任以外，在很大的程度上他又肩负着"师儒"的角色，履行着他的社会教化使命。①另外，儒家的身教的作用也是不可低估的。儒家为什么那么强调"修身"？为什么主张"舍生取义"？除了它的内在超越意义外，恐怕就是它的楷模价值。孟子说："故士穷不失义，达不离道。穷不失义，故士得己焉；达不离道，故民不失望焉。古之人得志，泽加于民；不得志，修身见于世。穷则独善其身，达则兼善天下。"②对于孟子的这段话的理解，不应随波逐流。我们应该看到这里是一个"得己"（超越）与"见于世"（入世）的统一，我们绝不能把"独善其身"视为一种逃避，这是一种十分有效的教化形式，这正是中国"身教胜于言教"的传统。可以说，儒家的绝大部分思想都与它的积极入世的实践选择和自强不息的进取精神相联系。

（二）

儒家的入世哲学虽然具有人格主义倾向，但它要求在现世来进行人格塑造，因而这种人格塑造与它的对现实事物和历史进程的参与便在很大程度上达成了统一。儒家哲学的生命意识给它带来了一种"绵延"情结，因而儒家一直把"存亡继绝"作为自己的历史文化使命，于是历史上的儒家们或是为了"绵延"儒家精神，或是为了"绵延"儒家人格，或是兼而有之，总要敬奉先贤，以先贤为自己人格塑造和精神境界提高的楷模。郭沫若也较为习惯为自己树立楷模，在代表中国精神的伟大先人中选择自己的样板，这是否也是儒家"绵延"情结的表现，我们无意去证明它，但从他对样板的选择上看确与历史上的儒家们有些相似。

人为自己选择的人生楷模，可以说就是自己的人格理想的历史形式。

---

① 关于汉代循吏传播儒家思想，对民众进行社会教化的问题，余英时的《士与中国文化》一书中有充分的论述。

② 《孟子·尽心上》。

郭沫若崇拜的伟大人格不止一二个，但在对他的实际人格构成深层印证的楷模之中，孔子和屈原的地位是显赫的。

　　郭沫若虽然也明确地批判过儒家思想，如他说"儒家的理论系统"是"一个骗局"[①]，但他认为这里包含着后儒对孔学的歪曲[②]，因而他经常将孔子之学与后儒相区别；他虽也对孔子的人格作过"现代化"的改造，但最终还是把孔子作为一个圣洁的"偶像"加以敬仰。所以，他说他"崇拜孔子"，他对孔子的认识是："我所见的孔子，是兼有康德与歌德那样的伟大的天才，圆满的人格，永远有生命的巨人。他把自己的个性发展到了极度——在深度和在广度。"[③]孔子人格对郭沫若的最大吸引力是孔子哲学，而孔子哲学令郭沫若感受最深的是其积极入世和建功立业的历史精神，用郭沫若的理解是：

　　　　我国的文化在肯定现世以图自我的展开，而佛教思想则在否定现世以求自我的消灭。我国的儒家思想是以个性为中心，而发展自我之全圆于国于世界，这不待言是动的，是进取精神。[④]

　　郭沫若对孔子人格和思想的敬仰，虽然具有偶像崇拜的色彩，但当他把孔子视为"永远有生命的巨人"的时候，就已经意味着孔子之人之学对他的人生追求和文化选择将发生着重要的指引和诱导作为，儒家的这种肯定现世，积极参与历史进程的进取精神在郭沫若的思想和生活中被实际汲

① 《中国古代社会研究》，《郭沫若全集·历史编》第1卷，人民文学出版社1982年版，第87页。

② 参见《王阳明礼赞》，《郭沫若全集·历史编》第3卷，人民文学出版社1982年版，第293—294页。

③ 《中国文化之传统精神》，《郭沫若全集·历史编》第3卷，人民文学出版社1982年版，第259页。

④ 《论中德文化书——致宗白华兄》，《郭沫若全集·文学编》第15卷，人民文学出版社1992年版，第149—150页。

取，说明他对孔子的肯定，是对孔子之学的入世精神的深入理解。郭沫若对孔子的敬仰，可以说仅仅是对孔子哲学的理性信奉，对屈原的仰慕则是建立在人格和心灵的某种沟通上，因而他喜欢屈原，也效法屈原。可见，屈原与郭沫若的精神联系将更加密切。

从20年代起，郭沫若写下了几十种描写屈原的文学作品和研究屈原的文章，他虽也关怀作为诗人品格的屈原，但郭沫若显然更关怀的是屈原的政治抱负和救世济民的社会意识。因而，作家说："屈原不仅是一位热爱人民的诗人，同时也是一位有远大抱负的政治家。"①

对屈原的人格，历史上也算是众说纷纭，有关屈原的"生存权"和"著作权"的怀疑和讨论，从辛亥革命以后直至"新时期"都在时断时续地进行着，应该说，这与我们所讨论的问题关系不大，而且，历史上说屈原"正道直行"也好，说他"露才扬己""忿对不容"也好，我们也大可不必去纠缠。我们关心的是人们心中的屈原，是屈原的思想和人格所表现出来的那种好修、从善、正直，那种刚健有为、忧国忧民的儒家入世精神。这也是郭沫若关注屈原的着眼点，他认为："屈原的思想，简单地说，可以分为：一，唯美的艺术，二，儒家的精神。站在艺术的立场有时描写超现实的境地，但在精神方面，却是极端的忠君爱国的伦常思想。"②因此他给屈原的评价是："他是一个民族诗人，他看不过国破家亡，百姓流离颠沛的苦难，才悲愤自杀的。他把所有的血泪涂成了伟大的诗篇，把自己的生命殉了祖国，与国家共存亡。这是我们所以崇拜他的原因，也是他所以伟大的原因。"③在郭沫若心中，一个自觉肩负救世使命的"现代屈原"形象，已经成为他自我塑造的模型。

---

① 《伟大的爱国诗人——屈原》，《郭沫若全集·文学编》第17卷，人民文学出版社1989年版，第168页。

② 《屈原的艺术与思想》，《郭沫若全集·文学编》第19卷，人民文学出版社1992年版，第118页。

③ 《屈原考》，《郭沫若全集·文学编》第19卷，人民文学出版社1992年版，第114页。

屈原是不是儒家的先贤，我们不必去争辩，但有一点是明确的，屈原把儒家的入世精神发挥到了某种至高点，使他因救国救民、积极入世的急切愿望而忘记了现实的复杂和必要的妥协。郭沫若那么爱戴屈原，敬佩屈原，效法屈原，其主要原因是不言自明的。

（三）

积极入世是中国现代作家的总体倾向，而郭沫若在关怀世事和渴望建功立业上则表现得更为突出。在文学方面他始终没有忘怀"文艺之社会的使命"[①]；在学术方面他说"假如有更多的实际工作给我做，我倒也并不甘心做一个旧书本子里面的蠹鱼"[②]。儒家思想所强调的，不仅仅是要求知识分子能够真正成为社会的良心，而且要求知识分子能够成为社会良心的实现者。在郭沫若看来，实现知识分子的社会良心的最有效方式，就是直接参加社会改革和文化革命的实践，他指出：

> 中国的现状指示我们以两条道路。
>
> 我们宜不染于污泥，遁隐山林，与自然为友，而为人生之逃遁者；
>
> 不则彻底奋斗，做个纠纠的人生之战士与丑恶的社会交绥。
>
> 我们的精神教我们择取后路，我们的精神不许我们退缨。我们要如暴风一样怒号，我们要如火山一样爆发，要把一切的腐败的存在扫荡尽，烧葬尽，迸射出全部的灵魂，提供出全部的生命。[③]

---

① 《文艺之社会的使命》，《郭沫若全集·文学编》第19卷，人民文学出版社1992年版，第199页。

② 《十批判书·后记》，《郭沫若全集·历史编》第2卷，人民文学出版社1982年版，第466页。

③ 《我们的文学新运动》，《郭沫若全集·文学编》第16卷，人民文学出版社1989年版，第4页。

郭沫若虽认为有两条路可为人们选择，但在实际上他却只认可一条路，因为"我们的精神"只能让我们选择那条挺身而出来扫荡"一切的腐败"的道路。这种起决定作用的"我们的精神"，就是民族精神，是代表儒家积极本质的救世济民的精神。

儒家的救世精神集中体现在它的美政理想和民本思想上，这二者紧密相连，相辅相成。它以中国式的人道主义为内在动力，以国家主义为理性依据。因而，爱国爱民、博施济众是中国历代仁人志士的人格特征。在中国的现代，那些"引路的先觉"们，尽管对待传统的态度不尽相同，但他们都自觉不自觉地继承了这种爱国爱民的优秀文化传统。郭沫若的历史和文化选择中所体现出来的爱国爱民的救世精神则更加鲜明和突出。他在"五四"时期主张个性和自由，而他的最根本的动机则是民族的新生；他后来宁愿"牺牲自己的个性，牺牲自己的自由"，其目的还是"以为大众人请命，以争回大众人的个性与自由"[1]。他投身革命，甚至他那种不能被所有人认可的对政治的依附表现，对"领袖"的带有几分"愚忠"的颂扬和服从也都与他思想中的入世关怀和国家模式有着不可低估的关系。

可以说，郭沫若的自我人格塑造，以及他在文学上的成就和遗憾都受到了他的积极入世的历史关怀的某种左右。

---

[1]　《文艺论集·序》，《郭沫若全集·文学编》第15卷，人民文学出版社1990年版，第146页。

三、茅盾的入世精神

同中国现代，尤其是"五四"时期的多数作家们一样，茅盾也有一个忧患的灵魂。面对着茅盾的精神世界，我们虽不能一下子看得出，是由于他忧患于历史和现实而在寻找并找到了某种社会理想，还是因为他的意识中一直有一个或朦胧或清晰的人生和社会理想，从而使他为此而忧患一生，但他为了这种历史关切而殚思竭虑，积极进取，却是一个明显的事实。

（一）

忧患意识本身就意味着历史主体对历史存在的深切关怀，是人按照历史逻辑所提供的价值尺度对历史存在的无序状态的一种判断和内心忧虑，因而它常常伴随着某种危机感和使命意识，以及对历史进程的强烈的干预行为。历史忧患意识所具有的这一本质，决定它必然生成于一种独特的文化土壤。也就是说，这种忧患意识只能在某种特定的文化背景中才能成立，才能生生不息。具体而言，它所要求的背景主要有两个特点：一是否认超历史的神和上帝等绝对的外在智慧的存在，坚持肯定世界的历史本体论，因为在上帝面前历史进程和某种现实状态是被注定的；二是把人放在群体中加以解释，因为如果人不是以关怀他人为本性，人也就不可能以鲜明的态度去关切现实和历史。东西方的学者们都认同历史忧患意识是以儒家思想为主导的中国文化的特征，原因大概也正是上述"背景"只能在中国文化中才有完整的展示。

我们并不企望茅盾们的历史关切及其背后的忧患意识与儒家传统的历史忧患意识一模一样，因为一个民族的文化精神在其历史的损益中会发生可以想象的变形。但我们如果了解了儒家的历史忧患传统，或许就会不难发现茅盾精神结构与民族文化传统之间的诸多联系。

我们应该很熟悉古人的这样一些心声：《周易》说"亢龙有悔"，"盈不可久也"。《左传》说："社稷无常奉，君臣无常位，自古以然。

故诗曰：'高岸为谷，深谷为陵。'"《诗经》说："瞻彼日月，悠悠我思。"孔子说："逝者如斯夫，不舍昼夜。"这里有哲学式的教诲，有史学式的怀旧，也有积极进取的自勉，但其中最为核心的意义却是对历史之变的忧患。

中国文化对历史之变的谨慎态度，表现为特殊的历史关怀。这种谨慎态度和关切，来自于中国人对历史的整体认识，他们认为历史是一个连续的过程，历史的进展不是一个否定之否定的过程，而是一个积累和完善的过程。既然历史是一个有机的整体，那么它的任何一部分对整体来说都是至关重要的，因而他们关心现在与关心过去一样，关心过去与关心未来相同，这就自然形成了一种极强的"历史忧患"文化。

孔子说："周监于二代，郁郁乎文哉！吾从周。"[①]历史上的儒家都主张"中庸之道"。对此，我们可能存在着一些误解，认为"从周"就是一种复古和倒退，只能说这是对"周"认识得过于肤浅。孔子试图恢复周礼不假，但孔子提出了一个重要的概念——仁，是将周礼建构在他的仁学体系之上的，确切地说，孔子的"礼"，是以仁学作为依据的。孟子继承了孔子的仁学思想，但提出了性善论，将人性（先天）与人的本质（后天）区分开来。以后的朱子学、阳明学都表现出一种中庸之道，表现出对文化和传统的敬重态度。可以说这是"五四"以前中国文化史的一个基本特点。这一特点的形成与儒家文化中的历史忧患意识关系十分密切。对此，杜维明先生有一段精彩的论述颇为中肯：

> 我们要理解这一文化传统，首先要对人类所创造的文化采取一种敬重其存在，欣赏其发展，不忍其沦亡的态度。这是一个大问题，它直接关系到"忧患意识"的出现。
>
> 相反地，一种比较极端的态度是，即使"斯文"坠于地，完全毁弃掉，文化的传承整个了结也无所谓。……儒家"存亡继

---

① 《论语·八佾》。

绝"的观念，有其独特的价值取向，确是塑造中国文化特色的重要因素。它强烈地要求延续，要求继承，这种意愿可能是出自一种生物的原初感受，即对人之所自来含着无限的向往和关切。在儒家看来，人类不是全能而不可知的上帝突然间从无中生有而创造出来的，也不是为了一个特殊目的而被塑造出来，只要达到了目的也就必然烟消云散了。人的出现也不是单纯地为执行某种社会功能的结果。因为人类本身即象征着一个源远流长的生命流。①

儒家的这种"存亡继绝"的历史文化态度，既是一种生命的忧患，也是一种生存忧患。

据《易传》说，被儒家奉为经典、冠居群经的《周易》，就是表达忧患与阐发忧患的文字："作《易》者，其有忧患乎？"②"《易》之为书也，不可远。……其出入以度，外内使之惧。又明于忧患与故，无有师保，如临父母。"③的确，《周易》中的忧患意识具有承前启后的意义，因为它是对先民"日用而不知"的生活经验的总结和抽象的结果，也为后来的儒家所继承和发挥。

中国人对人生的理想就是祥和平安的生活能够天长地久，所以儒家总是强调"安人""安百姓""平天下"。但在中国文化里，事物常常是以某种对待或辩证的关系存在着。有治就有乱，有盛就有衰，有存就有亡，有安就有危，而这治乱、盛衰、存亡、安危又可以互相转化。那么，人们应该如何面对这种转化与变动，怎样才能引导这种转化和变动朝着有利和良好的方向发展呢？忧患意识在此有着举足轻重的价值意义。

---

① ［美］杜维明：《儒家传统的现代转化》，中国广播电视出版社1992年版，第194—195页。

② 《周易·系辞下》。

③ 《周易·系辞下》。

忧患意识可以时时提醒人们不忘安危、盛衰的转化，即使在发达顺境之中也要随时准备迎接危亡和衰败的挑战。只要人们能够居安思危、未雨绸缪，就可能实现长治久安，或将危亡和衰败作为某种路途的曲折，置于长治久安全过程之中。所谓"危者，安其位者也；亡者，保其存者也；乱者，有其治者也。是故君子安而不忘危，存而不忘亡，治而不忘乱。是以身安而国家可保也"①。这里讲的就是平安之时忧患意识的重要价值。意思是说，那些倾危的，都曾是安居的；那些消亡的，都曾自以为长存；那些混乱的，都曾恃其久治。因此君子要居安思危，这样才可以保住自己和国家的长安与永存。

从某种角度说，忧患意识具有两个价值取向：一是内在的。它忧患于人的内心秩序，即内心的道德法则是否牢固和时中。儒家特别强调自我解剖，自我反省，正所谓"吾日三省吾身"②。显然，这种自省来自于对自我德行的忧患。当这种对自我德行的忧患，被放在儒家仁学的观念照耀下，就会得到扩展，从而形成一种"类"的普遍的道德忧患。

二是外向的，这表现为对社会历史的忧患。儒家虽是以家族为本位，但这种家族观念却具有某种开放性，其中的一些观念总是要加以升级扩展，如孝与忠、家与国等。在家国问题上，儒家是用一种原始的族类情感去关怀国家的命运和天下的兴亡。这种家与国的命运又息息相关，国的沦亡，就谈不到家的安宁，要"治国平天下"就应先"修身齐家"。因而，关心天下国家始终是儒家的志士仁人所奉行的宗旨，"以天下为己任"，"先天下之忧而忧，后天下之乐而乐"，就是他们的内心忧患和救世关怀。

当这种历史忧患意识转化为人的外在行为的直接依据时，它将完全成为一种危机感，这种危机感必然要催人入世，催人进取。茅盾们和历史上的那些有识之士一样，就是带着这种忧患、这种危机感、这种使命意识来

① 《周易·系辞下》。

② 《论语·学而》。

参与历史进程和现实变革的。

　　茅盾在乌青镇公立植材高等小学校读书时，就曾立下誓言："我能作一种伟大的小说，成一名家于愿足矣！"[1]就个人趣味而言这未必不是真话，尽管这时的茅盾才十四五岁。可是，茅盾此后的人生并没有去专一地实现这一誓言，于是便招来了许多"文学"的眼睛的低看，"文学"的嘴巴的说三道四。纵观茅盾的一生，他的确是没有把文学作为他的第一事业，他有作为文学家的天资灵性，从小他的国文老师就说过他将来会成为"了不得的文学家"，他也有充足的在文学上创造更大辉煌的机遇，但他更热心的是社会和政治。他在商务印书馆做编辑时，本来是一个创作小说的良好机会，但他这一时期主要的精力都投到了三件最为突出的活动之中，一是和弟弟沈泽民组织"新乡人"社，主要活动是主办刊物和组织讲演等，以批判旧文化，宣传新思想[2]；二是与郑振铎等人发起组织文学研究会；三是参加早期中国共产党的活动。可以说他在这些组织和活动中，所从事的主要不是文学的创作，而是以救世济民为目的的社会和政治工作。此后到1927年7月汪精卫宣布与共产党决裂之前，茅盾在社会和政治活动上更是投入了全部的精力。从表面上看来，在"牯岭"时期，茅盾是在专心搞小说创作，而实际上，他的《幻灭》和《动摇》只能说是他当时对社会历史的极度忧患的一种表现形式。尔后茅盾虽也写出了《子夜》和《现在的文学家的责任是什么》等大量的小说和批评文章，但事实告诉我们，他的内心还是一直扑在那些直接与现实改革和历史进程有关的事业之中。这种对社会现实和历史进程的极大关怀，茅盾是有明确的自觉的：

　　　　在过去的六七年中，人家看我自然是一个研究文学的人，而

① 　见志坚：《怀茅盾》，孙中田、查国华编：《茅盾研究资料》（上），中国社会
　　科学出版社1983年版，第428页。
② 　参见钟桂松：《茅盾与故乡·茅盾与新乡人社》，四川文艺出版社1991年版；史
　　明：《茅盾与桐乡青年社》，载1980年第1期《上海师大学报》。

且是自然主义的信徒；但我真诚地自白：我对于文学并不是那样
的忠心不贰。那时候，我的职业使我接近文学，而我的内心的趣
味和别的许多朋友——祝福这些朋友的灵魂——则引我接近社会
运动。①

作家已经意识到，他热衷于救世济人的社会活动，取决于两个原因：
"内心趣味"和"许多朋友"的引导。谁都知道，对一个人的现实选择构
成影响的力量，与外在因素相比，"内心的趣味"将起着决定性的作用。

如果我们把茅盾热衷于社会和政治活动，真的当作一种"内心趣
味"，它也只能被理解为一种严肃的、沉重的忧患意识和使命感。茅盾心
中的社会忧患从根本上决定着他的选择。对社会和历史的忧患意识，可以
说一直是茅盾精神世界的一个重要组成部分，这一点，我们也自然会在他的
文章中经常见到，譬如他早年就说过："反观吾国，则自鼎革以还，忽焉六
载，根本大法，至今未决。海内蜩螗，刻无宁晷；虚度岁月，暗损利权。此
后其将沦胥而与埃及、印度、朝鲜等耶？抑尚可自拔而免于亡国之惨耶？
非吾侪所忍言。"②"五四"以后，他则更为集中地关注着"内忧外患交
迫"，自觉肩负着推动和参与作为民族"出路"的"国民革命"③。

许多国外思想都对茅盾的心灵世界发生过影响，如进化论、人道主
义、象征主义、浪漫主义、自然主义和现实主义，但我们如果细心地加以
考察，就会发现茅盾不过是接受了某些人道主义、现实主义和科学理性，
人道主义参与了他的价值观的构成，现实主义参与了他的认识论的构成，
科学理性参与了他的方法论的构成。而茅盾的人道主义和现实主义作为他
的思想中的两种主要精神，都经过了中国传统的改造，或者可以说是中国
传统与西方思想在相互印证的过程中所形成的独特的思想形式，这一点我

---

① 《从牯岭到东京》，《茅盾全集》第19卷，人民文学出版社1991年版，第177页。

② 《一九一八年之学生》，《茅盾全集》第14卷，人民文学出版社1987年版，第10页。

③ 《对于泰戈尔的希望》，《茅盾全集》第18卷，人民文学出版社1989年版，第424页。

们从他的人道主义所包含的明确的道德倾向就可以看出，如茅盾在《追求》等小说中不过写了一些失败后的沮丧和苦闷，和两性上的一些细节，可他自己便以一种极其愧疚的心情说他"竟作了这样颓唐的小说"，说自己是"越来越不成话了"①。在西方人道主义的视野中，比这再"颓唐"的人性同情也是十分正常的，因为他们对人性的同情是无原则的。可在儒家的人道传统中，任何违反价值原则的要求和行为都将受到否定，给予同情的只是那些合于"目的"的人性渴望。就现实主义来说，茅盾虽然很强调客观性和真实性，但他的现实主义并没有摆脱儒家传统的道德理性，茅盾从来就没有认为文学是一种完全独立的文化形式，相反他所反复说明的倒是文学与人生和现实的不可分割的关系，茅盾们把"为人生而艺术"作为头等重要的原则，也是这种现实主义文学观的表现。他的科学理性一般只应用于他的方法论领域，并未对他的道德理想主义产生任何动摇。所以，茅盾尽管是少有偏见，博采众长的作家和社会活动家，但这从某种意义上正好说明他不会完全放弃传统，他的思想的深层积淀和现实选择的内在依据不会是他还没有真正理解的外来文化。事实证明，正是中国传统在茅盾的精神结构中承担着这一任务。

茅盾的忧患意识和入世精神始终强调以独立思考和自主人格面对现实和历史，忧国忧民、积极进取，因而，他才有可能对人生理想作出这样的理解："孔子曰：古之学者为己，今之学者为人。吾谓今之学者，直为利耳。方其学也，不问学术之有用与否，不问与己之合宜否，唯利是视，欲其有益于社会难矣。是故学生在社会中也，必求自主。"②这里认为人的生存意义应该是"有益于社会"，是放弃一己之利，是以独立的人格来实现对历史进程的关切和参与。这与儒家的价值观和人格理想是十分接近的。儒家历来提倡洁身自好、"和而不同"的人格风范，反对见利忘义的思想倾向，把理想人格的塑造和人生意义都落实在有益于社会的"外王"

---

① 《从牯岭到东京》，《茅盾全集》第19卷，人民文学出版社1991年版，第186页。

② 《商务印书馆编译所》，《茅盾全集》第34卷，人民文学出版社1997年版，第142页。

事业之中。

宋代硕儒张载所说的"君子所以立多凶多惧之地，乾乾德业，不少懈于趋时也"①，就是指人在危难之时，仍要坚持德性，不能落于庸俗。另一位儒家先哲程颐说得更加明确："君子当困穷之时，既尽其防虑之道而不得免，则命也。当惟致其命以遂其志，知命之当然也。则穷寒祸患，不以动其心，行吾义而已。"②这是一种人文超越，内含着对困境的超越，对得失的超越，对生命的超越，从而去履行一种道德的使命。如果不能摆脱世俗的诱惑，就不能实现忧国忧民、关怀社会的人生理想。这种中国传统人格理想和价值观被中国历史上无数有识之士所信奉，茅盾应该说也是其中的一个。

茅盾的这种忧患意识，是长期的文化积淀的结果。家教一般是这种文化积淀的主要渠道。据茅盾回忆：在父亲立下遗嘱以后，他老人家就"不再看数学方面的书，却天天议论国家大事，常常讲日本怎样因明治维新而成强国。还常常勉励我：'大丈夫要以天下为己任。'并反复说明这句话的意义。母亲要我做个有志气的人"③。当茅盾的父亲死后，母亲在父亲灵位上写的对联是："幼诵孔孟之言，长学声光化电，忧国忧家，斯人斯疾，奈何长才未展，死不瞑目；良人亦即良师，十年互勉互励，雹碎春红，百身莫赎，从今誓守遗言，管教双雏。"④我们从这里不难看出，茅盾从小所接受的基本上是一种儒家文化的家教。这就难怪茅盾在读小学时，就在作文中写下了"大丈夫以天下为己任"的人生理想，尔后他更是把这一理想变为自己的实践形式。

茅盾对现实的关切和忧患，有其自己的面貌。鲁迅们虽也最终不能摆脱儒家传统的深层影响，但鲁迅们在"显意识"层面上却是对文化传

---

① 《易说·乾》。

② 《伊川易传·困》。

③ 《我的家庭与亲人》，《茅盾全集》第34卷，人民文学出版社1997年版，第58页。

④ 《我的家庭与亲人》，《茅盾全集》第34卷，人民文学出版社1997年版，第58—59页。

统采取了一种激烈的批判态度，而茅盾则在方方面面都采取一种"谨言慎行"的冷静态度，包括对待他也并不满意的儒家传统。所以他经常提醒人们"处事不可不慎"①。谨言慎行显然不是缩手缩脚，而是一种深入思考、仔细判断的结果。茅盾在谈到自己这一处事哲学时说："我逐渐养成了这样一种习惯，遇事好寻根究底，好独立思考，不愿意随声附和。"②这种"寻根究底""独立思考"是谨言慎行的必要前提。作为一个作家，茅盾对待文学创作，与其他作家最大的不同，我认为就是他的谨言慎行，正如他自己所说："自然我不缺乏新题材，可是我从来不把一眼看见的题材'带热地'使用，我要多看些，多咀嚼一会儿，要等到消化了，这才拿出来应用。这是我的牢不可破的执拗。我想我这脾气也许并不算坏！"③这也是儒家所推崇的人格品质，如孔子主张"敏于事而慎于言"④，认为"多闻阙疑，慎言其余，则寡尤；多见阙殆，慎行其余，则寡悔"⑤。

这种谨言慎行的人格品质，一直为茅盾所奉行，他无论在文学研究会时期发挥出来的组织才能，还是在无意中与太阳社产生争执之后，认可"写一点决不惹起风波的东西"⑥，都在体现着他的这一人格追求。茅盾这种谨言慎行的品质与他的家教有关，与他过去就"习惯于大人的事情"⑦的心理志趣有关，大概与他从小就颇为喜欢《论语》中的"人间味"⑧也不无关系吧。因此茅盾的历史忧患意识决不像鲁迅们那么"峻急"，既不表现出对传统的过激态度，也不表现为渴望一夜之间能造出个

---

① 《商务印书馆编译所》，《茅盾全集》第34卷，人民文学出版社1997年版，第142页。
② 《创作生涯的开始》，《茅盾全集》第34卷，人民文学出版社1997年版，第382页。
③ 《我的回顾》，《茅盾全集》第19卷，人民文学出版社1991年版，第409页。
④ 《论语·学而》。
⑤ 《论语·为政》。
⑥ 《亡命生活》，《茅盾全集》第34卷，人民文学出版社1997年版，第428页。
⑦ 《我的小学时代》，《茅盾全集》第11卷，人民文学出版社1986年版，第488页。
⑧ 《我的小学时代》，《茅盾全集》第11卷，人民文学出版社1986年版，第486页。

新的世界来，而是显示出一种认真分析、冷静思考、谨慎对待的入世精神和现实选择。

（二）

历史的忧患意识和使命感会使人热忱地关切现实，而坚定地肯定群体又常常是关切现实的一个具体内涵。

就一定意义而言，"五四"时期是一个个人主义的时代，许许多多的知识分子，尤其是作家们都以自己的理解鼓吹过个人主义，如胡适、鲁迅、周作人、郭沫若、郁达夫、丁玲等这些求新的作家们都或是用他们的作品，或是用他们的理论提倡过个人主义，尽管所用的符号各有不同，尽管其中大多数人后来也都又回到群体主义的逻辑上来。茅盾也分明是这个人群中的一员，是提倡新文化、主张文学革命的"引路的先觉"，然而，如果我们稍加注意，就会发现茅盾在这个人群中，是一个特例，他很少，甚至可以说他几乎就没有明确地鼓吹过个人主义。一个表面的现象是，当时的胡适们是在激烈地批判传统的同时大力地提倡个人主义，当他们对传统文化不像从前那么仇视了以后，他们便也不再起劲地提倡个人主义了。茅盾没有激进地对待过传统，也没有极力地鼓吹过个人主义。林毓生曾就同一问题另一侧面作出过这样的描述："当反传统主义的高潮衰退时，'五四'时期的个人主义也就随之而衰落。"①也许我们的发现和林氏所揭示的现象在内在依据上是同一个逻辑。

实际上，除了鲁迅这个"硬骨头"，胡适们哪一个后来不曾或以言，或以行对自己先前对待"孔子"的态度"追悔"过呢。茅盾无须"追悔"，因为他压根儿就没偏激过，这或许恰好证实了孔子的观点："多闻阙疑，慎言其余，则寡尤；多见阙殆，慎行其余，则寡悔。"总之，茅盾是在冷静地面对传统的同时，一直坚持把"尚群"观念作为他对人的本质把握。

---

① ［美］林毓生：《中国意识的危机——"五四"时期激烈的反传统主义》，贵州人民出版社1986年版，第108页。

　　茅盾作为真正对历史负有使命感的人，自然不会不重视和肯定群体。他相信历史的创造者和推动者绝不仅仅是那些"圣贤"，那些"英雄"，那些在历史的功劳簿上无声无息的广大的人群才是推进历史、改变现实的主要力量。他认为一个社会、一段历史是否合于目的，是否更充分地体现着善，取决于这个社会和历史是否为大多数人，为整个群体提供了公平、正义、合理的生存条件。对此，他曾就一位同乘火车的朋友提起的"火车向前去，道旁看者只见几个窗洞露脸的人罢了，车子里上千成万的人却都看不见"的话题说："这火车的进程自然可和人类的进程相比，人类进程中也只不过有几个人露脸罢了，不曾露脸的正有恒河沙数；然人类的进步却决不仅是这几个露脸者的功劳，许许多多不露脸者的功劳，也正未可一笔抹杀。这几个露脸者也不是他们自己真是'得天独厚'，'天之骄子'，什么'贤人'，什么'圣哲'，他们亦不过是境遇碰到他要露脸，所以就不期然而然的露脸了；他们的露脸正是不得已呀！"在茅盾看来，人类的进步主要是"许许多多不露脸者的功劳"，而不仅仅是那极少数的"露脸者的功劳"。因而，茅盾认为人在历史中的选择有两个价值取向，一是体现"人类社会进化"，二是必须把个人的发展与"人类全体"联系起来，以群体的共同发展为目的。①

　　这里，茅盾的思考立场是明确的，他所肯定的是群体对"人类的进步"方面的"功劳"，是群体的历史功能，而不是对突出个人作用的鼓励和提倡。

　　这一点，茅盾在阐释"时代性"的问题时讲得更加清楚：

　　　　所谓时代性，我以为，在表现了时代空气而外，还应该有两个要义：一是时代给与人们以怎样的影响，二是人们的集团的活力又怎样地将时代推进了新方向，换言之，即是怎样地催促历史

① 参见《活动的方向》，《茅盾全集》第14卷，人民文学出版社1987年版，第221—222页。

进入了必然的新时代，再换一句说，即是怎样地由人们的集团的活动及早实现了历史的必然。在这样的意义下，方是现代的新写实派文学所要表现的时代性！①

茅盾所肯定的"集团的活力"是其对时代的推进功能，因而这种"集团"自觉实际上是以个体的自律和奉献为实践形式的，这种集团的自觉和实践是以"历史的必然"为目标的。如果我们可以将这里的"历史的必然"理解为"合于人类目的"的话，也就能够把这种"历史的必然"称为"善"，因而它便是一种道德理想。所以，我们无法将这种群体观念简单地理解为西方的博爱观念、人文主张和民主思想，因为不论哪一种西方思想，对人所做的肯定，在我看来，都是以个体要求和个人意志的实现为依据的，在情感上它们几乎都同情个体向外界的索取，在理智上他们主张的是索取与奉献的对等，如对权利和义务的要求等。而茅盾所肯定的群体的"功能"，显然是对人的奉献精神的张扬，是把社会群体的特征看作是自律、奉献和实现历史功能，而这种观念正与儒家的民本思想的本质极为相似。

儒家的民本观念是儒家文化体系中的一条鲜明的思想逻辑，它在各个历史时期有着不尽相同的面貌，它既是一种社会政治理想，又是一种可操作的实践形式，这与中国一元论的文化背景有关。商亡以后，给中国历史留下的重大教训之一就是"保民"政策上的失误，于是便出现了"民之所欲，天必从之"②的思想传统。所谓民，在古代的多数场合里，都是作为与君相对的一个概念，因而，周以后的几千年里，实际上都是在君与民的关系中来阐发民本思想的，至少我们可以在君与民的概念结构中来把握传统民本思想的本质。

孔子时代，民本思想的君王立场很鲜明。如孔子提出的"德治"与

---

① 《读〈倪焕之〉》，《茅盾全集》第19卷，人民文学出版社1991年版，第209—210页。

② 《尚书·泰誓》。

"教化"的主张。孔子一方面主张"宽民"，认为"宽则得众"①，反对"不教而杀"的"虐"行②；另一方面强调"惠民"，强调对百姓加以"庶之""富之""教之"③的重要性。

战国时代的孟子和荀子虽也继承了孔子的德治与教化的民本思想，如孟子所说的："善政之不如善教之得也。善政，民畏之；善教，民爱之。善政得民财，善教得民心。"④但孟子又发展了孔子的思想，提出了"民贵君轻"的观念，认为："得天下有道，得民斯得天下矣。"⑤"桀纣之失天下也，失其民也；失其民者，失其心也。"⑥孟子把天下的安定和秩序化的根本原因视为"民"，从某种意义上说，是把民强调到比君更为重要的地位。稍后的荀子尽管反对孟子的"性善论"，但在民本思想上却与孟子相当接近，如他说："天之生民，非为君也。天之立君，以为民也。"⑦明确强调了民在君与民的关系中的重要性，而且他和孟子一样，也认为："天下归之谓王，天下去之谓亡。"⑧把天下兴亡的决定因素归结为是否民心所向，民心所归。

明清之际的许多思想家对传统儒家民本思想的认识则更加倾向于民，如黄宗羲认为在君臣关系中，臣的使命是"为天下，非为君也；为万民，非为一姓也"，"天子之所是，未必是；天子之所非，未必非"⑨。实际上，这一民本思想已经严重冲击了封建纲常，这可以说是中国古代"贵

---

① 《论语·尧曰》。
② 《论语·尧曰》。
③ 《论语·子路》。
④ 《孟子·尽心下》。
⑤ 《孟子·离娄上》。
⑥ 《孟子·离娄上》。
⑦ 《荀子·大略》。
⑧ 《荀子·正论》。
⑨ 《明夷待访录·原臣》。

民"思想的一个至高点。从整个情况看，儒家的民本思想经历了孔子、孟荀和明清三个不同的发展期。

概而言之，儒家的民本思想传统的本质特征主要有两点：一是强调了民众在君臣关系中，在天下国家中的重要地位；二是对民众的肯定，主要是对他们所必须肩负的实现人类之善的使命的肯定。因而，我们说茅盾的尚群观念与儒家的民本思想至少是有逻辑联系的。至于在茅盾接受了马克思主义之后，我们仍看不到他在尚群观念上的太大变化，我想这是马克思主义的"群众是历史的创造者"的历史唯物论命题，和马克思主义者承认人民群众的意志和愿望在历史变革中的决定作用等观点，本来就与中国的民本思想存在着某种逻辑上的共鸣有着极大的关系。

从表面看来，儒家的民本思想是一种政治伦理学说，但这并不是所有世界政治兴衰史的必然结论，一个最显眼的现象是，世界中的许多民族在政治的历史经验和教训中建构了较为完善的"制度文化"，如西方的法制社会，而中国的历史却潜心去建构"人治"文化。这种人治文化的产生肯定与儒家文化对人的特殊敬重有着密切的关系，但对我们更为有意义的是儒家文化为什么那么重视人？一个充分的理由就是，儒家文化始终对人性秩序充满信心，如孔子说："仁者，人也。"①认为人之所以为人的本质就是仁，而他非常自信："我欲仁，斯仁至矣。"②"欲仁而得仁。"③孟子提出"四端"之心④及其"性善论"。但不论孔子的仁也好，孟子的"四端"之心也好，那个不可忽视的内涵就是它的人伦意义。这就意味着任何人都要处于一定的人伦关系之中，而在儒家文化中，一切社会关系都是一种"拟人伦"关系，即把血亲关系扩大应用于各种社会关系之中。这

---

① 《中庸》。

② 《论语·述而》。

③ 《论语·尧曰》。

④ 《孟子·公孙丑上》说："恻隐之心，仁之端也；羞恶之心，义之端也；辞让之心，礼之端也；是非之心，智之端也。"

样一来，人的本质就必须在人与人的群体关系中才能得到确定和体现，所以孟子说"仁者爱人"①。"爱人"就是爱他人，爱众，爱群。这种"爱人"既是人的原发性本质，也是人所追求的人格理想，因而孔子又认为仁是一个人生目标，他说的"若圣与仁则吾岂敢"②，其中的"仁"就体现着一种理想的境界。因此，我们就不得不把儒家以"仁"为核心的人道观视为它的民本思想的哲学基础。

我们带着对儒家民本思想及其哲学背景的认识，也许就更容易理解茅盾对人性的如下现代阐释了：

> 文学家要在非常纷扰的人生中搜寻永久的人性。要了解别人，也要把自己表露出来使人了解，要消灭人与人间的沟渠，要齐一人与人间的愿欲；所以文学是人精神的粮食，它不但使人欣忭忘我，不但使人感极而泪下，不但使人精神上得相感通，而且使人精神向上，齐向一个更大的共同的灵魂。③

茅盾在这里讲的意思主要有三点：一是人与人要相互理解和沟通，二是人的"愿欲"要统一于共同的目的，即人心要共同向善。从上述两点看，个人的要求和意志的实现并不是人性的本质，相反，茅盾认为在群体关系中所体现的自律和奉献，并使群体达成"齐一"的实践理性和人生理想才是人性的最高本质。三是文学是实现这种人与人的相互"感通"，共同迈向人类的共同理想的有效形式。

文学既然具有实现永久的人性、达成群体的历史目的的价值，那么，文学就应该体现出为人生、为"集团"的人生意义。所以茅盾在描述文学

---

① 《孟子·离娄下》。

② 《论语·述而》。

③ 《一年来的感想与明年的计划》，《茅盾全集》第18卷，人民文学出版社1989年版，第148页。

的使命和完成这一使命的独特形式时就这样说："文学是为表现人生而作的。文学家所欲表现的人生，绝不是一人一家的人生，乃是一社会一民族的人生。不过描写全社会的病根而欲以文学小说或剧本的形式出之，便不得不请出几个人来做代表。他们描写的虽只是一二人、一二家，而他们在描写之前所研究的一定是全社会、全民族。从这里研究的普遍的弱点，用文字描写出来，这才是表现人生的文学；这是现在研究文学的人不可不知道的。"①尚群观念一旦被导入文学的本质，文学就再也不是纯粹的个人化形式，文学创作就再也不是自我宣泄的个体行为，因而它必须与群体构成交流，必须对那个由千差万别的个体所构成的群体发生作用，文学的动机和形式必须体现为一种价值。

四、赵树理的使命意识

不能认为"五四"过后的革命文学的出现仅仅是当时无产阶级革命思潮的产物，我们还应看到它在更为深入的层次上体现着中国文化的一次重要选择，也就是这一历史性的文化轨迹，最后发展成为《在延安文艺座谈会上的讲话》（以下简称《讲话》）的文艺思想和赵树理们的文学创作。赵树理及其创作能够于相当长的历史时期内在政治与民众之间如鱼得水，大概与他对民族传统文化的理解有着重要的关系。因而认识赵树理及其创作的传统文化背景当是特别有意义的。

---

① 《现在文学家的责任是什么？》，《茅盾全集》第18卷，人民文学出版社1989版，第9页。

（一）

想着民众，对于中国现代作家来说，是一种共同的精神取向，但又表现为各种各样的姿态，鲁迅眼中的民众是苦难的，又是一群麻木的灵魂，要救他们出苦海，就必须唤醒他们，于是鲁迅的救世方式是"呐喊"，用他的文学来呐喊；茅盾心中的民众，是一个历史符号，是推动历史进步的根本力量，因而，茅盾的现实选择是以自己的社会活动和小说来引导民众去推进历史进程，但茅盾却没有真正在民众中立足，所以他的小说中就几乎没有成功的民众形象。我们看得出来，赵树理认为自己的人生意义，就是为群众、为老百姓、为农民做事，作为一个作家，他希望自己能够给他所熟悉的民众——农民提供更多的精神食粮。

在赵树理看来，新文学不是否定传统，而是选择传统，因而，他不赞成"五四"时期的陈独秀们全盘否定传统，也反对他们认为传统艺术不是艺术的主张，他提醒人们不要忽视传统。[1]按说，赵树理的选择应该与"五四"以来的文学传统一脉相承，但在赵树理的自觉意识中，却表现出特别的看法，如他认为："在'五四'之前中国正统之'文'载的是孔子之'道'。……自此以后，中国文艺仍保持着两个传统：一个是'五四'胜利后进步知识分子的新文艺传统（虽然也产生过流派，但进步的人占压倒优势），另一个是未被新文艺界承认的民间传统。新文艺是有进步思想领导的，是生气勃勃的，但可惜也与人民大众无缘——在这方面却和他们打倒的正统之'文'一样。民间传统那方面，因为得不到进步思想的领导，只凭群众的爱好支持着，虽然也能免于消灭，可是无力在文坛上争取地位。"[2]这里的意思很明确，赵树理虽不否认"五四"文学传统在思想背景上的进步性，但他也并不认为这种文学传统代表着中国新文艺

---

[1] 参见《业余创作漫谈》，《赵树理文集》（续编），工人出版社1984年版，第244页。

[2] 《"普及"工作旧话重提》，《赵树理文集》第4卷，工人出版社1980年版，第1544页。

的方向，因为它在为"人民大众"，在与人民大众相结合上与"中国正统之'文'一样"，所以他把属于"五四"传统的文学说成是"交换文学"①。这里提出了一个十分尖锐的问题，即"五四"传统中的文学在新的历史时期也和旧传统文学一样的需要扬弃。如果我们能够沿着赵树理的观点想下去，也真有些问题值得我们注意："五四"以来的文学家们从事文学事业的动机，大都是中国民众的启蒙，而实际上他们似乎也只是在知识分子中起了作用，启发了一代知识分子的人性自觉和民族自觉，而在中国的广大民众，尤其是占中国绝大多数的农民中几乎是没有直接作用的，从这个意义上说，赵树理们的文学事业正是肩负着"五四"传统没有完成的民众启蒙任务。大概就是这种逻辑力量创造了《讲话》的思想，创造了赵树理以及40年代的丁玲、周立波们的文学创作。我们可以怀疑"赵树理方向"，但却无法否认它暗示着中国现代文学史的一种必然，因为历史存在永远也逃不出历史逻辑的自然选择。

　　当然，无论怎么说，赵树理的这一看法是有些偏颇的，但他却有一个坚实的理由，那就是他不是像鲁迅们以"哀其不幸，怒其不争"的居高临下的姿态来关心和同情民众的疾苦，而是把对民众立场的自觉作为他定义文学的根本依据，他总是强调大众立场，认为："改变立场和观点，这一点比较难一些，可是还是那句话，就看你肯不肯把大众利益放在第一位了。"②他甚至认为人人都有选择大众立场的条件："不论是什么阶级出身，只要从大多数群众的利益上着眼，都可以写作，而且不论你写什么阶级也可以，材料是很丰富的。立场两字也不是多么神秘的，立场就是全看你为哪种人打算，如果为大多数人打算，眼光常放在大多数群众的利益

---

① 意思是指不注意大众化通俗化的作品，只能在文学家之间交换着看看，它不能为广大的民众所接受。参见康濯的《〈赵树理文集〉跋》，黄修己编：《赵树理研究资料》，北岳文艺出版社1985年版，第316页。

② 《北京人写什么？》，《赵树理文集》第4卷，工人出版社1980年版，第1414页。

上，就是大众立场。"①尽管我们也不能说赵树理始终站在了纯粹的民众立场上，可他却一直由衷地努力去与民众打成一片，试图能够真正理解民众，而他的这种群众观是他心灵的真实表达，所以他才只希望孩子走出校园就应该迈向最广大的民众——农民之中，而没有给女儿的选择以足够的理解："我相信你在这几个月农村工作中认识了好多劳动人民，懂得了一些生产中的事情，而在感情方面也应该更向劳动人民靠近一些，但我以为应该进一步在一个社里落户，当一个有文化的青年社员。只有真正参加了生产，凭工分过日子，才能深刻体会到我们的社会主义生产建设现在是个什么阶段，在现有的基础上如何前进，才能深刻体会到生产中任何问题都与自己有直接关系——即与广大群众有直接关系。只要你在生产中真有所建树，你是会感到生产本身就有快乐的。"②可以想象，赵树理对孩子的希望是出于他对这一希望的发自内心的肯定。他并不希望女儿仅仅做一个"群众"，他希望她"有所建树"，但他的暗示是，只有在群众中摸爬滚打才能了解社会，了解现实，才能有成就，才能在其中体会到"快乐"。

这的确是他个人的体会，他认为他自己的创作之泉就是深入群众，因而他在一次自我反省中说："回顾一下自己从抗日战争以来的历史，可以得出这样个结论：从群众的实际生活中来，渐渐以至于完全脱离群众的实际生活，如不彻底改变一下现状，自己的写作历史是会从此停止的。怎样改变呢？还只有温习毛主席的话：'必须长期地无条件地全身心地到工农兵群众中去……'自从从群众中来了以后，所参加的群众工作，是短期地、或分一部分精力参加的。"③赵树理把能否深入民众，视为作家的艺

---

① 《北京人写什么？》，《赵树理文集》第4卷，工人出版社1980年版，第1411页。

② 《愿你决心做一个劳动者》，《赵树理文集》第4卷，工人出版社1980年版，第1568页。

③ 《决心到群众中去》，《赵树理文集》第4卷，工人出版社1980年版，第1453—1454页。

术生命，看起来是一种认识上的提升，甚至也许有人会认为是一种"高调"，但我们如果真的把握了赵树理的精神世界，了解了他的人生理想和社会理想，就一定不会怀疑他的这种表达是一种十分内在的真实。他强调人生理想，但他从未放弃他对他所看到和理解到的农民大众的真实再现，不然，他就不会在60年代一个公开场合讲出这样的话："农村自己不产生共产主义思想，这是肯定的。农村的人物如果落实点，给他加上共产主义思想，总觉得不合适。什么'光荣是党给我的'这种话，我是不写的。这明明是假话，就冲淡了。""我们生活在这个时代，怎么给时代以影响。有些作品是民主革命，还没到社会主义革命。写生产，也还是由集体主义的鼓舞。"①他把站在民众立场，深入到民众之中，看作是他的事业的根本，具体说其理由也很简单，就是他要写出民众的生活和心愿，要让民众在他的作品中看到他们自己，所以他必须在他们中间，必须了解他们，才能做到这一点。

赵树理在30年代就怀疑多数人都不怀疑的"五四"以来的新文学的走向，认为那些文学"还不能跳出学生和知识分子的圈子，当然就谈不到满足广大劳动群众的需要"，而关心群众的命运是他整个人生事业一个重要目标，所以他努力使自己能够给群众以切实的生活和精神上的帮助，他"发下洪誓大愿，要为百分之九十的群众写点东西"②。所以，在他的作品中经常是表现作家的三种态度：一是把最普通群众作为他歌颂、支持的对象；二是以新的观念引导落后群众走出愚昧；三是人民政府无论到什么时候都能够为民做主。

有人可能认为赵树理这种群众观念是《讲话》精神的一种实践形式，但实际上，这是一种观念上的共鸣，因为《讲话》与赵树理的民众观的形

---

① 《在大连"农村题材短篇小说创作座谈会"上的发言》，《赵树理文集》第4卷，工人出版社1980年版，第1718页。

② 荣安：《人民作家赵树理》，黄修己编：《赵树理研究资料》，北岳文艺出版社1985年版，第562页。

成都与同一个文化背景有着复杂的联系。

赵树理与鲁迅们的不同处之一就是他基本没有接受过系统的儒家传统文化的直接教育，但儒家文化的传播渠道是多方面的，比如赵树理的祖父和祖母所信奉的"三圣教道会"的精义虽颇为复杂，但其中也将儒家的"忠恕"思想摆在最重要的地位上①，传统文化给他的影响更加体现为耳濡目染和潜移默化。

传统的儒家文化的影响，对我们每个国人来说都是一种事实，这大概是无须怀疑的。儒家文化的伦理倾向使它具有特别的入世品格，因而它也特别地深入人心，它在几千年的历史中，都是作为人们思想的主要资源，是人们所信奉的中心价值，即便在学术方面，或在制度方面它被否定了，它也还会在人们必然发生的交际中，在心灵与心灵的通道中交流着和延续着。赵树理对外来文化的拒斥，在中国现代作家中可以说是独一无二的，不仅如此，他本来还可以通过"五四"以来的先觉者们间接地了解到更多的外来文化，但他疏离了这个文化通道。他所亲近的是中国的民间文化。民间文化是中国各种文化传统的混合体，而儒家文化也自然在这种文化中起着主导作用。赵树理的民众观点尽管与中国其他现代作家有着许多差别，但他们的这些思想的背景却有一致性。

关于民众问题，西方有民主思想，马克思有历史唯物论，中国传统有围绕着民本观念而展开的重民思想。就儒家的重民观念和民本思想而言，孟子总结了周代的重民观念，提出了"民为贵，社稷次之，君为轻"②的民贵君轻的主张。对这一主张，尽管人们看法并不一致，有人认为这是一种"重民"思想，有人认为这是一种"民本"思想，但这对我们并非十分重要，因为当下传统作为一种文化背景而接受选择时，它将自然被时代化的眼光加以重新解释，那种学术史意义的区别对时代文化，对时代的社会文化心理常常是没有多大意义的，我们姑且把这样一种文化传统在现代社

---

① 参见戴光中：《赵树理传》第一章"得意"，北京十月文艺出版社1987年版。

② 《孟子·尽心上》。

会的遗留形态称作"重民"思想。如前述，孟子认为民众是国家命运的关键力量，惠民是政治稳定、国家昌盛的保证，因而民心所向将决定着这一切，这正如他所说：

> 桀纣之失天下也，失其民也；失其民者，失其心也。得天下有道，得其民斯得天下矣；得其民有道，得其心斯得民矣；得其心有道，所欲与之聚之，所恶勿施尔也。[1]

这意思很明确，桀纣失去天下，是由于失去了民众；失去民众，是由于失去了民心。得天下是有途径的，得到了民众就得到了天下；得到天下的民众，是有途径的，他们想要的使他们得到，他们憎恶的不强加给他们，如此而已。这就把民众和民心作为了一种实际上的价值标准，统治者也要根据民心来制定政治政策，所以儒家一贯强调"为政以德"[2]的思想。

但我们应该看到，这里的重民思想的实质只是把民众的愿望作为一种价值尺度，并不是把政治和国家的主宰权交给民众的一种认识。是爱民、惠民、重民，是为民做主，而不是由民做主。也正是由于这个原因，儒家的重民观念只形成了"君权神授"、"天子"和朝廷政治的概念，而没能发展成为一种真正意义上的民权思想。这就是儒家传统的重民和民本思想与西方民主思想的根本区别。

当我们细心去体会中国现代史的时候，大概能够发现，就是这样一种民众观念一直在有效地参与着中国现代文化的选择过程：五四新文化运动之时，一场呼唤民主和科学的思潮竟是那么强大，那么惊天动地，然而没过几年，人们便怀疑了这一选择，而去寻找新的文化资源，结果是在十月革命及其指导思想中找到了共鸣，因为这种指导思想重视民众、主张"平

---

① 　《孟子·离娄上》。

② 　《论语·为政》。

均"、强调专政。此后历史就沿着这一选择发展下去。这种历史的走向归根到底是一种文化的选择。赵树理正是中国现代作家中的一个集中体现了这一文化选择的人物。

我们应该注意到，在孟子之前，孔子的仁学思想的重要意义。孔子的仁学思想确立了一种对"人"的独特理解，即认为人的本质，存在于人与人的关系之中，每一个个人都需要在与他人的联系中来确认自身。由此便产生了儒家对"大同"人类理想的肯定；形成了我在前述中提到的"不患贫而患不均，不患寡而患不安"[①]的平均主义的社会心理；从而构成了重视民众，或以民众为本的政治思想。而这三种思想又的确是紧密相连的。这样一种思想文化当然对我们每一个国人来说都具有背景意义，而赵树理所信奉的社会理想，所认同的人们的文化心理，以及他的民众观，表面上看是40年代解放区文化的表现，而无论是解放区文化还是赵树理的精神世界，都是以中国的传统文化作为深层依据的。

赵树理的确一贯强调知识分子的民众立场，作为一个农民出身的作家，自然有条件使自己处在民众的立场上，但实际上，他还是处在政府与民众之间。在赵树理的作品中，民众主要有三种类型：一是具有封建和腐朽思想的人物，如三仙姑和二诸葛（《小二黑结婚》）等；二是胆小怕事的人物，如老秦（《李有才板话》）等；三是敢作敢为的人物，如李有才、小二黑等。前两种人物显然不能在民众的翻身解放中有所作为，最后一种人物在赵树理的作品中也从来没有独立地发挥出自身的力量，必须在政府的支持下才能实现自己的愿望。显然，与民众相比"政府"才是救助民众的决定性力量，这一小说模式所表达的作家的重民观念不过是"为民做主"，这与儒家的民众观念不是十分接近吗！

赵树理心中的民众尽管是指社会的大多数人，但它不是全民的概念，而是一个阶级论的概念。那么为什么仅仅保护劳苦大众呢？我们可以说其中可能有某种类似于人道主义的同情，但这并不能解释赵树理们的理性动

---

① 《论语·季氏》。

机。很显然，这个理性动机的基本依据就是要使全民过上共同的生活，要平均社会的生存资源，所以无论是政府、赵树理，还是广大民众的历史行为和文化选择都与平均主义文化心理有着密切的关系。孔子早就看透了这种中国心理，后来的历史也一再地显示着这种文化心理的存在和力量，太平天国起义军举起过这个旗号，孙中山也以此作为革命纲领之一。这种平均思想的深层依据很少有人提起过，但我想，它与中国独特的血亲意识和牢固的宗法观念大概不无关系。

（二）

一个知识分子或一个作家对某种政治表现出忠诚，并非是什么稀罕事，但是，赵树理对政权的忠诚，却显得有些过于执着，甚至带着几分天真，几分狂热。

关切民众，或者强调文艺的社会目的，在中国现代作家中也是一种普遍的现象，但由于赵树理对特定政治的忠心耿耿，使他在现实中的选择常常体现出某种政治动机，而这种政治动机又表明不是他的个人目的，而是对一种特定政权的奉献精神。

在赵树理看来，政府以及政府的代表"领导"总是"为民做主"的，民众的合理愿望就是政府的愿望。那么，哪些民众的愿望是政府所应该支持的呢？赵树理的心中似乎也有一个尺度，他常说的"革命利益""人民利益""正气"等，大概就是他的标准。然而，这些所谓标准究竟包括着什么内涵？好像赵树理也并不能说得具体，在赵树理那里，真正有效的具体标准经常是那些代表着特定政权的"领导"或上级，所以他在谈到作家如何主动工作时说："领导上号召某个任务，如果开始就是群众的一员，时刻注意群众中的政治问题，会比领导发现得早，帮助领导了解群众中的问题。碰到该表扬的就表扬，该批评的就批评。作家应该走到时间的前边，至少对上级的号召，不应该感到突如其来。如反'五风'，知识分子会感到突如其来，还得领导介绍若干材料，才会相信。可是住到有浮夸的地方，就会在中央未发现问题以前先发现问题。中央不知道就应该反映，有没有这种人？有。不然，中央不会知道，也不会有反'五风'运动。正因为有好多责任心强的同志把问题反映到中央，才造成运动，最后还是正气压倒邪气。作家应该早发现早写，不要等上级号召才去写。"①表面上看，赵树理觉得作家应该在领导"号召某个任务"之前，就"发现问题"，提前进行工作，但这里的一个最重要的观念是，无论是早还是晚，都是要领会领导关心的问题和上级的精神。很显然，在赵树理的思想中，领导是"革命利益"、"人民利益"和"正义"的代表。对此，赵树理是相当自觉的，他也希望人们都和他一样自觉维护一种可以信赖的统一意志：

> 一个业余写作者，即使在实际工作中是被领导者，也不能等到工作过程中再去领会领导者的精神，而是要学会全面看问题，连贯地看问题，有时候可以帮助领导者作决定，有时候可以比一般同志们提前领会领导者的精神。②

这话虽是针对业余写作者而讲的，但这正是赵树理对作者与领导之间关系的一贯理解。他所提倡的不是一个知识分子独立地认识现实和把握现实，而是"提前领会领导者的精神"。当然在赵树理的作品中也有他对某些"领导"的批评甚至揭露，如陈小元（《李有才板话》）被地主腐蚀变坏，小昌（《邪不压正》）利用职位以权谋私等，但"这真是个说理的地方"仍是他对人民政权的基本判断。他在一些作品中对党的干部的浮躁作风、官僚主义，对个别的农村干部身上的错误现象的描写和否定，正是他坚信人民政权的清明、正义，坚信这个政权有力量纠正自身错误思想的反

---

① 《运用传统形式写现代戏的几点体会》，《赵树理文集》第4卷，工人出版社1980年版，第1778页。

② 《和青年作者谈创作——在全国青年文学创作者会议上的发言》，《赵树理文集》第4卷，工人出版社1980年版，第1509页。

映，是他对人民政权的纯洁性的一种渴望和捍卫。

当然我们必须看到，赵树理相信代表着政府的领导也是有根据的，他知道的大量事实都是人民政府为民众做主，他相信党和政府与广大民众的愿望是一致的，因而他认为他只要是站在民众和政府的立场上，自己的现实选择就一定能和"领导"的观点相统一，他觉得这样作家就能够把握时代的脉搏和"领导上"的精神。他的确有过这方面的经验，历史的确证实过他能够事先领会上级乃至中央的精神，所以当毛泽东的"《在延安文艺座谈会上的讲话》传到了太行山区，赵树理特别高兴，说毛主席批准了他的创作方向"①。赵树理那时的喜悦我们是能够体会到的，他对自己的创作选择被领袖，被中央所认同而欣喜若狂，他在看到了自己的希望的同时，更看到了一个新的政权的希望，因此他认为"一个革命作家要以主人的责任和态度要求自己，要作生活的主人。我们的生活中有种种东西，进展与挫折，成就与缺点，令人愉快的和不愉快的，作家要表现生活，首先要看这对革命事业，对人民有利还是有害，下笔要讲究分寸。十九世纪批判的现实主义作家，与当时的社会是对立的，他们可以不顾一切的刻绘，但我们今天不同，我们的作家要对向上的、向幸福方向发展的社会负责，对党负责，对人民负责。'咱的江山，咱的社稷'，遇上了尚未达到理想的事物，只许打积极改进的主意，不许乱踢摊子！"②实际上，赵树理的这一认识并非千真万确的，一个合理的政权需要支持，但它也决不担心有反对者，而且它还会在反对者的冲击中加速走向完善，一味的"温和"与顺从不是一种"社会良心"，不一定是对一个政权和一个社会的负责态度。然而赵树理就是那样把他的态度理解为真诚的负责，这与他心灵中原有的文化、先在的政治意识有关。

赵树理所自觉承担的这个"主人"，在很大程度上是对一个政权的权

①　参见蔺羡璧、刘景春编：《赵树理代表作》，黄河文艺出版社1986年版，第2页。

②　《做生活的主人——在广西壮族自治区文艺创作座谈会上的发言》，《赵树理文集》第4卷，工人出版社1980年版，第1730页。

威和统一的肯定。也就是赵树理的这种意识，后来又向前迈出"荒谬"的一步，便出现了"文化大革命"时代的民众的政治狂热和领袖的非凡的个人崇拜。"文革"时代的狂热虽与赵树理的政治忠诚有很大的区别，但它们的一脉相承却说明此类政治意识在中国是大有"市场"的，我们把这个"市场"说得学术一点，就是中国有一种"王权"加"大一统"的文化背景，尽管封建时代的普遍王权和大一统政治在制度文化方面早已于20世纪初就被瓦解了。

儒家政治文化，作为中国传统政治文化的主导形态主要有三个特征，即王权、德治和大一统。

儒家文化不相信外在于人的任何功能能够超过人对历史的主宰力量，于是，就形成了中国的"人治"文化传统。而不依赖于"法治"的文化也就必然导致否定"众治"、推崇统一"王权"的主张。理想王权带来的最大结果就是社会的安定，而安定是中国特有的农业文明所必须和极为渴望的现实姿态。然而，儒家承认人的力量，也不忽视人的道德局限和历史局限，所以，儒家认为理想社会的实现最终体现为一种"道"，这种道将成为儒家人治文化的绝对价值，因而无论是君、臣还是民都要以道为自律标准和目标。孔子所讲的："天下有道，则礼乐征伐自天子出；天下无道，则礼乐征伐自诸侯出。""天下有道，则政不在大夫；天下有道，则庶人不议。"[1]这里虽是从王权角度出发的，但同时提出了"天下有道"才能保证王权，实现社会安定，道成为王权统治的唯一价值尺度。

具体说，这一尺度表现在两个方面：一是"德治"思想，这是就当政者而言的。这种思想的一个主要内涵就是爱民，在"惠民"的基础上使民达到应有的道德人格，如孔子说："道之以政，齐之以刑，民免而无耻；道之以德，齐之以礼，有耻且格。"[2]这里所强调的是用德行来教导，用礼仪来整治，民众才能有廉耻而且敬服。孟子则说得更为实际："明君

---

① 《论语·季氏》。

② 《论语·为政》。

制民之产，必使仰足以事父母，俯足以畜妻子，乐岁终身饱，凶年免于死亡。然后驱而之善，故民之从之也轻。"①孟子的意思很明确，只有保证民众的温饱和生存，民众才会向善，才能成为顺民。我们应该注意到，孔孟的德治思想中蕴含着一个更为重要的要求，即行德政必有"明君"，因而当政者的人格修养便成为德治的根本。二是"忠"的思想，这是针对臣民而言的。在孔孟时代，忠的意义虽还颇为宽泛，凡尽心尽力均为"忠"，但自然也包括全心全意为君王效劳之义，即"臣事君以忠"②的政治道德意义。自汉以后，"忠"在多数场合就都表示对君王的忠诚了。但这种"忠"的思想与孔子的尊王思想则是一脉相承的。

荀子说："儒者，法先王，隆礼义，谨乎臣子而致贵其上者也。人主用之，则势在本朝而宜；不用，则退编百姓而悫，必为顺下矣。"③意思是说，儒者将效法古代圣明帝王，谨守臣子职责而绝对敬重君主。如果被任用，他们就应合宜地处理政事，不被任用，就谨慎地做个顺民。荀子的"美政"和"美俗"的概念，便是就此提出来的。这是荀子对儒者的人格要求，也是对儒者的政治要求，可以说，它的基本观念就是忠君。

这种"美政"的思想，在后来的儒家文化中，发生了扩展，在理想上包含着对政治清明、明君贤臣以及国家统一安定的渴望和追求；在现实里对君王的忠心，既表现在敬重服从，也表现在以死相谏上。这里包含一个重要的客观逻辑，即所忠于的王权，它应该是贤明的，而贤明的王权才应该去忠于它。但中国士大夫阶层又常常不能放弃对王权政治的由衷信任和乐观态度，从这个意义上说，"美政"又是中国古代知识分子的一种政治理想，我们姑且称其为"美政理想"。总而言之，就是这样一种政治文化，一直深刻影响，甚至左右着中国几千年的政治传统，即便是在普遍王权的制度形式完全被瓦解的现代中国，这种政治文化的影响力还以各种方

---

① 《孟子·梁惠王上》。

② 《论语·八佾》。

③ 《荀子·儒效》。

式和渠道发生着不可忽视的作用。

鲁迅们的激愤是因为中国传统文化的不争气，于是他们拼命地想扫除它，而他们的"彷徨"，却是由于普遍王权的瓦解从而失掉中心价值的必然反应，所以中国现代知识分子，无论他们觉察到还是没有觉察到，他们总体上都在渴望重新获得精神上的某种中心价值。后来人们似乎从"延安"看到了类似的"意义"，这也大概是丁玲们为何宁愿接受严酷的灵魂改造，也不放弃对一种"中心价值"的拥抱的深层文化心理上的原因吧。

赵树理也许该说是幸运的，他始终没有注意到"窗外"那些"奇花异草"，没有呼唤过"五四"时代的"个人主义""超人"哲学，他仿佛一下子就把自己在传统文化中形成的精神结构激活，从而与一个新的革命文化对接起来。赵树理对革命政权，对领袖，对上级几乎从来没有怀疑过，他无论发现了什么，也决不"踢摊子"，因为在他的心灵中有着"咱的江山，咱的社稷"。他的政治忠诚使他几乎没有对"领导上"、对中央进行过直言不讳的劝谏，发现了问题，也只是在他的所谓"问题小说"中进行委婉的表达。他实在没有古代谏官们的刚直大义，他更接近于荀子所描画的在"美政"与"美俗"之间的儒者风范。

"文化大革命"开始的一段时间，他尽管受到严重的迫害，但他还对他心中的"政治"充满信心，直到他意识到那场"革命"真的要送他到地狱的时候，他的反应则是"偷偷地用破纸片写了毛主席的《咏梅》词，以表示他对革命的信念和对党对领袖的一片忠心"[1]。说起来，赵树理的忠心并没有错，1978年10月在北京举行了赵树理骨灰安放仪式，他的多年冤屈真的得以昭雪。面对这个结局，赵树理的亡灵如果有知，也许会喜出望外、信心倍增，但我所兴奋的却是一个宏阔的历史场面：赵树理同中国历史上无数"忠臣"排成一列。因为它给了我一种民族式的亲切感，也给了我一种由那些忠诚的政治人格所带来的悲壮情怀。

---

① 周扬：《〈赵树理文集〉序》，黄修己编：《赵树理研究资料》，北岳文艺出版社1985年版，第313页。

第四章　儒家传统与现代作家的道德选择

当我们说出道德是历史的这样一个命题的时候，不仅表明道德的时代性，而且也在说明任何一个时代的道德都包含着历史的积淀，中国现代作家的道德心灵同样是历史和时代的产物。

一、鲁迅的道德情志

处在不同文化背景中的人们，虽然接受着不同的道德动力，但人对道德的依赖性却是一种普遍的法则。鲁迅当然也不会例外，道德同样是他人格的支柱。对于鲁迅，我们这里特别关注的是他的人格的道德情境，是作为一种道德文化的儒家传统与他的道德情志（道德意志和伦理情感）之间具有何种关系。

长期以来，人们常常从鲁迅对传统的激烈批判中，直观和简单地作出本来需要细致证明的结论，习惯于把鲁迅的精神结构和人格与中国传统，特别是儒家文化传统对立起来，仿佛鲁迅的伟大和辉煌就是建立在与传统的彻底决裂上，实际究竟如何呢？近几年陆陆续续见到为数不多的论及鲁迅思想和人格中保存着传统文化的文章，不可否认，这是一种相当有价值的实事求是的"还原"工作，至少也是一种可贵的探索，这些文章在我看来已经表现出过于温和与不十分自信，但还是要引来许多反对的意见。

知识和事实告诉我们，人的道德情志来自三个方面：一是人与生俱来的对生命的朴素理解；二是主要由长辈所执行的外在压力或惩罚（道德焦虑）；三是通过传播媒介自觉或不自觉接受对道德情操的形成发生重要影响的文化和道德知识。显然，鲁迅的生命感受是在中国式的生命伦理中建立起来的；鲁迅的道德情志是在以儒家道德传统为主导的中国传统道德框架中形成的，尤其是在他的道德形成的关键时期，所受的道德教育和影响几乎都是民族传统的；鲁迅的知识结构中虽也有外来文化的许多成分，但就其数量及其在他的精神结构中所具有的地位来说，显然是不能与中国传统文化相比拟的。从这一逻辑出发，我们应该不怀疑鲁迅的道德情志的中国特征，因而也应该不怀疑他的道德理性与儒家伦理传统之间的本质联系。然而，就是这样一个无须证明的事实，经过几十年的意识形态化的、单一标准的文学史研究之后，反倒成为一个必须加以细心论证的问题。

鲁迅的伦理观念是以生命意识为逻辑起点的，他的这种生命意识既体现着对传统的积极认同，又体现着对传统的批判和出新，因而，我们既要发现鲁迅的生命伦理观的本质特征，又要重视它的复杂性。

（一）

鲁迅在"五四"时期，曾发表过两篇重要的有关伦理思想的文章：《我之节烈观》和《我们现在怎样做父亲》，这里提出了许多重要的伦理思想，后来鲁迅虽也对这里的一些观点有所修正，但其中的生命意识却成为鲁迅伦理思想和道德情志的逻辑原点。他认为人的道德的第一要义就是对生命的肯定，他的表述是："我现在心以为然的道理，极其简单。便是根据生物界的现象，一，要保存生命；二，要延续这生命；三，要发展这生命（就是进化）。"①后来的1925年，鲁迅又把这一观点概括为"一要生存，二要温饱，三要发展"②，并作出更为完善的解释：

> 我之所谓生存，并不是苟活；所谓温饱，并不是奢侈；所谓发展，也不是放纵。③

在鲁迅看来，生存虽不是人生的归宿和目标，但却是人生的前提，同时人的生命需要发展、完善和高尚化，而不是"苟活"、"奢侈"和"放纵"。生命的意义，不仅是生命的延续和发展，更是以理性和秩序为原则，以善为最终目的的道德化的生命实现。既然，鲁迅将生命的存在和完善作为他的伦理思想的原点，那么，他所理解和肯定的道德原则，可想而知就当然地有利于生命的存在、发展和完善。

于是，鲁迅在家庭伦理方面强调"以幼者为本位"的伦理原则。鲁迅提出这一道德原则有两个根据：一是从生命的普遍性和历史性上说，幼者是世界的未来，保护了幼者，提高了幼者的素质，就是保护了未来，提高了未来的素质，这显然有利于生命的代代延续；二是从现实的生命发展和完善的角度说，"中国的老年，中了旧习惯旧思想的毒太深了，决定悟不过来"，他们"虽然很可怜，然而也无法可救。没有法，便只能先从觉醒的人开手，各自解放了自己的孩子"④。

在人的欲望与人的道德理性方面，鲁迅既反对将人的欲望视为恶的观点，明确指出："食欲是保存自己，保存现在生命的事；性欲是保存后

---

① 　《我们现在怎样做父亲》，《鲁迅全集》第1卷，人民文学出版社1981年版，第130页。

② 　《北京通信》，《鲁迅全集》第3卷，人民文学出版社1981年版，第51页。

③ 　《北京通信》，《鲁迅全集》第3卷，人民文学出版社1981年版，第51—52页。

④ 　《我们现在怎样做父亲》，《鲁迅全集》第1卷，人民文学出版社1981年版，第130页。

裔，保存永久生命的事。饮食并非罪恶，并非不净；性交也就并非罪恶，并非不净。"①但鲁迅对"食色"的肯定是针对封建礼教的虚伪性提出来的，并不是一味地强调人的欲望，相反，他一贯坚持对人的食色之欲加以严格的道德过滤，坚决批判不负责任的杂交和淫乱。②

在性别关系中，鲁迅认为要发展和完善生命，就必须平等对待男性和女性，反对旧礼教中只强调女子的"节烈"，与男人"绝不相干"，提出："道德这事，必须普遍，人人应做，人人能行，又与自他两利，才有存在的价值。"③正是基于这样的理性原则，鲁迅从早期开始就对女性的命运投以特别的关切，如他通过译介《斯巴达之魂》歌颂女性，通过对《哀尘》（雨果）的翻译寄托了对被损害女性的极大同情。这种女性关怀，在鲁迅的许多小说和《小杂感》《论"人言可畏"》《奇怪》等多篇杂文中都有所涉及。

能否真正把握鲁迅这种生命伦理观的历史性背景，对全面认识鲁迅的道德情志及理解鲁迅是十分重要的，因此，学术界历来都很谨慎，这是良好的态度，但问题是谨慎有时会带来实事求是的学风，有时又可造成僵硬的局限性。鲁迅的生命伦理观的来源，经常被认为是西方的尼采、叔本华、斯蒂纳和克尔凯郭尔的"生命哲学"，以及达尔文的进化论思想。显然，在外来思想中寻找鲁迅的思想来源是简便的，因为，鲁迅对传统的批判和否定是激烈的和全面的，如果不是把外来思想，而是把民族传统文化视为鲁迅精神结构的历史性背景，就会使研究对象和研究者同时陷入两种困境，一是鲁迅其人到底是反传统者，还是传统的继承者的角色判断的困境；二是使研究者因对象的模糊和矛盾而陷入认识和言说的困境。然而，

---

① 《我们现在怎样做父亲》，《鲁迅全集》第1卷，人民文学出版社1981年版，第131页。

② 《1926年12月5日致韦素园》，《鲁迅全集》第11卷，人民文学出版社1981年版，第513页。

③ 《我之节烈观》，《鲁迅全集》第1卷，人民文学出版社1981年版，第119页。

解释的方便不能代替历史存在，我们所应有的态度是，正视鲁迅的复杂性，正视处在中国与西方、传统与现代的交汇点上的鲁迅的文化性格。因而，我们至少可以认为中国传统文化和道德观念，是鲁迅的道德理性的重要根源。

作为一种传统的中国道德，是以儒家的伦理思想为原则和依据的，而儒家的道德理性的原点和轴心又是一种生命哲学。"道"可谓儒家哲学和伦理思想的内在逻辑起点，也可以说是儒家哲学和伦理思想的本体。所以孔子说："朝闻道，夕死可矣。"[1]那么，儒家的道的基本含义是什么呢？《周易·系辞》中说："一阴一阳之为道，继之者善也，成之者性也；仁者见之谓之仁，智者见之为之智，百姓日用而不知，故君子之道鲜矣。""一阴一阳"与"阴阳"不同，前者是阴阳交替成流，生生不已，构成了一个完整的时间性的生命流程；后者是静止的两极，构成了一个完整的空间标志。一阴一阳交替不断，就是道，也是善。造化是道的本性。仁者把道视为仁，智者把道视为智，所以真正认识道的人很少。实际上，无论我们从哪个方面来理解道，都不能否认它在生命学说上的意义，因而，戴震在《原善》中认为能充分体现"道"的生命本质的"善"，包括仁、礼、义三方面。生生不已是仁，生生而有条理是礼，有条理而截然不可乱是义。在《周易》中，虽把道分为天道、地道和人道，在后来儒家学说中，对具有概念性的道也有不尽相同的解释，但都离不开道的生命意义这个基本逻辑，所以儒学的创始人孔子说"吾道以一贯之"[2]。

儒家正是在这样一个生命学说的基础上建立了它的道德体系，儒家道德思想中的仁、义、孝、悌、修己、达人等几乎所有观念都包含着对生命的肯定和敬重。很显然，儒家所依赖的和所完善的生命伦理思想的文化背景，是我们中国人共同的道德情境，鲁迅能够在近代以来令人眼花缭乱、五花八门的西方思想中很快地承认了与生命意义相关的西方生命哲学和进

---

① 《论语·里仁》。

② 《论语·里仁》。

化论思想，显然不是他深入研究比较的结果，而是从他已有的中国思想背景为出发点，以一种先在的传统的价值尺度，来对外来文化进行选择的结果。同时也不可否认，这种选择会使他的已有的思想背景被涂上几笔新的"色彩"，但我们却不能把那几笔"色彩"说成是他思想的背景。譬如，我们在鲁迅的道德情志中，可以看到精神至上的观念，这一观念仿佛与西方的唯意志论有些相似，但鲁迅强调人的思想的力量，是在充分承认外界和他者的基础上的一种强调，而不是无视外界和他者的自我中心主义，不是认为"世界是我的表象"（叔本华语）。鲁迅对生命的理解不仅是生命的存在意义，还要发展和完善，而这里的发展和完善又是以合于历史秩序和目的的人类理性为原则，以道德人格为目标的。再如我们也许能够承认，西方唯意志论和达尔文的进化论对鲁迅的思想和道德人格构成了某种影响，但我们更应注意到为什么他在道德理性中否定强者，以弱者为本位呢？对此我们是否可以认为这是具有善恶是非的道德选择的生命意识的必然表现呢？而这种带有道德判断的生命敬重，正是儒家道德理性的核心意义。

当然也有相反的例子，如鲁迅反对对人的欲望的虚伪态度，人们大都认为这是对宋代新儒家提出的"存天理，灭人欲"的道德戒律的颠覆和反对。这里我们不能忽视的是：首先，儒家道德理性的积极本质与封建伦理并不能完全等同，这正如我们不能把袁世凯尊孔作为孔学的罪恶及打倒儒教的理由一样。其次，宋学的"天理"本身就是以"天道"的意义为核心的，就包含着开创万物、孕育万物的"生生"之道，所以，孟子对战国儒家告子的一些观点虽不以为然，但对他的"食色，性也"的说法却无反对，这大概与儒家文化对生命的共同肯定不无关系。此外，我们也没有理由把上面的"人欲"笼统地认为是人的"食性"之欲，因为历代儒家思想都具有伦理化倾向，当我们真正把这"人欲"还原到整个宋学，乃至儒家文化的语境中时，就不难理解它主要是指淫乱之欲。当然，尽管我们认识到了这一点，也不能说鲁迅对于人欲的道德解释与宋学是完全一致的，而仅仅是使我们知道了鲁迅的道德观点不但与先秦儒家，甚至与宋学伦理的积极本质也并不相矛盾。至于鲁迅在道德操守上主张男女平等的思想，的确与儒家的纲常礼教不同，这种区别产生的原因是多方面的，而其中最为明显的是道德作为历史范畴的时代性。

（二）

在生物学场合的生命意义虽是人性的一部分，但不是人性的主导，在世界模式上的生命意义虽为儒家伦理思想的本体，但它又很难表现为具体的道德实践，儒家正是在这二者之间找到了能够充分体现生命意义的伦理范畴，即孝道思想，因而孝道思想是儒家伦理的核心内容。

"孝"的概念起源很早，因为它标明着人类最基本的血缘关系，它的最原始价值更多的也是一种生命繁衍的生物学意义。所以，我们说孝是原始的、日用的、简单的。同时，孝又具有很充分的张力，为我们提供了丰富的、深奥的，乃至终极性的哲学意义，它体现着人对生命那种"生生不已"的自觉和骄傲。当它成为"父子有亲，君臣有义，夫妇有别，长幼有叙，朋友有信"[①]的依据时，它就从"善事父母者"的单一价值扩展为一种大社会的道德原则和伦理哲学思想。在我们将孝作为一个道德哲学的概念来看待时，我们还会发现它是一种向往和谐的生命反响，是一种终极关怀。

我们似乎无须证明孝道思想作为中国传统的这种独特性，它产生于中国的儒家传统，也成为中国人心灵中牢固的道德原则和信念。鲁迅虽然不赞成只要求子女对父母尽责任，这是作为一个处于道德革命时代的知识分子对传统道德观念的扬弃，但他却仍然用儒家伦理的思想方法，从父子、夫妻等血亲关系中来讨论道德的问题，我们不能不说这里体现着儒家的宗法伦理观念。

我们知道，鲁迅的时代是儒家传统道德的合法性受到怀疑甚至否定

---

① 《孟子·藤文公上》。

的时代，特别是鲁迅是一个激进的反传统主义者，他无法在他的显意识层次上用他已经表示否定的传统的道德价值来作为他正在遵循的道德法则的合法性根据，但我们却不能因为这一点来否定他在道德情感、道德意志和道德实践中所表现出来的对儒家传统道德的实际信奉。据人回忆，曾有革命党人命令鲁迅去暗杀，他不肯去，理由是："我可以去，也可能会死，死后丢下母亲怎么办？"[1]在给别人的信中他也说过："我有时很想冒险，破坏，几乎忍不住，而我有一个母亲。"[2]这里表现的是对自我追求的动摇和放弃，对"善事父母"的道德法则的坚定执行。鲁迅与朱安的婚事，本无任何情感基础，但因是"父母之命"，"良心上又不肯犯少的老的罪"，"只好陪着做一世牺牲"。[3]尽管鲁迅对这桩婚事并不情愿，但他却在实际上接受了，这说明鲁迅心中的道德原则在以一种绝对的优势主宰着他的现实中的选择，这正体现了道德是一种在"绝对命令"的指导下的主体选择，所以，人们经常把道德看作一种"意志"。甚至在与许广平发生了恋爱关系后，鲁迅还因对某种道德法则的信奉而曾"以为自己不配"。鲁迅为了弟弟的发展，自己写的文章却用弟弟"周作人"的署名去发表。为了担起长子的家庭责任，鲁迅把一家老小拢在一起，来履行传统道德所规定的长子对家庭的责任。当兄弟失和后，鲁迅在社会上那种一贯是非分明的态度却无影无踪了，自己受了冤屈，却默默地钻进草丛，忍着伤痛，舐尽伤口上的血痕。道德所强调的是"应该"，而不是"想要"，而道德意志作出了道德选择之后，这种选择本身从道德立场上说又是一种自觉和"情愿"，这正体现着人的欲望与道德意志之间的区别。

如果我们能够认为，鲁迅在他一生的杂文和小说中所表现出来的恶恶而非非的分明立场和他耿耿于怀的复仇心态，都与他在家道中落后，为

① ［日］增田涉：《鲁迅与"光复会"》，鲁迅研究室编：《鲁迅研究资料》第2辑，文物出版社1977年版，第340页。

② 《致赵其文》，《鲁迅全集》第11卷，人民文学出版社1981年版，第442页。

③ 参见《随感录四十》，《鲁迅全集》第1卷，人民文学出版社1981年版。

父亲典当物品再去买药的过程中所受的白眼和屈辱有关的话，我们也就似乎可以说，鲁迅的恨和爱的背景之一就是他心中的血亲意识和孝道思想。孝、悌、忠、信可以说代表着儒家主要的伦理原则，我们无须面面俱到就能发现，除了"忠"受到鲁迅的怀疑以外，对其他那些由生命意识推演和扩展出来的儒家宗法伦理观念，他都在实际的道德实践中信奉着。对儒家传统道德的实际信奉，鲁迅虽极少明说，但他未必没有意识到。

（三）

孝与最原始的生命伦理观念密切相关，因而，孝是儒家伦理道德的出发点，几乎所有的儒家道德原则都是孝的扩展结果和派生物，但儒家道德的理想境界却不是孝本身，而是具有深刻而丰富内涵的"仁"。所以，《论语》中说："孝弟也者，其为仁之本与！"[1]孟子说："仁之实，事亲是也。"[2]当这种血亲之爱被普遍化后，就有了更为广泛和丰富的意义。"樊迟问仁。子曰：'爱人'。"[3]孟子说："仁者爱人。"[4]这就把仁的本质含义由血亲的有限范围扩展为"爱他人"，显然这更具有道德的意味，因为，只有将仁定位在社会群体的共同关系中，它才会更接近善。

鲁迅虽然在"五四"时期提倡人的"个性"，但鲁迅所提倡的"个性"是相对于封建时代的人身依附与国民的麻木被动、愚昧和不清醒而言的。不难看出，鲁迅这种呼唤个人、张扬个性的价值目的绝不是为了他个人的一己之利，而是为了觉民救世。于是，我们似乎可以作出这样的解释：鲁迅的"立人"实际是"立众"，鲁迅的"个性"是就民众而言的"自觉"，因而，体现在鲁迅一生的言行中的道德原则都是对他人的爱和对民众的救助。所以，鲁迅在他刚刚步入文坛，就确立了他的道德人格理

---

① 《论语·学而》。

② 《孟子·离娄上》。

③ 《论语·颜渊》。

④ 《孟子·离娄下》。

想：

> 自尊而怜人之为奴，制人而援人之独立。①

鲁迅认为仅仅自尊和制人，以自我为中心是不能称作真正的人的，一个高尚的、完整的人格是既自尊自立，又博施济众，要以自己的清醒来帮助民众实现人的自觉和自立。也就是说，一个能够自立自强的伟大人格应该去同情和关心他人的疾苦，一个"引路的先觉"必须设法使别人走向自尊、走向独立、成为一个真正有人的自觉的人格，最终实现民众的自觉。

这种重视自身人格的思想，虽还不能说是世界各民族文化的"公分母"，却具有某种普遍意义，但把自身和他人作为密切相关的两个方面同时加以关注，应该说是儒家人格学说和道德思想的独有特征，如《论语》中就有这样两段记载：

> 子路问君子。子曰："修己以敬。"
> 曰："如斯而已乎？"曰："修己以安人。"
> 曰："如斯而已乎？"曰："修己以安百姓。修己以安百姓，尧、舜其犹病诸！"②

> 子贡曰："如有博施于民而能济众，何如？可谓仁乎？"子曰："何事于仁，必也圣乎！尧、舜其犹病诸！夫仁者，己欲立而立人，己欲达而达人。"③

鲁迅的人格理想所强调的是"自尊"与"怜人"、"制人"与"援

---

① 《摩罗诗力说》，《鲁迅全集》第1卷，人民文学出版社1981年版，第82页。

② 《论语·宪问》。

③ 《论语·雍也》。

人"的统一；孔子强调的是"修己"与"安人""安百姓"，"立己"与"立人"，"达己"与"达人"的一致。在这个层面上，我们实在难于看出两种主张有多大的差别，二者都是将理想的人格立足于人与人的关系结构之上，而不是仅仅以个人的立场为基础，这里揭示的是西方人论思想与中国人论观念的根本对立，也表明鲁迅与儒家在道德观念上的深层联系。

"仁者爱人"作为儒家道德的最高境界，它有两个本质特征：一是自身人格的修饬，即孟子所强调的："仁，人心也；……放其心而不知求，哀哉！"①孔子所说的"为仁由己"②。二是爱他人包含着道德判断，所谓："唯仁者能好人，能恶人。"③西方文化却很不相同，这种文化在西方人的精神和行为中的表现是，要么从个人主义出发，追求一己之利，这本身就不符合人类的目的性，因而，就严格意义来说，它是非道德的；与此相连，他们热心的是实力和成就，在人格上与道德相比更重视才干，其结果是德行与人的脱节；此外西方的"博爱"思想，或是走向了不分善恶好坏的抽象的泛爱主义，又或是走向了"为诅咒者祝福"和"为凌辱者祷告"式的以德报怨。④

鲁迅所生活的时代，是一个愿意还是不愿意都要迎接西方文化挑战的时代，按说在他的精神结构中应该接受更多的西方思想和道德，然而鲁迅的人格表现对这个逻辑的证明却没有多大的帮助。鲁迅对个人是注意修饬自身，严于解剖自己，对别人，他"心以为然的，便只是'爱'"⑤。他对父亲和母亲所尽的孝心与对周作人的竭诚帮助和非凡的忍让是不言而

---

① 《孟子·告子上》。

② 《论语·颜渊》。

③ 《论语·里仁》。

④ 《路加福音》第6章中说："诅咒你们的要为他祝福，凌辱你们的要为他祷告。有人打你这边的脸，连那边的脸也由他打。有人夺你的外衣，连里衣也由他拿去。"

⑤ 《我们现在怎样做父亲》，《鲁迅全集》第1卷，人民文学出版社1981年版，第133页。

喻的，对朋友始终是抱着"敢卖自己而不卖朋友"①的信念。民众的疾苦是他毕生的关怀，国人的觉醒和解放是他毕生的事业。但他却不是抽象的泛爱主义者，他对黑暗、罪恶和人格的丑恶毫不留情，坚决予以批判，并且他的批判也常常站在一种中国式的道德主义的立场上，总是以"吃人""梅毒""捣鬼""盗贼""流氓""走狗""谣言"等具有道德性的符号为工具。这一切，一方面说明儒家传统道德思想对鲁迅的影响至深，另一方面也说明着鲁迅对传统道德原则的自觉选择。

（四）

尽管我们上面一再说明的是儒家传统道德思想对鲁迅道德观念的形成所构成的深刻影响，但我们应该在承认儒家传统是鲁迅的道德情志的主导因素的同时，还必须看到鲁迅的道德情志是一个复杂形式。这种复杂形式从另一个角度看，也可叫作鲁迅的道德困境。

来源的多重性是鲁迅道德困境之一。我们认为中国传统道德是鲁迅道德观的主要来源，但不认为这是唯一来源。西方唯意志论哲学、达尔文的进化论、托尔斯泰主义，以及现代外国有关两性道德的思想都对鲁迅道德思想的形成产生过不同程度的作用。这种复杂的道德资源必然导致鲁迅道德的复杂性。如他接受了西方的平等思想，时而流露出道德上的父子、长幼、男女的平等观念，但又认为"现在世界没有大同，相爱还有差等"②，而且，他也没有真正认识西方的"平等"与儒家的"大同"的本质及其区别。

历史变革和文化革命带来的传统道德在总体上和形式上的被否定，与现实中道德选择和道德执行情境的具体化，是鲁迅道德困境之二。普遍王权的瓦解和民族生存的危机带来了近代以来的一系列的文化革命，这种

---

① 《新的世故》，《鲁迅全集》第8卷，人民文学出版社1981年版，第152页。

② 《我们现在怎样做父亲》，《鲁迅全集》第1卷，人民文学出版社1981年版，第137页。

文化革命最终发展成为一场以全盘性反传统为前提的新文化运动，于是传统道德作为传统文化的一部分也在形式上被否定了。但是，道德不仅是一种思想，一种原则，更重要的是一种与实践紧密相连的理性，一种具体执行中的行为方式。一种传统道德无论它的合理性有多少，它也不会因为一场文化批判而立即消失，一种新的道德，无论具有多么美妙的构想，它也同样不会很快地真正成为人们在现实中能够自觉执行的道德理性。鲁迅所生活的时代是人们否定传统道德，但传统道德还在很大程度上起着重要作用，人们呼唤新的道德，但新的道德还没有建立起来的时代。因而，鲁迅便一方面出于一个思想家的超前性否定传统道德观念，但另一方面又在个人的具体的道德选择和道德实践中执行着某些传统道德原则。

　　道德理想与道德情感之间的矛盾是鲁迅道德困境之三。在道德理想上，他相信"爱人"是最高的道德原则，因而他一生都在以自我牺牲精神去救助他人。表现在社会上，他致力于民众的思想启蒙，试图通过国人的觉醒使他们获得解放，这显然是一种合于历史理性的高尚的道德选择，但他又经常对此进行着道德情感上的忏悔：他对他叫醒了在"铁屋子"里熟睡的人们，使他们"来受无可挽救的临终的苦楚"而深感"对不起"[1]他们；他对"娜拉走后"命运的茫然；他甚至认为自己的"呐喊"所惊醒的国人是他做的"醉虾"，是排吃人的筵宴的"帮手"。[2]表现在家庭里，他主张道德的"人人能做"，"人人能行"，反对父权思想和长幼尊卑观念，但在他实际地面对父母兄弟的时候，他却在亲情的推动下对父辈无条件服从，对弟弟一味地忍让。这种道德情感在小说《在酒楼上》里表现得更为纯粹和浓厚。鲁迅的这一道德情感实际上等于又肯定了父权思想和尊卑长幼的道德观念。

　　从事实上看，鲁迅的道德情志与儒家的伦理观念存在着千丝万缕的联系，从逻辑上看，作为几乎始终处于中国传统道德情境中的鲁迅的道德情志，必然以中国道德传统为核心和特征。

---

①　参见《呐喊·自序》，《鲁迅全集》第1卷，人民文学出版社1981年版，第419页。

②　参见《答有恒先生》，《鲁迅全集》第3卷，人民文学出版社1981年版，第454页。

二、周作人的灵魂困境

研究审视周作人，谁都避不开他从一个"五四"时期的文化先驱最后堕落为一个汉奸文人的人生历程，如何看待作为这一历程的依据的文化背景显然是一个十分重要的问题，而现有的从这一角度所进行的研究，至少可以说是薄弱的。在此，我试图从传统的儒家文化入手进入周作人的精神结构之中，以把握影响和推动周作人文化和人生选择的文化心理。

（一）

周作人曾宣称自己"赞美中庸"，但他却是"笑说""自己是一个中庸主义者"，这里揭示着他的思想中的某种矛盾。当我们理解了周作人式的"中庸"，也就知道了这"笑说"背后的意味是"偏用"中庸。

周作人的确有一双独特的（也许是传统的）眼睛，他总是能够看出事物的"两端"，如人的兽性（人道以下）与神性（人力以上），平民与贵族，禁欲与纵欲，平和冲淡（出世）与焦躁积极（入世），绅士鬼与流氓鬼，叛徒与隐士等等，这大概也是一种"叩其两端"吧；于是他也总是将自己置于两端之中，试图"执两用中"。他在"叩其两端"的理论陈述中常常表现为从容自如、游刃有余，可在"执两用中"的人格实现中就显得捉襟见肘了，站在我们的角度上看，这后者对他来说简直就是尴尬、挣扎、困境和深渊。

"叩其两端"和"执两用中"是儒家的中庸思想。"中庸"在儒家文化里既是一个哲学范畴，也是一个伦理范畴，因而它既是一种世界观，又具有很强的人格意义，所以孔子说：

> 君子中庸，小人反中庸。君子之中庸也，君子而时中。[1]

---

[1] 《礼记·中庸》。

中庸观念对周作人的思想方法来说，具有某种普遍意义，他在看待各种问题时几乎都采取一种"中庸"的态度，如他所说：

> 生活之艺术即中庸，即节制，即为纵欲的禁欲，——虽然这看去似稍有语病。①

> 有些人将以我的意见为太保守，有些人以为太偏激。世上总常有人很热心的想攀住过去，也常有人热心的想攫得他们所想象的未来。但是明智的人站在二者之间，能同情于他们，却知道我们永远在于过渡时代。在无论何时，现在只是一个交点，为过去与未来相遇之处，我们对于二者都不能有什么争执。不能有世界而无传统，亦不能有生命而无活动。②

> 我尝自己发笑，难道真是从"妖精打架"会悟了道么？道未必悟，却总帮助了我去了解好许多问题与事情。从这边看过去，神圣的东西难免失去了他们的光辉，自然有圣像破坏之嫌，但同时又是赞美中庸的，……如蔼理斯所说，"生活之艺术其方法只在于微秒地混合取与舍二者而已"。③

可以看出周作人的心愿是不倾向于事物的任何一端，在人的欲望上，是纵欲加禁欲，在过去与未来之间，他要选择"过渡"位置，在"妖精"

---

① 知堂：《关于自己》，张菊香、张铁荣编：《周作人研究资料》（上），天津人民出版社1986年版，第91页。

② 知堂：《关于自己》，张菊香、张铁荣编：《周作人研究资料》（上），天津人民出版社1986年版，第92页。

③ 知堂：《〈瓜豆集〉题记》，张菊香、张铁荣编：《周作人研究资料》（上），天津人民出版社1986年版，第219页。

与"圣像"之间他要混合二者、赞美中庸。

他赞美中庸，也试图以一种"中庸"的态度来面对人和人生。因而，他的人论观念和人格理想也总没有跳出他的"中庸"构架之中。他认为要理解"人"，必须从人的动物性与"进化"性两个方面来进行，即他关于认识"人"提出的两个著名要点：

（一）"从动物"进化的，（二）从动物"进化"的。[①]

那么，如何理解这两个要点呢？他自己解释说：

所谓从动物进化的人，也便是指这灵肉一致的人，无非用别一种说法罢了。

这样"人"的理想生活，应该怎样呢？首先便是改良人类的关系。彼此都是人类，却又各是人类的一个。所以须营一种利己而又利他，利他即是利己的生活。第一，关于物质的生活，应该各尽人力所及，取人事所需。换一句话，便是各人以心力的劳作，换得适当的衣食住与医药，能保持健康的生存。第二，关于道德的生活，应该以爱智信勇四事为基本道德，革除一切人道以下或人力以上的因袭的礼法，使人人能享自由真实的幸福生活。[②]

既然人是灵与肉的统一体，是"人道以下"（兽性）与"人力以上"

---

① 周作人：《人的文学》，北京大学、北京师范大学、北京师范学院中文系中国现代文学教研室主编：《文学运动史料选》第一册，上海教育出版社1979年版，第102页。

② 周作人：《人的文学》，北京大学、北京师范大学、北京师范学院中文系中国现代文学教研室主编：《文学运动史料选》第一册，上海教育出版社1979年版，第103—104页。

（神性）的结合点，人就不仅要生存，而且要有"爱智信勇"等方面的道德。我们从周作人的思想中可以知道，人的"动物"方面，与人的生存、利己相连；人的"进化"方面，与人的文化积淀、道德意识、利他相连。他多次谈到"妖精打架"和《聊斋》的故事对他的道德观念的突出影响，这里究竟在强调什么呢？我的理解是，既然神鬼都向往人间，人就成为世界中的一种尊贵物，因而就必然既否定兽性的一面，又否定神性的一面，把人定位在人性之上。周作人对人生重视，专注于体味人生的"甘"与"苦"的滋味，以至于他最终为了苟活而附逆投敌，或许都与他这种人本思想有关。如果说孔子在谈到"叩其两端"时所得意的还是一种方法论范畴的话，那么，周作人在他的人论思想中所体现出来的"中庸"观念则既是一种方法论，又是一种世界观。

周作人显然是讲究人道和爱人的，但他的"爱人"，决无鲁迅那种"我以我血荐轩辕"的执着的自我牺牲精神，而是有一个自我的前提。他说："要讲人道，爱人类，便须先使自己有人的资格，占得人的位置。耶稣说，'爱邻如己。'如不先知自爱，怎能'如己'的爱别人呢？"①这种观点周作人不止一次地说过。他真够"中庸"了，他所认为的"人"是爱自己也爱别人的人。这里有多少是儒家的"泛爱众而亲仁""仁者爱人"等的仁爱观念？有多少是西方的"博爱"精神、个人本位主义？我们一时实在难以说得清楚。但作为一个以中庸观念来看待一切的作家，他的观点如果不是各种思想因素的汇合，那就是一种反常。他既坚持西方的个人本位主义，又对儒家的仁爱思想有所向往。

周作人的这种中庸态度，使他在现实的处境中常常陷入某种文化选择的矛盾之中，如在他的潜意识中，新世纪的文化重建主要是一种道德文化的重建，因而他做了一个不想做道学家的道学家，当他反观自己的时候，

---

① 周作人：《人的文学》，北京大学、北京师范大学、北京师范学院中文系中国现代文学教研室主编：《文学运动史料选》第一册，上海教育出版社1979年版，第104页。

才发现自己讨厌道学家，"正因为自己是一个道学家的缘故"①。历史知识告诉我们，儒家文化的社会理想是一种典型的道德模式；西方文化的社会理想是以法制模式为代表。这表明作家在中西文化中自觉不自觉地做了选择。不仅如此，恐怕他的所谓"新的道德"，也是建立在儒家伦理精神的基础之上的。这一点周作人后来再次谈到这个问题时可以说已经讲得相当的明白了，他说："我的道德观恐怕还当说是儒家的，但左右的道与法两家也都掺合在内，外面只加了些现代科学常识，如生物学人类学以及性的心理，而这末一点在我较为重要。"②他的一生都是在这种中庸所带来的矛盾中挣扎着，他生活在一个社会思想极为复杂的历史时期，那突如其来的各种新鲜玩艺儿都曾触及过他，"托尔斯泰的无我爱与尼采的超人，共产主义与善种学，耶佛孔老的教训与科学的例证"，都令他兴奋，令他仰慕，对这一切他都"一样的喜欢，尊重，却又不能调和统一起来，造成一条可以实行的大路"③。这是周作人式的苦闷，他在各方面都想实现某种"调和"，但在实际上却常常是一个虚幻的梦。

在他的作品中这种困惑也表现得相当突出。就总的方面来说，中国文化的两大传统中，儒家是入世的，道家是出世的。周作人一直追求和希望他的作品能达到一个冲淡超脱的境界，但他好像并没有实现，不然，他为何会如此怀疑自己的文学天才，如此地大发感慨呢：

> 我一直不相信自己能写好文章，如或偶有可取，那么所可取者也
> 当在于思想而不是文章。总之我是不会做所谓纯文学的，我写文章总

---

① 《雨天的书·序》，张明高、范桥编：《周作人散文》第二集，中国广播电视出版社1992年版，第9页。

② 《自己的文章》，张明高、范桥编：《周作人散文》第二集，中国广播电视出版社1992年版，第493—494页。

③ 《山中杂信》，张明高、范桥编：《周作人散文》第二集，中国广播电视出版社1992年版，第3—4页。

是有所为，于是不免于积极。这个毛病大约有点近乎于吸大烟的瘾，虽力想戒除而甚不容易，但想戒的心也常是存在的。[1]

同样的心情，同样的感受，他在重读自己所作的书后又说：

> 重阅一过之后，照例是不满意，如数年前所说过的话，又是写了些无用也无味的正经话。难道我的儒家气真是这样的深重而难以洗除么。[2]

这真是一个十分有趣的现象，周作人始终说儒家的东西无用，可他却一直在明里引用，暗里流露和体现着儒家的文化传统。由此我们也该明白他曾说他童年学的那些儒家经典对他"毫无益处"的真正含义了。

周作人为什么总想超脱，写出来的文章自己读后又常觉是一些"有所为"的"说教集"呢？这里，一方面说明他对平和冲淡人生的向往，另一方面说明在他的灵魂中还有对民众的同情，对社会的关心，是一种入世的使命意识，一种"推己及人"的救世精神在支持着他的这一人格侧面。这种"有所为"无论在多大的意义上表明着作家为拯救民众、使全社会走出黑暗的努力，都透露着周作人对"人"的价值的一种认识。如果是一个纯粹的个人本位主义者，我们就无法解释他的文学中的对社会、对历史的焦灼和积极，无法理解他的所谓"师爷气"所体现出来的对人间丑恶与不平的冷峻态度，我们只能用周作人式的"中庸"眼光来看待周作人，我们只能说周作人既是一个受西方文化影响的个人本位主义者，又是一个心中藏有"修己安人"的儒家传统意识的过渡时代的知识分子。但我们

---

[1]　《苦口甘口·序》，张明高、范桥编：《周作人散文》第二集，中国广播电视出版社1992年版，第79页。

[2]　《苦口甘口·序》，张明高、范桥编：《周作人散文》第二集，中国广播电视出版社1992年版，第78页。

必须看到，周作人思想中的儒家文化因素在他的"执其两端"的思考模式中，有时会表现出一种"误读"和扭曲，尽管对周作人而言，很难说全都是有意的。

（二）

周作人的所谓中庸主义有着尖锐的内在矛盾，使得他在文化选择和人生选择上犯了"价值尺度迷失"的错误。周作人的精神姿态一直是摇摆不定的，他虽在反传统的问题上表现出某种中国传统的整体性一元论思维方式和价值标准，但他对待儒家的中庸思想时，却既有"执两用中"的愿望，又有多元主义谬误。周作人从"五四"时期就仿佛用儒家的中庸思想来认识人和社会人生，但他的"中庸"思想中缺少了儒家中庸思想的一个最重要的价值。

儒家的中庸思想的核心意义是孔子说的"中行"，孟子说的"中道"。孟子说："孔子曰'不得中道而与之，必也狂狷乎！狂者进取，狷者有所不为也'。孔子岂不欲中道哉？"[①]所谓"中道"，就是中正之道，"中"的价值目的在于"正"，即：

中道，中正之大道也。[②]

所谓中之道者，乃即事即物自有个恰好的道理，不偏不倚，无过不及。[③]

儒家文化的所谓"中"是"正道"，"庸"是"定理"，正如朱熹所引程氏之说：

---

① 《孟子·尽心下》。

② 赵岐：《孟子注疏》。

③ 朱熹：《答张敬夫》。

> 不偏之谓中，不易之谓庸。中者天下之正道，庸者天下之
> 定理①。

儒家的中庸思想认为事物都有对立统一的两端，对于这种客观存在的两端，要持"和而不同"的态度，即孔子所说的"叩其两端而竭焉"②。同时，事物的两端又可统一于"中"，"中"是正道，强调立身处世应时时合乎中道，所谓"执其两端，用其中于民"③。因为事物都有其维持有序状态的准则，它的倾向一旦超过了一定的限度就会转向反面，所以孔子说"过犹不及"④。表面看来，中庸之道具有较为广泛的实践性与操作性，但当人们真正将它作为一种人生态度的时候，如欲实现既不"过"，也未"不及"却是十分困难的，也就是说，人们常常认为以中庸之道立身处世比较稳妥安全，实际上它的危险性，仍然不小。周作人的中庸主张给他带来的就多表现为某种困境。

儒家虽讲究中庸之道，但其思想的价值尺度是单一的，纯粹的，一个人的人生选择只有寻找和奔向"中正"之道这个唯一的目标，即孟子所说的"君子返径而已矣"⑤，才能实现君子人格，才算真正掌握了中庸之道。儒家所强调的是，在坚持中庸之道，面对各种事物时，都要以一个价值系统作为判别尺度，如孔子所说："恶似而非者：恶莠，恐其乱苗也；恶佞，恐其乱义也；恶利口，恐其乱信也；恶郑声，恐其乱乐也；恶紫，恐其乱朱也；恶乡原，恐其乱德也。"⑥所以孔孟将那些心中没有原则，没有严格的价值尺度，随波逐流的人称为"乡愿"，而不认为这种人是坚

---

① 《礼记·中庸》（朱熹集注篇首语）。

② 《论语·子罕》。

③ 《礼记·中庸》。

④ 《论语·先进》。

⑤ 《孟子·尽心下》。

⑥ 《孟子·尽心下》。

持中庸之道的君子，相反将乡愿视为"德之贼"，即德行的损害者。

周作人的所谓中庸主义就显得有些杂乱模糊，其中很难看到某个纯粹的意义。这一点他的切身感受也许对我们会有启发：

> 我常同朋友们笑说，我是一个中庸主义者，虽然我所根据的不是孔子三世孙所做的那一部书。我不是这一教派那一学派的门徒，没有一家之言可守，平常随意谈谈，对于百般人事偶或加以褒贬，只是凭着个人所有的一点浅近的常识，这也是从自然及人文科学的普通知识中得来，并不是怎么静坐冥想而悟得的。有些怀旧的青年曾评我的意见为过激，我却自己惭愧，觉得有时很有点象"乡愿"。譬如我是不相信有神和灵魂的，但是宗教的要求我也稍能理解，各教的仪式经典我都颇感兴趣，对于有些无理的攻击有时还要加以反对；又如各派社会改革的志士仁人，我都很表示尊敬，然而我自己是不信仰群众的，与共产党无政府党不能做同道。我知道人类之不齐，思想之不能与不可统一，这是我所以主张宽容的理由。①

儒家的中庸之道有两个不可忽视的思想，一是正反、上下等方面的调和与互补；二是强调"中正"的价值尺度。儒家中庸之道的这两个方面是相辅相成、对立统一的，也必须以"中庸"的思想方法来认识和把握，偏废任何一方都是一种危险的背叛。周作人主张对世间的各种事物、各种思想采取调合的态度，主张在各种事物和思想理论面前不居一家之言，宽容共存。这些观点和主张，他自己虽说并没有子思的"那一部书"的背景，还是明显体现着儒家中庸之道的影响。一个不可忽视的问题是，儒家思想是一种道德文化，价值意义是儒家思想的精神内核和灵魂，价值判断是儒

---

① 岂明（周作人）：《〈谈虎集〉后记》，张菊香、张铁荣编：《周作人研究资料》（上），天津人民出版社1986年版，第178页。

家文化的基本姿态，疏离了它的价值意义，偷换它对具体价值意义的本质规定性，都是对儒家文化的误解和扭曲。儒家以"恐其乱德"的基本动机坚决反对"乡愿"，就是强调这一点。而这一点正是周作人的人生态度所缺少的，这正像他在描述自己的人生向往时所说的一样："我们——只想缓缓地走着，看沿路景色，听人家谈论，尽量的享受这些应得的苦与乐；至于路线如何，或者由西四牌楼往南，或是由东单牌楼往北，那有什么关系？"①周作人正是以这样的人生理想和人生态度来进行他的文化选择，因而周作人在"价值尺度"上恰恰与儒家的中庸之道出现了紧张。

　　他一方面将本来是具有同样内在价值的儒家的"仁"与"恕"对立起来，提出人生"有两种对外的态度，消极的是恕，积极的是仁"②。周作人将仁与恕分别开来，以为这样便可以取其"恕"作为他逃避现实的思想依据，但实际上儒家的仁和恕是密切相关的。那么，儒家的仁与恕到底是什么关系呢？孔子给恕下的定义是"己所不欲，勿施于人"③，就是要求人们以对己的态度来对待他人。朱熹对恕的解释是"尽己之谓忠，推己之谓恕"④。朱熹的门人陈淳对恕的理解是，"夫子谓'己所不欲，勿施于人'只是就一边论。其实不止是勿施己所不欲者，凡己之所欲者，须要施于人方可。如己欲孝，人亦欲孝……己欲立，人亦欲立；己欲达，人亦欲达。必推己之欲立、欲达者以及人，使人亦得以遂其欲立、欲达之心，便是恕。"⑤由此可见，恕的内在价值就是仁，从这个角度说，恕与仁的意义是完全一致的，只是恕为仁的一个组成部分，是仁的实践形式之一，不

①　周作人：《谈虎集·寻路的人》，张明高、范桥编：《周作人散文》第一集，中国广播电视出版社1992年版，第106页。

②　周作人：《〈逸语〉与〈论语〉》，张明高、范桥编：《周作人散文》第二集，中国广播电视出版社1992年版，第653页。

③　《论语·卫灵公》。

④　朱熹：《论语集注》。

⑤　陈淳：《北溪字义·忠恕》。

然，孔子为什么说"恕""能近取譬，可谓仁之方也已"①呢。孟子说的
"强恕而行，求仁莫近焉"②的含义，不也是认为推己及人地对待世事人
生，是求仁的最佳途径吗。周作人所理解的恕只是没有儒家思想价值倾向
的宽容，他虽然也将恕视为消极，但他所认同的却是消极的"恕"，而不
是积极的仁，所以他说"似积极与消极大有高下，我却并不一定这样想。
对于自救灵魂我不敢赞一辞，若是不惜用强硬手段要去救人家的灵魂，那大
可不必，反不如去荷蓧植杖之无害于人。我从小读《论语》，现在得到的结
果除中庸思想外乃是一点对于隐者的同情"③。这样一来，儒家的仁与恕在
周作人那里，后者才成为适应时代的明智选择，而他所谓的"恕"又实际
上是既不"推己"，也不"及人"，事不关己、高高挂起的宽容主义。

　　与此相关，周作人在另一方面又等于将儒家的仁义、忠恕等道德价
值加以空洞化，放弃了儒家的齐家治国主张所体现的强烈的爱族、爱国和
爱群的基本意义，对各种事物近于无原则地加以调和，对各种观念和行为
给以宽恕，如他在《关于宽恕》一文里以张良和韩信为例证，过分强调人
生中的宽恕态度。如果说他在《日本的衣食住》《怀东京》《日本之再认
识》等文章中所表达的日本生活的"舒适""有趣"，令人向往，把东
京说成是"自己的第二故乡"，并使他颇多留恋等观点，在文化的视角上
看，或许还有那么一点点可称为宽容的态度，那么，他在《留学的回忆》
中，与日本侵略者唱同样的调子，把日本对中国和亚洲发动的侵略战争美
化为"兴亚"，在《中国的思想问题》里，将日本侵略者为其侵略行为辩
护的"共存共荣"的宣传，说成是以仁为中心的中国思想的体现，是符合
"人"的生存道德的行为等主张，就只是打着儒家的仁学思想和忠恕观念
的旗号，而儒家文化的价值意义就完全被偷换掉了。可见周作人自己说他

---

①　《论语·雍也》。

②　《孟子·尽心上》。

③　周作人：《〈论语〉小记》，高瑞泉编选：《理性与人道》，上海远东出版社
　　1994年版，第392页。

"很有点象'乡愿'"，大概也是一种较为准确的自觉吧。

既然，周作人的中庸主义是一种"价值尺度迷失"的人生态度，那么他最后的附逆投敌就较为容易在他的文化背景和精神结构上得到某些解释。

尽管他总是喋喋不休地自称是中庸主义者，也在各种文化与人生场合里运用他所谓的中庸观念去对待世事人生，但他与儒家文化之间的联系仍是一种形式主义式的联系，而不是实质性的关系，因为周作人并没有对儒家文化的个性本质有实质性的认识、理解和把握。也就是说，周作人的"中庸主义"并非一种实质性的儒家的中庸之道，在周作人的精神结构里，中庸之道的符号意义处在更为显赫的位置。

（三）

1925年徐炳昶在给鲁迅的信中说中国人的根性是"惰性"，其表现形式一是"听从天命"，二是"中庸"。对此鲁迅的看法则更为准确和深刻，他说：

> 我以为这两种态度的根底，怕不可仅以惰性了之，其实乃是卑怯。遇见强者，不敢反抗，便以"中庸"这些话来粉饰，聊以自慰。所以中国人倘有权力，看见别人奈何他不得，或者有"多数"作他护符的时候，多是凶残横恣，宛然一个暴君，做事并不"中庸"；待到满口"中庸"时，乃是势力已失，早非"中庸"不可的时候了。一到全败，则又有"命运"来做话柄，纵为奴隶，也处之泰然，但有无往而不合于圣道。这些现象，实在可以使中国人败亡，无论有没有外敌。[1]

鲁迅这话并非一定针对周作人而言，但"卑怯"却是周作人提倡"中

---

[1] 《通讯》，《鲁迅全集》第3卷，人民文学出版社1981版，第26页。

庸"的主要背景，也就是说，周作人的中庸主义是他的卑怯的灵魂的外在表现之一。更为深刻的是，鲁迅所说的"卑怯"，作为国民劣根性，的确是困扰着周作人人生选择的阴暗动力。对此，周作人是供认不讳的：

> 民国十年以前我还很是幼稚，颇多理想的、乐观的话，但是后来逐渐明白，却也用了不少的代价，《寻路的人》一篇便是我的表白。我知道人是要被鬼吃的，这比自以为能够降魔，笑迷迷地坐着画符而突然被吃了去的人要高明一点了，然而我还缺少相当的旷达，致使有"来了"的豫感，惊扰人家的好梦。近六年来差不多天天怕反动运动之到来，而今也终于到来了，殊有康圣人的"不幸而言中"之感。这反动是什么呢？不一定是守旧复古，凡统一思想的棒喝主义即是。北方的"讨赤"不必说了，即南方的"清党"也是我所怕的那种反动之一，因为它所问的并不都是行为罪而是思想罪，——以思想杀人，这是我所觉得最可恐怖的。……棒喝主义现在正弥漫中国，我八九年前便怕的是这个，至今一直没有变，只是希望反动会匿迹，理性会得势的心思，现在却变了，减了，——这大约也是一种进步吧。[1]

我们可以看出，对周作人来说，这种忧惧并不是一种偶然的心境，而是在"五四"时期就存在了，因而我们在他的作品中经常能够感受到这种情感，如他的《苦茶庵打油诗》就充溢着这样的情绪，用他自己的话说叫作"忧生悯乱"。周作人多次谈起他的作品的价值主要是思想的价值，他始终想写些真正像文章的"文章"，但他还是写了些关心社会和为人生的作品，那么在有"思想罪"的时代里，如何避免他所恐惧的事情的发生，如何作出自身的现实选择？周作人的思考是：

---

[1] 岂明（周作人）：《〈谈虎集〉后记》，张菊香、张铁荣编：《周作人研究资料》（上），天津人民出版社1986年版，第177页。

　　此刻现在，……除非你是在做官，你对于现时的中国一定会有好些不满或是不平。这些不满和不平积在你的心理，正如噎隔患者肚里的"痞块"一样，你如没有法子把他除掉，总有一天会断送你的性命。那么，有什么法子可以除掉这个痞块呢？我可以答说，没有好的法子。假如激烈一点的人，且不要说动，单是乱叫乱嚷起来，想出出一口鸟气，那就容易有共党朋友的嫌疑，说不定会同逃兵之流一起去正了法。有鬼论者还不过白折了二十年光阴，只有一副性命的就大上其当了。忍耐着不说呢，恐怕也要变成忧郁病；倘若生在上海，迟早总跳进黄浦江里去，也不管公安局钉立的木牌说什么死得死不得。结局是一样，医好了烦闷就丢了性命，正如门板夹直了驼背。那么怎么办好呢！我看，苟全性命于乱世是第一要紧，所以最好是从头就不烦闷。不过，这如不是圣贤，只有做官的才能够，如上文所述，所以平常下级人民是不能仿效的。其次是有了烦闷去用方法消遣。抽大烟，讨姨太太，赌钱，住温泉场等，都是一种消遣法，但有些很要用钱，有些很要用力，寒士没有力量去做。我想了一天才算想到了一个方法，这就是"闭户读书"。①

　　是的，"闭户读书"也不失为乱世文人的一种人生选择，但这种选择是不是可以行得通，却是一个躲不过去的问题。周作人对此渐渐产生了一个误解，他认为他从"五四"以来，用自己的笔为社会启蒙和文学启蒙所做的努力都是为"别人"，他所做的一切都是"他人"的事，他觉得自己可以离开群体、超越现实。因而他痛恨自己过去对社会的热情和关心，这正像他自己所表述的那样："我很惭愧老是那么热心，积极，又是在已

―――――――――――
① 周作人：《闭户读书论》，转引自许杰《周作人论》，见张菊香、张铁荣编：《周作人研究资料》（上），天津人民出版社1986年版，第353—354页。

经略略知道之后，难道相信天下真有'奇迹'么？实实是大错而特错也。以后应当努力，用心写好文章，莫管人家鸟事，且谈草木虫鱼，要紧要紧。"①他认为个人可以完全按照个人的意愿去生活，他把对社会的失望转化为某种逃避和旁观的现实选择，因而他决意去"闭户读书"。

那么，他既然要不问世事，关进小楼，来实现"苟全性命于乱世"的目的，又为什么要写专论此事的文章而公诸于世呢？这里我们大概还不能完全理解为是他的诚实，当另有他意。我们从周作人的上文就可以看出他的心绪是烦乱的，愤懑的，他是在矛盾痛苦中作出的这种选择，从某种意义上说这是一种无可奈何的呻吟，是自认失败的宣言。

华北沦陷后，北大教授的大多数都陆续地离开北平南下，这时的周作人对郭沫若等人的劝告无动于衷，将自己的宅所"苦雨斋"易名为"苦住斋"，表现出立志苦住北平的决心。他的心思显而易见，他再也不想管"人家鸟事"，不想参加救亡工作，而是想做一个现代的"都市隐士"。但周作人这个现代的"都市隐士"从一开始就在风雨飘摇中显得十分无力，没多久就不得不出山去为日本人做事了。这正应了鲁迅的论断，人不可能自己拔着自己的头发离开地球，生在阶级的时代不可能做超阶级的作家。

周作人的"中庸"是他的卑怯的灵魂的表现，而他那卑怯的灵魂又是以他的个人本位主义为基石的。

周作人从"五四"时期起就有个人本位主义倾向，他不承认有"无我的爱"，将那种"抹杀个人而高唱人类爱"的想法视为"太渺茫"。他所主张的"爱邻如己"，不过是以个人为中心而推及于人类的爱而已。

周作人对"生"格外地敬重，儒家的确也是十分地重视生命的，从根本意义上说，儒家文化就是一种生命文化，但儒家文化中的生命意识是以关怀周围的生命为其价值取向的，它所张扬的是为敬重周围的生命而献出

---

① 知堂（周作人）：《〈苦茶随笔〉后记》，张明高、范桥编：《周作人散文》第二集，中国广播电视出版社1992年版，第34页。

自身，这就是仁所体现出来的群体思想，是义所体现出来的为敬重周围生命而坚决执行那个绝对的道德命令的坚定意志，即所谓杀身成仁和舍生取义。然而，祖宗传给周作人的这种"尚群"传统受到了西方个人本位主义的严重冲击，受到进化论的强者生存思想的扭曲，而转向了对个人生命的敬重，变成了一种个人主义的生命意识。

西方文化是一种求真的文化。西方的个人主义是与上帝和真理相呼应的，那种唯我的人生原则在上帝和真理的召唤下可以达成一种超越，转化为某种宗教的情操和理性的献身精神。中国文化是以善为起点也为目标的文化。有人常常将儒家文化中的"道"与西方的上帝和神相比附，乃至认为"道"就是西方的神或绝对精神。这里的合理性就在于二者都具有终极意义，但这里却存在着很大的谬误：西方的上帝和神是世界的本体，是体现本真的形式，而儒家文化中的"道"却是一种至善，是人类道德的终极体现，儒家文化从本质上讲是一种伦理文化，因而它是入世的、世俗的和务实的，它只有在仁学体系中才能形成某种人的高尚意志，只有将个人置于群体之中，并以敬重周围生命为其人格倾向，才能产生一种执着而无畏的人类意志。相反，这种道德哲学与个人主义的利己思想相融合时，它的必然结果只能是退隐，懦夫，奴颜媚骨。

一个以个人本位主义为其思想基础的人，在人生理想和社会理想的选择中必然会表现出某种特殊的逻辑。周作人和鲁迅不同，他的精神结构缺少一种深层的道德支柱，而以外在功利化的社会理想为其灵魂的价值中心，因而，在社会现实积重难返，他一旦看不到社会在实际上的进步时，他的一切理想都变为颓废，一切希望都化作失望，于是认为自己为社会所做的努力都是一种无价值的牺牲。人们在失望的时候本来可有多种选择：持道德理想主义的人可能搁置外在功利，于是会出现两种选择，一是义无反顾地实现道德理想，完成道德人格，甚至去舍生取义、杀身成仁；二是也可能暂时退隐，"独善其身"、伺机以待。那些以社会理想为其中心价值的人也有两种具体选择，一是在群体模式中的社会理想主义者因其并不在意某种社会理想的实现是否对自己有无回报，能够表现出为自己的人生理想的献身精神；二是在个人本位主义模式中的社会理想主义者，一般是将自己的切身利益与其理想捆在一起，一旦为某种社会理想所付出的代价见不到回报，他便会自然将自己的选择转向有利于个人价值方面，这里当然包括作出能够获得个人利益的任何一种选择。周作人正是这最后一类人，他的社会理想破灭以后，他所关注的只是个人价值，而投靠强者是他获得个人价值的较好途径。

周作人在决定苦住北平时，还希望别人将他看作苏武，而不要将他视为李陵，但对于"苏武"的渴望，仅仅是一种人格声誉的道德愿望，而他拒绝南下的目的却是躲避与在当时不可一世的日本人作对，是惧怕为民族作出个人的牺牲，这才符合他对个人利益的渴求，与此相关，他没有做成苏武，他投靠了日本人，使他自己酿成了毕生声誉的致命伤，虽也可说并非他的本意，但就其人生选择与精神结构的联系中来看，显然是十分合乎逻辑的。

在我们对周作人进行一番深入的研究和审视之后，不难发现这样一个事实：周作人的完整人格是由两个灵魂构成，一个站在他的人格结构的明眼处，以历史现实为背景，并参与历史现实选择，它的特征是个人本位主义的、没有坚定的价值信仰的中庸主义的卑怯的灵魂，它在历史现实中表现为一种患得患失、贪生怕死、自私自利、背叛民族的人格姿态，因而这个灵魂显得颇为阴暗和丑陋；另一个站在他的人格结构的遥远的昏暗地带，它的特征是嫉恶如仇、积极入世、具有儒家价值信仰和"知命"意识的灵魂，它常常被前台的那个灵魂挡在背后，虽也时而参与周作人在历史现实上的选择，但很少成为这种选择的主宰力量。它尽管一直处在后台的阴暗处，但它却比前者更为可爱，更易被人接受和认可。在情感上，周作人认同儒家文化传统所代表的中心价值，渴望成为诸葛孔明、陶渊明和苏武式的人格，但在意志和历史上，他却抵挡不了个人本位主义的生存忧患和死亡恐惧。可以说，周作人一生的痛苦都来自这两个灵魂的冲突，一生的失败都由于他在对各种文化的选择与融合、创造与转化上的严重失误。

三、老舍的道德眷恋与怀疑

老舍曾津津乐道"五四"使他变成了作家；给了他"一双新眼睛"；让他"懂得了'天下兴亡，匹夫有责'"；使他"体会到了人的尊严"。[①]看来他也是"五四"传统的继承者。然而"五四"传统中的作家们，把他视为"异己"的也不乏其人。[②]历史证明了这是一种误解，可历史没有说清楚这种误解的焦点在哪里。

从批评的意见看来，似乎由于老舍的作品"太俗"和"太贫"[③]，缺少沉重的时代使命感，但老舍却始终认为他的作品所讲述的也是一些严肃的人生故事，至少在本质上是这样。在我们把老舍和他的文本放在传统文化背景和民族的历史情境中来看的时候，能够发现他的视野，他的关切，他的心态的确与鲁迅们有所不同。一个有趣的问题是，当我们发现了这个不同的时候，我们也同时发现了他们之间的相同之处。

（一）

在老舍的心灵中，家族意识与宗法情结是不能忘却的。老舍对自己的判断并没有错，他尽管没有参加"五四"，但他确确实实以他的言行和他的作品发扬着"五四"文化启蒙的伟大传统，可他也确确实实有些个别，他不像鲁迅那样把眼光放在中国的全部历史上，不像郭沫若把眼光不仅放在了全民族，甚至放在"地球"上，不像茅盾把眼光放在了整个的时代和社会上，老舍的视点常常是相当"世俗"的，如家庭，如人格，如人与人

---

① 《"五四"给了我什么》，《老舍文集》第14卷，人民文学出版社1989年版，第345—346页。

② 鲁迅在《1934年6月18日致台静农》、茅盾在《光辉工作二十年的老舍先生》都保留着此类看法。

③ 《我怎样写〈小坡的生日〉》，《老舍文集》第15卷，人民文学出版社1990年版，第181页。

的关系。总而言之他所关注的是一种由宗法关系所构成的家族世界。

家，是中国人的立足点，因而中国人对家的依赖与关注在世界各民族中显得格外的突出。中国现代作家当然不可能割断这个传统，他们对"家"也表现出极大的关怀。冰心小说是在家庭关系中表现了她的女性理想；巴金小说是在"家"中来述说着他的爱、恨、同情，解释着他对历史的认识；丁玲、曹禺、林语堂等作家不也是对"家"表现出格外的亲近吗？老舍对"家"更是情有独钟，不论是他的人生，还是他的作品都在告诉我们这一点。

老舍爱家，他有时甚至把家给予他的东西，说得有些过分，如私塾、小学、中学他都读过，然而他认为他的"真正的教师"是母亲。①这种认识显然不够准确，但老舍宁可笼统地将此说成是在"性格"培养方面的"教师"，也一定要把这个象征着家的母亲认定为他的"真正的教师"，我们应该体会到，这是他的深层意识中对家的依赖和信任的那种真实的体现。他在"文协"工作期间，客居在外，更使他感受到了家的重要，他回忆说："有时候，我后悔结过婚；假若我是独身汉，大概就不会在无聊的时候因想念儿女皱眉。没有闲愁，或者就可多写出一些东西。及至遇到猪肝（因身体不佳，医生劝他多食猪肝——摘者）这一类问题，我又否定了这个悔意，而切盼家眷能够西来。"②思念亲人本来是人之常情，是人类的普遍情感，但中国人，中国人的老舍对亲人的思念却与那种"普遍情感"不同，他对亲人的思念是以家为背景的，甚至毋宁说是思念亲人，不如说是思念家；他对家的思念的背后还包含着中国人对家的独特理解：只有家才能给人提供安定的生存环境，才能使老舍"多写出一些东西"，才能解决"猪肝"等所遇到的生存问题。这些并不是世界情感的"公分母"。

---

① 参见《我的母亲》，《老舍文集》第14卷，人民文学出版社1989年版，第249页。

② 老舍：《自谴》，曾广灿、吴怀斌编：《老舍研究资料》（上），北京十月文艺出版社1985年版，第163页。

　　一般而言，作品是作家深层意识的集中表现，老舍在他的大多数作品中不厌其烦地写"家"，也正好表明他对家的特别关注。老舍在他的小说中的确写过巴金式的"家"，揭露封建家庭对"人"的摧残，如《柳家大院》《老张的哲学》等。但纵观老舍笔下的"家"，他对家的批判和揭露也好，对家的怀念和赞赏也好，都包含着老舍对家的重视，以及他的家族理想。即便在《骆驼祥子》这样的小说中，本来主人公祥子是一个光棍，但祥子的命运也同他和虎妞的家，以及他后来想与小福子建立新家的设想关系十分密切。他因虎妞的死，卖了车，从此一蹶不振；当他再次燃起生活热望时，决心要娶小福子重新建立自己向往的家时，他得知小福子已经自杀，从而彻底消沉，走向堕落。可以说，在老舍的深层意识中，家是决定人的命运的一个十分重要的砝码。

　　老舍对家，对家族关系的关切，带给他的第一个选择就是对家庭关系、宗族模式的思考，这些思考必须有一个价值尺度，而这个价值尺度从某种意义上说，就是老舍心中的宗族理想。老舍的这种人生理想在他的许多作品中都以或直接、或曲折、或完整、或片面的方式得到过表现，而较为典型的应属《四世同堂》。我们习惯于把老舍的《四世同堂》理解为一部揭示爱国反帝精神的小说，这当然没错，但我们也不可忽视作家在书名里给我们的提示。作品是以祁氏这个四世同堂的大家庭为中心线索的。这个祥和的大家庭，子孙满堂，孝悌有序，透过作家的视角，我们可以体会到一种对安定、温暖和富有生机的家庭的向往，而就是这个美好的东西在北京沦陷后，日渐衰落。这个大家庭虽然也表现为社会的缩影，在日寇的铁蹄下，不同的家庭成员作出了不同的反应：祁老人的儿子祁天佑因受到敌人的侮辱而投河自尽；三孙子瑞全在北平沦陷后逃出城去，投向抗日队伍，并又潜回北平除掉往日的恋人，今日的日本特务招弟；大孙子瑞宣先是和祁老人一起撑着家业，后来在三弟的鼓动下也参加了地下抗日活动；二孙子瑞丰贪图享受、极端利己，最后堕落为一个汉奸；家中的女性都勤劳善良、温顺宽厚、尊老爱幼。这个"家"虽在日寇的铁蹄下发生了某些动荡和局部的分裂，但这里的人们仍可以在这里得到歇息，在这里找到寄托，这个"家"一直坚持到抗战胜利。这个家的实质就是它的四世同堂，是它的孝亲秩序，我们很难说它不是老舍心中的宗族理想。老舍说他"爱秩序"①，大概也包含着他对这种秩序化的传统家庭的眷恋吧。

从《四世同堂》中可以看出，不管这个家庭的成员想着什么，做着什么，家，是他们的根，是他们的寄托和希望，这个家往日曾给他们带来过无限的欢乐，是外敌入侵破坏了他们的家的这一切美好。

为什么这个温暖祥和的家在外敌入侵后日见危机，而当抗战胜利后又有了重振的希望，这是老舍的家族意识中的又一个关注点，也是老舍深有感触的问题，譬如他在抗战期间就曾这样说过："每一空闲下来，必然的想起离济南时妻的沉静，与小乙（老舍之子——摘者）的被叱要哭；想到，泪也就来到；可是，抗战期间，似乎应把个人的难过都忍在心中，不当以泪洗面；我不敢哭。"②他深知家的命运与国的安危之间的血肉关系，家虽是人的根源和归宿，是人的渴望之所在，但有国才有家，他"必须服从抗战的命令"③。老舍在《四世同堂》中，把一个典型的传统大家庭放在国家危亡的背景上加以展示，或者说是以一个传统的家庭模式表现了一种保卫国家的抗战主题。这里所表现出来的，由一种家国逻辑推动着民族独立和解放的事业的现象，既是极为具体和现实的选择，也是埋藏在民族灵魂中的一种文化。用老舍的话说："抗战的目的，在保持我们文化的生存与自由；有文化的自由生存，才有历史的繁荣与延续——人存而文化亡，必系奴隶。""谁也得承认以我们的不大识字的军民，敢与敌人的机械化部队硬碰，而且是碰了四年有余，碰得暴敌手足失措——必定是有一种深厚的文化力量使之如此。假若没有这样的文化，便须归之奇迹，而

---

① 《自述》，《老舍文集》第14卷，人民文学出版社1989年版，第180页。

② 《自述》，《老舍文集》第14卷，人民文学出版社1989年版，第180页。

③ 《这一年的笔》，《老舍文集》第14卷，人民文学出版社1989年版，第135页。

今天的世界上并没有奇迹。"①在老舍看来，"抗战的目的"就是捍卫这种文化，这种文化是民族的生命所在，而这种文化又在激励我们去勇敢捍卫家园。老舍说的这种"文化"显然是指一种民族文化传统，这种传统必定要关乎宗族家庭，关乎社会国家的民族文化。

在中国传统文化中，影响最大、最富有特色的部分就是儒家的血亲意识和宗法观念。中国传统的家国同构观念就是这种血亲意识和宗法观念的扩展结果。宗法文化在中国的古代具有两个最为可靠的依据：一是内在的生命发展需要，它的表现是血亲之爱；二是适应中国的农业社会的需要。可见它的原发动机具有相当的合理性。

血亲之爱是原始氏族血缘情感所形成的一种文化形式。起初这种血亲之爱所体现的族类情感就表现为两种形态，即它的理论形态——仁，与它的实践形态——孝。所以孔子说："孝悌也者，其为仁之本与？"②孟子说："仁之实，事亲是也。"③在中国历史上，孝比仁更加深入人心，大概就与孝的这种性质关系极大。孝在《说文解字》中被解释为"善事父母者"，这意味着孝只具有单一的取向，即子对父的孝敬。而实际上，我们虽可以这样解释孝，但不可以这样去理解。父子关系在任何时代都是一种双向的互爱，父母对子女的养育和爱护本来就是极为自觉的，而子女对父母的爱戴和关心相比之下就缺少许多自觉，于是在将这族类情感转化为道德观念时，就必然强调它的有效性和目的性，它的具体形式就是子对父的孝敬。对于这一点，即便我们相信孝的观念产生于周的祖先崇拜及其祭祖行为，那么，我们为什么不承认人在祭祖之时的目的正是求得祖先的佑护呢。这种孝悌原则所带来的就是家庭的秩序化，而这种有序的生存环境对族类的发展是必须的。

---

① 《〈大地龙蛇〉序》，《老舍文集》第10卷，人民文学出版社1986年版，第288页。

② 《论语·学而》。

③ 《孟子·离娄上》。

社会历史的发展，氏族内部由于各种原因会出现非血亲关系者，血亲关系便渐渐在氏族里不具备绝对的普遍意义了。而族类的发展仍然需要秩序，孝便渐渐扩展为能够概括社会人际关系的普遍原则，于是，将兄弟关系推演为社会关系，所谓"四海之内皆兄弟也"①；将父子关系扩展为君臣关系。这样真正的血亲关系以外的一切关系都变成了"拟血亲"关系，因而这种伦理文化要求人们以血亲情感和原则来对待社会和国家。这种覆盖家国的宗法观念，一方面，来自于家国的安危本来就相互关联的历史事实；另一方面，作为对全社会都有普遍意义的宗法观念也在人的精神世界加深了对家国关系密切程度的认识。所以，中国古代的一些忠臣也常常是孝子，所谓忠孝不能两全的悲剧只表明某种现实的选择，而且是忠孝在现实选择中发生矛盾的时候才能产生的结果。

这种宗法观念的价值在于，它能够提供给人们一种安定、长久、和平的生活，这是人们所共同向往的。但它是宗法秩序的产物，而任何人为的秩序又都同时对人的个性和自由有着不同程度的限制，中国历史以及文学中所留下的那些家庭悲剧多与此有关。所以孔子认为宗法文化只是"小康"社会的不得不已而为之的选择，那种"大道之行也，天下为公"的"大同"社会才是儒家的社会理想。②

老舍对家族文化的关注，并非单一取向，他一方面对传统的家族文化给人带来的祥和、安定和秩序化的环境表现出某种眷恋，这既来自于他在现实中的个人感受和实际的需要，也与他心灵世界的民族传统文化积淀，与他对中国血亲观念及其宗法文化的深刻理解有着复杂的关系。另一方面，他对传统的宗法文化也有些怀疑，认为"都须检讨"③。他的《赵子曰》《牛天赐传》《老张的哲学》，尤其是《黑白李》等作品，都暗示了

---

① 《论语·颜渊》。

② 参见《礼记·礼运》。

③ 《〈大地龙蛇〉序》，《老舍文集》第10卷，人民文学出版社1986年版，第288页。

这种批判态度。然而我们应该看得出，对传统的血亲观念、家族制度、宗法文化的关切和向往，是老舍在当时的一种必然选择，因为，他好像还没有发现比这种宗族传统更合于目的、更理想的文化形态。

（二）

与老舍的宗族意识有关，他的又一个关注点是伦理道德，是人的品性操守，因此他显得与时代的主潮有些隔膜，他的人格和创作特征也在这里展示出来。

老舍多次谈到他在思想方面无大建树，而实际上，老舍根本就不主张一个作家去专注于某种思想，在他看来，"大家对于思想，大概都有的，然而对于创作上，不一定靠着思想，而应该尽着自己生活的经验，赤条条地写于纸上，才是好创作"①。从老舍的这种认识看，他认为创作不靠思想是文学的独特艺术本质决定的，文学作为一种审美形式，它要求用某种直观的经验形式来体现，即作家"自己生活的经验，赤条条地写于纸上"，可见，老舍的看法是有道理的。然而我们细想想，文学的思想性与它的直观的审美形式，与它的真实再现作家的经验并不矛盾，《神曲》《浮士德》《复活》《高老头》《城堡》《荒原》，《诗经》《红楼梦》《孔乙己》等作品，不是已经为我们作出了思想性与审美形式完美统一的样板吗！很显然，老舍在这里没能让我们明白他的感受，明白他的心意。

问题是老舍的作品真的仅仅是"赤条条地写于纸上"的经验吗？即便如此，他写在纸上的"经验"就一定不包含任何价值吗？看来我们不能这样地仅从这话认识老舍，也不能怀疑我们的疑问。老舍也的确不认为他的"赤条条"的经验形式什么价值也没有，所以他说："在思想上，我没有积极的主张与建议。这大概是多数讽刺文字的弱点，不过好的讽刺文字是能一刀见血，指出人间的毛病的：虽然缺乏对思想的领导，究竟能找出

---

① 老舍：《闲话创作》，曾广灿、吴怀斌编：《老舍研究资料》（上），北京十月文艺出版社1985年，第429页。

病根，而使热心治病的人知道该下什么药。"①老舍还是认为他在思想上没有成就，他相信这是由于他作品的讽刺形式带来的必然结果，但他同时认为他的作品也能"一刀见血"地"指出人间的毛病"，"找出病根"。从这语言看，他与鲁迅的创作动机有些相似，但在他的思想和作品中没有"中国历史是吃人的"这样的思想命题，也没有发现子君的悲剧和困境。大概是认识自己比认识别人更难，老舍也在不断地认识自己，认识自己的独特处，这里他说他的作品缺乏思想是由于"讽刺"，在另外的场合他又说是由于他的"感情老走在理智前面"②。这的确是一个很重要的问题，因为我们一旦知道了老舍为什么不追求文学的思想性，也许就能发现老舍和他的作品的一个内在特征。

认识自己固然困难，但谁都不肯放弃对自己的认识，这种执着总会带来收获，老舍还是以他的体会发现了自己的一些什么，这个发现当然对我们的疑问也是有帮助的。老舍曾说："假若我专靠着感情，也许我能写出有相当伟大的悲剧，可是我不彻底；我一方面用感情咂摸世事的滋味，一方面我又管束着感情，不完全以自己的爱憎判断。这种矛盾是出于我个人的性格与环境。我自幼便是个穷人，在性格上深受我母亲的影响——她是个楞挨饿也不肯求人的，同时对别人又是很义气的女人。穷，使我好骂世；刚强，使我容易以个人的感情与主张去判断别人；义气，使我对别人有点同情心。有了这点分析，就很容易明白为什么我要笑骂，而又不赶尽杀绝。我失了讽刺，而得到幽默。据说，幽默中是有同情的。我恨坏人，可是坏人也有好处；我爱好人，而好人也有缺点。"③从这里可以看

---

① 《我怎样写〈猫城记〉》，《老舍文集》第15卷，人民文学出版社1990年版，第188页。

② 《我怎样写〈老张的哲学〉》，《老舍文集》第15卷，人民文学出版社1990年版，第166页。

③ 《我怎样写〈老张的哲学〉》，《老舍文集》第15卷，人民文学出版社1990年版，第166页。

出，老舍不是因为讽刺和幽默使他疏离"思想"，也不是因为他的感情真的胜于了理智，而是他的"义气"，他的"同情心"，重要的是，这种同情心使他"爱好人"，但他又认为"好人"也有缺点，也要批判，他"恨坏人"，但他又给予了同情。这说明他所关注的不是重大的"思想"，而仅仅是人的某种道德操守，他的批判仅仅是一种道德批判，而这种"同情心"则成了他的道德评价和道德行为的内在依据。

老舍的这种道德眼光，使他从人的道德操守出发，来评价人及人生。因而他希望中国能出现些"劝善改恶"的作品①，他也渴望曾经在"精神上物质上"都给过他帮助的宗月大师能"以佛心引领他向善"②。从表面上看似乎老舍在接受着佛家的观念，但实际上这只是对善、对某种道德原则的信奉和追求，而毫无佛心，不然他就不会对宗月大师的布施行善的方式持否定态度了。③

老舍的强烈的道德关切，使他对所经验的人与事都加以道德分析和道德判断，如他在谈到一种社会现象时说："大家都着重于做人，然而着重于做人的人，却有很多简直成了没有'灵魂'的人，叫他吃一点亏都不肯，专门想讨便宜，普遍的卑鄙无耻，普遍的龌龊贪污，中国社会的每阶层，无不充满了这种气氛，在这个全民抗战的现阶段，不顾国家存亡人民福利专为自私自利大发国难财的大有人在。"④我想，面对这一现象，如果是鲁迅，他就会在历史文化中寻找原因；如果是茅盾，他就会在各社会集团的本质和关系中寻找原因；而老舍所发现的原因则是"吃一点亏都不肯"，是"专门想讨便宜"，是"卑鄙无耻"，是"龌龊贪污"，总之"大发国难财"是由于不

---

① 老舍：《灵的文学与佛教——舒舍予（老舍）先生在汉藏教理院讲》，曾广灿、吴怀斌编：《老舍研究资料（上）》，北京十月文艺出版社1985年版，第474页。

② 《宗月大师》，《老舍文集》第14卷，人民文学出版社1989年版，第162页。

③ 《宗月大师》，《老舍文集》第14卷，人民文学出版社1989年版，第161页。

④ 老舍：《灵的文学与佛教——舒舍予（老舍）先生在汉藏教理院讲》，曾广灿、吴怀斌编：《老舍研究资料（上）》，北京十月文艺出版社1985年版，第475页。

会"做人"，或做了"没有灵魂"的人，一律是道德评价。

如何做人？是一种人格关切，而人格关切是一切道德主义者的必然选择。有人说，老舍"由于幼年境遇的艰苦，情感上受了摧伤，他总拿冷眼把人们分成善恶两堆"[①]，这话似乎有道理，老舍的笔下的确有那么一堆坏人，如老张、刘四、大赤包等等；也有那么一堆好人，如李景纯、马威、李子荣等等，但老舍刻画得最生动的人物是那些有毛病的好人，如瑞宣、祥子、白李等等，和像老马、王利发、赵子曰那些中间人物。在老舍的视野里，那些坏人一概是道德上的败类；那些好人的不足主要都是道德上的毛病；那些中间人物则表现出在善恶之间的摇摆不定。值得特别注意的是，由于老舍是用道德眼光来审视人生，他才更为关注那些处在善恶之间的人物。

老舍作为一个作家，他把人格视为文学创作的根本，认为："有了人格作根，我们的笔才会生花。"[②]既然人格是创作的根本，那么，出色作品就应该来自于高尚的人格，如他所说："要作一个写家，须先作一个'人'。假若人格不崇高，气度不宏大，而只仗着漂亮文字支持自己，则必难有何建树。盖自己不崇高宏大，何以能体会世上最善最美的事？何以心明如镜，鉴别善恶？有了真人而后才有至文，文艺并非文字把戏也。"[③]一个人格高尚的人，才能理解善和美，一个信奉道德原则的人，才能"鉴别善恶"。老舍为什么用道德尺度来要求创作主体，是因为在他的深层意识里，文艺所展示的主要是一个道德世界，一切的思想和观念都应在文艺的天地里转化为一种道德情操和道德行为。所以老舍认为："伟大文艺中必有一颗伟大的心，必有一个伟大的人格。……一个广大的同情心与高伟的人格不是在安闲自在中所能得到的，那么，伟大文艺也不是一

① 罗常培：《我与老舍》，曾广灿、吴怀斌编：《老舍研究资料（上）》，北京十月文艺出版社1985年版，第262页。
② 《大时代与写家》，《老舍文集》第15卷，人民文学出版社1990年版，第318页。
③ 《献曝》，《老舍文集》第15卷，人民文学出版社1990年版，第485页。

些夸大的词句所能支持得住的。思想通过热情才能成为情操，而热情之来是来自我们对爱人爱国爱真理的努力与奋斗，来自我们对一种高尚理想的坚信与活动。在活动奋斗之中把我们经验加多，把我们的人格提高，把我们的同情扩大。"①可以看出，老舍不注重人的天分和成就，而特别关心人格；他在思想和情操面前，所希望的是艺术能够展示后者；而爱是这种高尚情操的源泉。说来说去，他最为关注的还是道德和人格。

老舍一生的思考大概都没有离开人格问题，他自己认真做人，事事严谨，在他人面前总是特别谦虚，本来他已经成为有名的作家了，他还常说自己不是"了不起的天才"②，"是个外行"③，是"一名小卒"④，等等。我们看得出这是一种真诚的自谦，自谦的唯一外在功能就是对他人的敬重，从而使双方都获得某种尊严。常有人说老舍做事"面面俱到，不得罪人"⑤。但老舍并不表现为虚伪的圆滑，而是体现出一种爱和宽容，如果说他也有个人目的的话，那么就是他一生都在关切人的尊严，他希望别人有尊严，也希望自己能够通过自我人格的塑造而得到尊严，他宁可投湖自决，也不放弃尊严和人格。

老舍为什么那样关切人格，又那样注重道德？我们看得出，老舍对此有些自觉，但并不充分。一般说来，这种坚定而又不那么自觉的心理和人格特征，也是在不自觉的过程中形成的，它是自己的，是在自己所生活的文化情境中的习以为常的东西，它带着一种代代相传的传统的强大力量，因而，老舍的这种人格和道德关切就与历史提供给他的民族文化情境有着

---

① 《大时代与写家》，《老舍文集》第15卷，人民文学出版社1990年版，第317页。

② 《我怎样写〈剑北篇〉》，《老舍文集》第15卷，人民文学出版社1990年版，第222页。

③ 《记写〈残雾〉》，《老舍文集》第15卷，人民文学出版社1990年版，第413页。

④ 《入会誓词》，《老舍文集》第14卷，人民文学出版社1989年版，第114页。

⑤ 以群：《我所知道的老舍先生》，曾广灿、吴怀斌编：《老舍研究资料（上）》，北京十月文艺出版社1985年版，第255页。

千丝万缕的联系。

在中国传统文化中，道德是无处不在的，不论是政治，还是文艺，甚至经济都具有道德主义倾向。在久远的"半坡村"文化中，我们就能够看到由血亲伦理创造出来的高度的秩序化社会。以家族为相对独立单位的文明，自然对家族伦理特别关注，于是，宗法伦理渐渐地被全社会所认同也就势所必然了。我们不难看出，中国几千年的文化都具有这里所包含的两个基本特征，即宗法化和道德主义。这种宗法观念和道德主义，实际上就是儒家文化的内在本质。儒家思想不仅完善和发扬了宗法伦理，而且追求这些道德原则在具体人格中的实现，从而形成了儒家丰富的人格学说，它的"为己之学"，它的"修齐治平"，它的"内圣外王"，都是对人格学说的具体阐释。这种发达的人格学说，带来了中国文化的"人格"传统，如孟子提出的知人论世观念，一直对中国人的思想方法有着深刻的影响。中国现代作家的精神结构之中也大都具有这样的因素，只不过那些表现得不明显者是由于对"场合"有所选择罢了，老舍因具有某种泛道德倾向，而成为其中的一个突出者。

老舍后来已经意识到"自幼儿看惯了的事情是不易改掉的"①，而他自幼所接触的世界主要是家庭和由家庭扩展出去的传统伦理关系，因而，他眷恋这种道德文化，尽管他后来对这种传统道德及其力量有所怀疑。《四世同堂》自不必说，其间表达着作家对传统大家庭的眷恋，和对这里的人物的相当突出的道德评价。老舍对传统道德和人格的眷恋情怀几乎渗透在他的所有作品之中，如他的短篇小说《老字号》，描述的是两个绸布店的故事，一个是"三合祥"绸布店，这家老字号店铺完全恪守着儒家的道德传统，重义轻利、追求人格和尊严、讲究儒雅大气；另一个是"天成"绸布店，这家新字号店铺只追求利益、目的，而不顾手段是否道德。在两相竞争中，前者连连失败，结果是不得不承认"这条街只有天成'是'个买卖"。作家的倾向是明确的，他肯定"三合祥"重义轻利和道

①　《我的母亲》，《老舍文集》第14卷，人民文学出版社1989年版，第248页。

德良心，否定了"天成"的不择手段，在现实的成败中，作家不得不承认前者的无能为力，作家在无可奈何的笔墨中，虽不无对儒家传统道德的怀疑，但也流露着一种恶战胜善的悲剧情调。在《黑白李》中，写了两个象征性的人物，一个是哥哥黑李，一个是弟弟白李。黑李非常"厚道"，在得知了密探正在追捕革命者的弟弟时，他不声不响地装扮成弟弟，为救弟弟，他杀身成仁。作品中的"我"，既是一个故事的叙述者，又是一个道德的评判者，他对黑李的情感评价是我"太爱"黑李了，是黑李"留在我心中活着"。对白李的评价，则是通过故事中的人物车夫王五来实现的，王五所看到的白李，是轻狂浮躁，不知关心别人，但却想着为"天下的拉车的""抱不平"。"我"的评价是作家的立场，这一点作家是清楚的，王五的评价按说也是作家的评价，但作家却不肯以"我"的立场来肯定白李，因为这与他心中的道德情怀有冲突。

可见，老舍一方面要"轻搔新人物的痒痒肉"，另一方面又对传统道德深怀眷恋。在这里我们是否也能看出些老舍在对儒家传统道德的情感怀恋与理性判断之间的矛盾呢？

（三）

幽默，曾使老舍在中国现代文坛中独树一帜，幽默，也使老舍扩大了知名度，然而，他的幽默也给他惹来许许多多的批评和否定，幽默真的使老舍在一个不短的时期里苦恼过，以至于他一度试图拆掉曾渡他到达作家地位的这叶"轻舟"，于是，他写了放弃幽默的《猫城记》和《大明湖》，但他自觉失败了，他发现他遗弃不了幽默，他只能善待幽默。

老舍为什么离不开幽默？他曾解释说："人寿百年，而企图无限，根本矛盾可笑。"[1]这话够厉害，从根本上揭示了人类本来就可笑。使我们想起了民间流传甚广的"人无百岁活，常怀千岁忧"这个十分严肃的人生命题在本质上竟然那么可笑。但这也并不能作为一定幽默的理由，因为了

---

① 《谈幽默》，《老舍文集》第15卷，人民文学出版社1990年版，第230页。

解人类这一本质的作家决不都是老舍，都是幽默文学家。于是老舍认为，作家如果面对的是惨烈的政治事件，胸怀政治激情是无法幽默的，如他所说：“《大明湖》里没有一句幽默的话，因为想着‘五三’（“五三”惨案——摘者）。”①那么，幽默文学需要怎样的题材呢？老舍倒是有一个解释，他说“幽默的作品也能有道德目的”，但他却接着瓦解了这个说法：幽默“一高兴还可以什么也不为而只求和大家笑一场”②。但幽默是有揭示作用的，而且一定是针对某种人的恶习或缺点的，不论这缺点的程度如何，他在文学中不可能仅仅是“艺术调料”。看起来这些原因的可靠性还须考虑，但老舍的一贯看法却在这里有所透露。

老舍认为文学有“文调”，“文调是人格的表现，无论在什么文形之下，这点人格是与文章分不开的”，简单说，“人是文调”。③老舍确信传统的知人论世之说，他认为他对幽默情有独钟的原因主要来自作家的心灵，但很显然他不是指空泛的、抽象的心灵，而是一种特殊的心灵，用老舍的话说，就是“幽默的心态”。他解释说：

> 所谓幽默的心态是一视同仁的好笑的心态。有这种心态的人不必是个艺术家，他还是能在行为上语言上思想上表现出这个幽默态度。这种态度是人生里很可宝贵的，因为它表现着心怀宽大。④

老舍把幽默的来源视为人的“一视同仁”和“心怀宽大”，这就是

---

① 老舍：《我怎样写〈大明湖〉》，曾广灿、吴怀斌编：《老舍文集》第15卷，人民文学出版社1990年版，第184页。

② 《谈幽默》，《老舍文集》第15卷，人民文学出版社1990年版，第233页。

③ 《论文学的形式》，《老舍研究资料（上）》，北京十月文艺出版社1985年版，第407页。

④ 《谈幽默》，《老舍文集》第15卷，人民文学出版社1990年版，第235页。

说，幽默的心态是要以平等的态度对待他人，对他人的毛病所采取的态度是同等的宽容。幽默的心态，拒绝盛气凌人，以"超越的态度，而似乎把人都看成兄弟"，要知道"大家都有短处"。①所以，老舍强调："褊狭，自是，是'四海兄弟'这个理想的大障碍，幽默专治此病。嬉皮笑脸并非幽默；和颜悦色，心宽气朗，才是幽默。"②可以看出，老舍所说的幽默不是皮笑肉不笑的表面文章，而是体现为一种发自内心的宽容别人、理解别人，在相互尊重中达成一种和谐的人际关系的人生态度。为解释这种为相互尊重、为人际和谐的幽默心态，他曾举例说："不论是作家与否，都可以有幽默感。所谓幽默感就是看出事物的可笑之处，而用可笑的话来解释它，或用幽默的办法解决问题。比如说，一个小孩见到一个生人，长着很大的鼻子；小孩子是不会客气的，马上叫出来：'大鼻子！'假若这位生人没有幽默感呢，也许就会不高兴，而孩子的父亲也许感到难以为情。假若他有幽默感呢，他会笑着对小孩说：'就叫鼻子叔叔吧！'这不就大家一笑而解决了问题？"③从理论上说，老舍对"幽默"的解释未必准确，但这是老舍对幽默的独特理解，老舍就是以这样一种幽默的心态创作了自己的幽默作品。

幽默，在心态上本来就包含着某种优越感，但老舍却偏偏说它是"平等"的，其中原因，与其说是老舍的特殊幽默心态，不如说是他对人及人生的一种认识和心态，而这种特殊的心态一定有它特定的文化背景。

如果我们把老舍的这种幽默心态的文化背景理解为西方式的平等和博爱，有些问题就需要澄清。一方面，西方的平等、博爱过于抽象，极大地缺少可操作性；另一方面，假定它是有具体内涵的，那么它的意义在于施与。而老舍的幽默心态追求的是和谐的人际关系，强调的是理解和沟通。如果我们说老舍的幽默心态包含着西方的人道主义倾向，但老

---

① 《谈幽默》，《老舍文集》第15卷，人民文学出版社1990年版，第234页。

② 《谈幽默》，《老舍文集》第15卷，人民文学出版社1990年版，第235页。

③ 《什么是幽默？》，《老舍文集》第16卷，人民文学出版社1991年版，第383页。

舍的幽默心态并不是仅仅同情弱者，而是面向周围的所有关系者的，甚至可以说这种心态中根本就没有"人道主义"的那种居高临下的同情，它所强调的本质之一就是大家都是"兄弟"式的平等。看来看去，老舍的幽默心态的文化依据，倒与儒家传统中的以仁为内在支柱的"中和"精神相融通。

儒家的宇宙模式就是一种中和思想，他们认为宇宙间的所有部分都是处于一个有机整体之中，因而各部分之间也都是一种和谐的关系。在人生和社会问题上，儒家强调中和的用意是保持事物的对立面的和谐与平衡，所以说"礼之用，和为贵"①，强调"忠恕"，主张"忠恕违道不远，施诸己而不愿，亦勿施于人"②。儒家的中和思想有三个主要特征：一是它的中正观，它不是同流合污，而是一种有原则的主张行为。二是强调"和为贵"，以真诚和平等的心态面对你我，相互之间尽量理解和沟通，保持和谐关系。老舍也不是仅仅强调宽恕、和气、兄弟，而是主张在价值判断的前提下来相互尊重，和睦相处，如他说："幽默作家的幽默感使他既不能饶恕坏人坏事，同时他的心地是宽大爽朗，会体谅人的。假若他自己有短处，他也会幽默地说出来，决不徇袒自己。"③三是这种中和观念是以仁为核心的，它的哲学本质是"爱人"，是敬重周围的人。老舍的幽默心态也正是建立在这样一种观念之上的，所以他在比较讽刺与幽默时说："幽默者的心是热的，讽刺家的心是冷的；因此，讽刺多是破坏的。……幽默有个热心肠儿，讽刺家则时常由婉刺而进为笑骂与嘲弄。"④老舍在解释《猫城记》的主体心态时又说："猫人的糟糕是无可否认的。我之揭

---

① 《论语·学而》。

② 《礼记·中庸》。

③ 《什么是幽默？》，《老舍文集》第16卷，人民文学出版社1991年版，第383—384页。

④ 《谈幽默》，《老舍文集》第15卷，人民文学出版社1990年版，第233页。

露他们的坏处原是出于爱他们也是无可否认的。"①可见，老舍幽默心态的深层内涵是对他人的敬重，是以仁心爱人。

现在我们应该大体明白了，老舍的幽默心态包含着深厚的传统文化积淀，敬重别人，理解别人，使人群达成和谐是他的追求和理想，但他又决不放过他人和自己的缺点，因而他不会主动放弃幽默，也很难放弃幽默。

---

① 《我怎样写〈猫城记〉》，《老舍文集》第15卷，人民文学出版社1990年版，第190页。

第五章　悲凉风格

——儒家传统与现代作家的审美取向之一

中国现代文学中那些悲剧性作品的悲剧性怜悯一般带有一种居高临下的姿态，这与作家们对自身的社会文化位置的自觉和不自觉的确认有关，这也与传统文化早已给定的"士"的心态十分接近，同时，这种心态也与现代作家的启蒙愿望达成了一种默契。

一、悲剧性与悲凉风格

悲剧性虽然主要是对悲剧这样一种艺术样式的基本属性进行概括和抽象的结果，但当"悲剧"作为一个美学范畴时，它的意义来源就不仅仅是那样一种戏剧形式，而是对许多种艺术形式的美学概括，音乐、舞蹈、雕塑、诗歌、小说等等均有可能与"悲剧"这样一个美学范畴有关。既然代表着悲剧的美学特征的悲剧性，有着丰富的背景，那么它的含义也自然是复杂的。

　　我们所说的悲剧性这样一个概念，显然表明我们对西方美学范畴的引入和借用。但当我们掌握了这一概念之后，我们并非以"悲剧"或"悲剧性"这一普遍概念仅仅用来评价西方的文学作品，更多的时候还是用"悲剧"来分析评价中国的作品。由于中国与西方的文化传统的差别，中国人的道德原则、价值观念和生活习惯等都表现出一种民族的特色。这种民族的文化特征造就了中国的社会现象，也造就了中国人的独特的看待"悲剧"的眼睛和评价"悲剧"的头脑。也就是说，中国的现实悲剧和人们所掌握的有关评价悲剧的普遍概念以及价值尺度都体现着中国的特性。

　　然而，我们既然把"悲剧"作为世界艺术领域里的一个普遍的概念，它的基本精神就应该在我们的悲剧观中充分地显示出来。所以，我们一方面要认同"悲剧"这个来自西方的美学范畴的基本内涵，另一方面又不能拘泥于它的原有含义，应将这一概念与中国人的悲剧观联系起来加以理解。实际上西方对悲剧的看法也是多种多样的，如有人认为灾难本身就包含着悲剧性；有人认为只有某种积极的价值的代表承受灾难的过程，才能显示出悲剧性；也有人认为悲剧性体现的是一种超越的力量，这种非凡的力量是超道德的，不分善恶的。说来说去，这里有一个核心的、共同的倾向，就是某种价值受到压抑、破坏和毁灭，同时代表着有价值的人物的受难和死亡。这里的分歧主要是对价值以及价值实现方式的理解，涉及人对世界的看法，关系到人的哲学观念。因而我们完全没有必要仅仅把西方人对于悲剧性的理解，甚至把西方的某一种理解当作唯一的标准，来限制和否定我们在面对那些极为丰富的悲剧性艺术时所获得的真切感受和认识。

　　中国现代文学所处的时代是一个动乱、变革的过渡时代，是一个充满灾难的时代，现实的悲剧是不可避免的。面对这样一个历史时期，中国现代文学不可能不反映这个时代的基本面貌，不可能不表现着这个特定时代的民族的灾难和屈辱，及其觉醒和抗争的历史命运。中国20世纪的历史性灾难，来自于两个方面：一是外部的干犯力量对我们施加的迫害，即帝国主义的侵略；二是自身所犯的"悲剧性错误"，那就是中国人曾经相信，只要按照祖宗延续下来的道德原则承担起自己的义务，就能使自己摆脱灾难，获得太平。但就在这中间，中国人正在酿造着民族的悲剧。当外部的干犯力量业已对我们施加了迫害之时，我们意识到了要救亡图存；当我们要展开救亡之时，我们发现自身是无力的，从而意识到了以前没有察觉的自身存在的"悲剧性错误"，于是提出民智启蒙。

民族的悲剧不是哪一个个人的灾难，它是全体国民的灾难。但是真正认识到这种悲剧产生的根源的国人，在一开始却只是那些知识精英，那些文化先驱们。中国现代文学家在总体上就属于这个知识群体的一部分。他们率先看到了民族的危亡，看到了国人的苦难，于是他们身体力行，各自以自己的方式抗争苦难的根源，试图救民于水火。然而，广大的国人却对此无甚反应，表现出一种不可思议的麻木。面对这一现象，那些文化的先驱和新文学家们自然而然地产生了一种"悲愤"，所谓"哀其不幸，怒其不争"的悲剧性心态。而当用形象表现人生的作家们去体会这样一种历史境遇时，心中是由一种无限的孤独而产生的非凡的苍凉感。这种苍凉感，鲁迅曾有记录：

> 我感到未尝经验的无聊，是自此以后的事。我当初是不知其所以然的；后来想，凡有一人的主张，得了赞和，是促其前进的，得了反对，是促其奋斗的，独有叫喊于生人中，而生人并无反应，既非赞同，也无反对，如置身毫无边际的荒原，无可措手的了，这是怎样的悲哀呵，我于是以我所感到者为寂寞。[①]

鲁迅这种时代的苍凉感在他的作品中多次获得形象的体现，如他的《狂人日记》《药》《故乡》《白光》《阿Q正传》《示众》等，都从不同角度和不同层面上表现了作家的这种体验和认识；郭沫若的《凤凰涅槃》中的凤和凰所处的是"冷酷如铁""黑暗如漆""腥秽如血"的境

---

① 《呐喊·自序》，《鲁迅全集》第1卷，人民文学出版社1981年版，第417页。

遇；闻一多的《死水》中的"死水"可以说都是作家的现实体验的一种诗化表现，是作家对现实悲剧的一种绝望观照的结果。

尽管中国现代文学也体现着某种普遍的悲剧性，但它的独特的文化背景，使它的悲剧性表现显示出独特的面貌。中国现代文学的"悲凉"风格早就有人谈论过，应该说，这种概括是有见地的。也有人试图把现代文学的悲凉风格理解为文学的悲剧性，但问题不仅仅是我们能否把现代文学的这种精神面貌纳入悲剧性这样一个美学范畴，更为有意义的是它与悲剧性的具体关系如何，以及这种风格的形成的文化背景等问题。悲凉风格中的"悲"既表示一种令人悲悯的灾难，又蕴涵着一种激愤。在西方人的眼里，能够带来人的激愤的灾难就是有可能避免的灾难，而可能避免的灾难是不具有悲剧性的，如舍勒就曾说过："只有我们获得下列印象时，才感到灾祸是悲剧性的：每个人都尽可能地倾听了自己'义务'的要求，而灾祸仍然不可避免地降临。"①这就是说，当灾祸带有某种必然性时，它才具有悲剧性。我们如果留意一下，就会发现，中国现代文学中的那种由灾难所引发的"激愤"，本身就带有一种怨怒，这种怨怒的情感判断和理解层面，便包含着灾难的承担者的现实选择是可以改变的，而这种改变又会避免这种灾祸的降临。不然，何以会有"怒其不争"呢？中国新文学的那种"苍凉"面貌所体现的是站在一望无际的"废墟"之间的一种茫然失望和欲做不能的乏力感。而在西方的悲剧中，悲剧人物常常有着执着、抗争和进取的性格，因而西方的悲剧又经常体现出某种崇高精神。从这个逻辑上说，中国现代文学所表现出来的灾难是不具有悲剧性的。

但是，我们不能完全以舍勒们的意见为准绳，这种灾难和"废墟"并存的人生故事正是中国文学家的切实经验，这种悲剧现象又只能带给人怜悯、激愤和苍凉的情感判断。因此说，中国现代文学的悲凉风格是中国的独特悲剧精神的审美表现。

---

① ［德］马克斯·舍勒：《论悲剧性现象》，刘小枫主编：《人类困境中的审美精神——哲人、诗人论美文选》，知识出版社1994年版，第303页。

　　传统文化的延续和积淀，西方文学和文化的影响都是构成中国现代悲剧的基本面貌的资源。也正是在这个意义上说，中国现代文学的悲凉风格既体现着西方悲剧传统的一些基本要素，也积淀着中国的悲剧精神。就中国现代悲剧理论来说，我们有可能直接把西方这一方面的思想"横移"进来，但作为体现在中国现代文学作品中的悲剧因素和悲剧属性，这种"横移"，严格地说是不存在的。因为中国现代文学的悲剧性是作家们用中国式的灾难和悲剧人生体现出来的悲剧性质和特征。我们对西方悲剧观念的吸收是从理性的共鸣开始的，西方的悲剧只能是一种我们用来创造新思想、新形式的外部资源。中国新文学传统既不是西方的传统，也不是中国古代传统，而是一种新的中国传统。作为一种中国的审美传统的独特性，作为一种与西方的悲剧精神不一样的悲剧风格，它首先是中国传统的悲剧文化积淀和影响的结果，尤其是那些在历史中占据主导地位的文化传统，如儒家文化，所起的作用可能更加显著。

二、怜悯与启蒙

　　怜悯是在对灾难观照和体验中产生的一种情感判断，从广泛的意义上说，怜悯是一种悲剧性情感。但由于人们面对的审美对象的不同和审美主体的不同，这种悲剧性情感也是不同的。在西方的悲剧中，产生怜悯这样一种悲剧性情感的同时，一般会伴随对悲剧性事物的价值的肯定，尤其对于悲剧性人物来说更是如此。他们对于悲剧人物的同情和怜悯是在平等的关系中达成的，哪怕是对在道德上表现出贫乏甚至败坏的灾难中的人物，同样会以一种平等的态度表示一种同情和怜悯，这正像一位西方的美学家所说："我自己是人。这就是说，这种对另一个人的人的价值的感觉，是同情或者同感。从前说过，假如我不曾根据我自己本质的特征构成异己人格的形象，异己的人对我是根本不存在的。异己的人格或异己的我，是一个被限定的、客观化的、固定在我以外的世界的某一位置上的自有的我。尽管有一切限定，它的基本特征当中仍然有——我。据此，对异己的人的评价，无非是客观化的自我评价，对异己人格的价值感，无非是客观化的自我价值感。"[①]平等关系中的价值观念造成了西方人对悲剧现象的怜悯也是平等的，所以，西方的悲剧常常一方面塑造一些令人尊敬，甚至让人崇敬的悲剧人物，如古希腊悲剧、莎士比亚的悲剧、雨果的小说中的悲剧性人物；另一方面西方的悲剧故事大都有一个悲惨的结局，尽管悲剧人物不崇高，也许道德匮乏，但却通过他们的悲惨的结局来实现与欣赏者的和解。

　　中国现代文学中的悲剧性故事和这些故事中的人物，虽然也会让人产生一种怜悯和同情，但这种同情并不是在一种平等关系中实现的。这一特点在鲁迅的小说中表现得更为突出。孔乙己作为封建时代的一个没落的知识者，在作品中的境遇是令人同情的，他在作品中最后一次露面是腿被人家打断，用手走到酒店里来的。他有文化，但他所掌握的旧文化却没有给他任何回报，到头来"连半个秀才也捞不到"。对这样一种处境他却没有清醒的认识，他还以为他的那件长衫，他会的"之乎者也"和"茴"字的四种写法会给他带来什么，而事实上这一切在他的处境中早已是些无用的垃圾了。孔乙己是一个有知识的麻木者。《祝福》中的祥林嫂不仅不怀疑现实的秩序，而且还相信灵魂世界的鬼话，以至于她连人的以死来换取解脱的权利都失掉了，陷入灵魂的痛苦之中，永远找不到归宿。因此可以说，她的悲剧既有现实的原因，也是她愚昧的结果。鲁迅笔下的阿Q、闰土，以及《长明灯》中的村民、《示众》中的看客、《风波》中的七斤

---

① ［德］利普斯：《悲剧性》，刘小枫主编：《人类困境中的审美精神——哲人、诗人论美文选》，知识出版社1994年版，第226页。

等，都是些在现实关系中处境悲惨，自己的灵魂又是愚昧、不觉悟和麻木的悲剧性人物。

老舍笔下的马泽仁和祥子也都在不同的角度上代表着中国现代文学中的这样一个人群。就拿马泽仁来说，他从来做事不动脑子，抓住古老的传统观念在任何场合都不肯放手，他从来没有在一件东西上盯过三分钟，处处想讨好外国人。在伦敦，他在生活和事业上都一败涂地，可他却不知道症结在哪里。可以说，他是一个典型的"出窝儿老"。

鲁迅在《药》里塑造了夏瑜这样的英雄形象，虽然他为了社会、为了民众不惜抛头颅，洒热血（从这个意义上说，这也是一个普罗米修斯式的悲剧性英雄性格），但象征着民众的"歌队"能对普罗米修斯的遭遇有着深切同情，指责迫害普罗米修斯的宙斯滥用新的法令和他专制横行的暴戾行为，同时也赞美普罗米修斯在巨大的痛苦面前不屈服的斗争精神，而夏瑜周围的民众却除了要用夏瑜的鲜血来治病的华老栓，就是那些"颈项都伸得很长，仿佛许多鸭"的麻木的看客。在这样一种民众背景中的悲剧性英雄夏瑜，给人更多的悲剧性感受是苍凉。由此看来，夏瑜的孤独、苍凉的处境是注定了的。说老实话，我每次读到《药》的时候，感受最深的不是夏瑜，而是让人哭笑不得的华老栓一家，是茶馆里可鄙又可悲的那些庸众。

孔乙己、华老栓、祥林嫂、马泽仁等人物，的确能够唤起我们的怜悯和同情，但我们的这种怜悯是包含着激愤和批判意识的怜悯，这种激愤和批判意识的指向，就是上述这些人物的麻木的灵魂。这些人物的现实的处境是悲惨的，但在作品中，他们对自身处境的不觉悟，他们的愚昧和精神上的麻木让人觉得更加可悲。但这里的怜悯不是在平等的关系中发生的，而是由上至下、居高临下的同情和怜悯。

悲剧事件和悲剧人物的悲剧性情感发生在悲剧事实与其见证者之间，这种见证者一般有两种：一种是在场的见证者，这主要是指那些处在作品中的人物，但这些人物虽然有作为见证者的机遇，但在多数情况下，他们由于个人或是成为制造灾难的人，或是成为承受灾难的人，而破坏了自己作为见证人的资格。在场人物中还有一类人物常常作为权威的见证者，那就是悲剧故事的叙述者。在叙述者中，有的是实际在场，如鲁迅的那些第一人称限制叙述的小说中的"我"；有的不实际在场，而是一种隐含性在场的叙述者，如老舍的《二马》，巴金的《家》《寒夜》等大量的第三人称叙述的叙述者。另一种是不在场的人物，那就是读者。在这里，叙述者对悲剧事件和人物的那种悲剧性情感，常常是具有导向性的，它会在相当大的程度上影响着读者的情感倾向。

这些作家在他们的作品中，使悲剧故事的见证者与悲剧人物之间构成一种思想水平的对比，在对比中，可以清楚地发现悲剧人物与见证者那种明显的纵向落差。也就是说，见证者是站在较高的思想水平的立场上来同情和怜悯处于底层的悲剧人物的，如在《祝福》中，祥林嫂以一种十分严肃和虔诚的态度所思考的那个有无灵魂的问题，在"我"看来是毫无价值的，甚至是可笑的，所以"我"在回答祥林嫂的问题时，才含糊不清，支支吾吾，而祥林嫂却陷入了这个无价值的问题的追问之中不能自拔。"我"的思想水平和高屋建瓴的精神姿态与祥林嫂的愚昧无知、浑浑噩噩形成一种鲜明对照，这种对照又有力地确立了他们各自的社会地位和文化地位。即便作为《孔乙己》的叙述者，不过是一个没有读过书的酒店伙计这样的底层身份，但他对孔乙己的处境和命运倒是比孔乙己本人更加清醒，他知道孔乙己不过是"讨饭一样的人"，而孔乙己本人则未必这样想过。这种"倒置"的叙述者和"倒置"的判断力，更加剧了悲剧人物的悲剧性，强化了孔乙己的迂腐和麻木的精神特征。

《二马》中的见证者更是唇枪舌剑，锋利无比，仿佛是一个人格的裁判者，随时都可能挖到老马的心窝子。在作品中，我们常常可以读到下面这类叙述：

　　　　民族要是老了，人人生下来就是"出窝儿老"。出窝老是生下来便眼花耳聋痰喘咳嗽的！一国里要有这么四万万出窝老，这个老国便越来越老，直到老得爬也爬不动，便一声不出的呜乎哀哉了！

……

马泽仁先生是一点不含糊的"老"民族里的一个"老"分子。由这两层"老"的关系，可以断定：他一辈子不但没用过他的脑子，就是他的眼睛也没有一回盯在一件东西上看三分钟的。[1]

马先生一向是由消极想到积极，而后由积极而中庸，那就是说，好歹活着吧！混吧！混过一天又一天，心中好似……他差点没哼哼出几句西皮快板来。这种好歹活着，便是中国半生不死的一个原因，自然老马不会想到这里。[2]

从这里可以看出，中国现代文学家笔下的这样一些人物，才真是可悲呢，他们不知不觉地咬食着自己的血肉，直到默默地消失为止。和这些悲剧人物比起来，普罗米修斯、奥塞罗等算什么，他们都有自己的信念，为了自己的信念去受难或死亡，这怎么能说是可悲呢？西方人从悲剧中获得的感受常常是崇高，大概就与此有关吧。

民族的大悲剧就因为国人的麻木和愚昧，这是中国现代，尤其是"五四"时期中国知识分子的一个共识。中国现代文学中的那些可悲的麻木的灵魂，正是这种人生经验的审美表现。我们知道，现代作家在讲述这些悲剧性故事的时候，不仅表达了对悲剧性人物的怜悯，也情不自禁地表达了对那些苦不堪言，又不能觉醒的麻木的灵魂的一种激愤，表达了先驱者由孤独产生的那种苍凉感。

---

[1] 《二马》，《老舍文集》第1卷，人民文学出版社1980年版，第438—439页。

[2] 《二马》，《老舍文集》第1卷，人民文学出版社1980年版，第543—544页。

　　面对这些麻木的灵魂，现代作家为什么会产生一种"激愤"？细想想就会发现，在作家们看来，这种由愚昧、麻木所带来的民族的悲剧是可以避免的，那些灵魂的麻木和不觉悟是能够唤醒的。作家们在他们的作品中展现了这些令人悲愤的麻木的灵魂，就是要促其觉悟，所谓"揭出病苦，引起疗救的注意"①。这就是说，现代文学在表现人生灾难的时候，并不是要为人们提供一种超越道德的崇高的精神力量，不是要实现一种悲剧性的美学价值，而主要是要唤醒国人的愚昧。作家们展示了那么多的灵魂的悲剧，正是提醒人们来注意启发民智的重要意义。

　　由于现代作家常常把描写悲剧人生与唤醒民众联系起来，便在一开始更多地注意了民众愚昧和麻木的一面。"五四"以后，随着作家们对民众的深入了解和民众在实际上的觉醒，一些觉醒了的悲剧人物便在文学领域纷纷登场了，如《子夜》中的吴苏甫、《雷雨》中的繁漪、《原野》中的仇虎等悲剧性人物。有人认为《狂人日记》也是写了觉醒者的悲剧，但实际上我们很难作出这种明确的判断。因为在《狂人日记》中，理性与非理性是错位的，狂人在他被认为是正常的时候，他是一个庸庸碌碌、并未觉醒的、无所作为的知识者；而在他精神被认为是不正常的时候，他反倒思想深刻，头脑清醒，俨然是一个思想的先驱者。他的合法的言论是无价值的，他的有价值的思想却是非法的。正是由于作品的这样一个特殊的结构，我们在阅读这篇作品时无法在其直接的意象层面上驻足，只好寻找作品的隐含性空间，并在这个空间中获得作品的思想意义和审美意义，通过狂人的命运的表层意象发现社会的荒谬和时代的悲剧。《长明灯》也基本属于这类作品。从这样一种角度来说，这类作品也在揭出社会病苦，唤醒国人。当然，在鲁迅的作品中，的确有一些觉醒者的悲剧，但多为知识分子的人物，如《在酒楼上》、《孤独者》和《伤逝》中的人物等，尽管这些作品中的悲剧人物大都是在觉醒之后，便在现实的强大压抑力量的扭曲

① 《我怎么做起小说来》，《鲁迅全集》第4卷，人民文学出版社1981年版，第512页。

下陷入孤独、彷徨和无限的茫然之中了，这一点也正是我们说它们是悲剧性作品的一个重要依据。无论是觉醒者的悲剧，还是"狂人"式的寓言性故事，都鲜明地体现着现代作家们的启蒙动机。

从上述分析中我们可以发现，以鲁迅为代表的中国现代作家的悲剧性作品所关注的是普通民众的灵魂，把民众的现实苦难和灵魂的悲剧联系起来加以表现；悲剧人物的愚昧和麻木的过失及错误是致命的，然而又是可以改变的；作品中所蕴含的悲剧性情感不是发生在平等的关系之中，而是表现为由上至下、居高临下的怜悯。中国现代悲剧性作品的这些倾向，既有现实的原因，也有历史文化的渊源关系。

救亡与启蒙是现代中国思想文化领域的两大主题，同时也是中国现代文学的两大主题。近代以来，摆在中国人面前的一个头等重要的问题就是救亡。民族的自立和自强更是20世纪中国几代知识分子的使命选择，这种历史的使命感既是时代感召的结果，也体现着对儒家"修齐治平"文化传统的继承。正是在这个传统与现实的交汇点上，中国现代作家以独特的艺术方式讲述了时代的悲剧故事。

作为一个作家，如何在自己的场合上参与救亡？按说，最直接的方式是以笔做武器，来宣传救亡，直接鼓舞民众参加救亡运动，但是他们没有作出这样的选择，他们思考的结果是：民族的真正希望是国人能够从人的自身认识到自己的价值和智慧，并能充分地发挥出自身的智力和价值，这也就明确了启蒙的重要性。谁都知道，国人的启蒙是一个十分漫长的过程，救亡的任务又是十分紧迫，因而作家们的上述思考在实际上与"救亡"拉开了相当的距离。鲁迅们在心灵深处的对人生的彷徨和苦闷，与他们的启蒙工作在现实中的成效缓慢有关。历史也不断地证明，在中国，人的启蒙至今还是任重而道远，但"救亡"却不是我们当下的历史任务，中华民族早已挺直了脊梁。启蒙对救亡的意义是必须肯定的，同时，启蒙不是完成救亡任务的唯一起点，许多从事救亡的领袖和干将则是以切实的运动和政治上的较量来实现自己的目标的，而且正像我们所知道的那样，他们已经获得了举世瞩目的成就。但作家们认定人的精神、人的心灵是实现救亡的前提。显然，这里存在着一种认识上的错位。当然这并不是说启蒙对救亡是无意义的，而是说作家们心中的急切的救亡目的与思想启蒙的缓慢效果之间的关系是不很和谐的。

那么，这种错位的动力来自何方呢？我们如果真的留意一下，可能会发现，有一种认识上的习惯力量——人的品质——决定着民族和历史的命运，而人的精神或心灵又决定着人的品质。这种认识上的习惯力量，对于中国20世纪的知识分子来说也许并没有清楚地察觉到，但这种超越自觉的思想力量却常常是传统的积淀，是一种民族的"集体无意识"。中国历史上儒家的人格主义传统，作为儒家文化精髓的"心性之学"，至今在我们的社会和文化生活中还发生着重要影响，这种影响在不声不响地实现着，所以有时当我们把这种影响的文化背景明确地提出来时，甚至有些不敢承认。但是如果我们说，中国现实社会强调的是道德和人格，而西方社会则更重视天才和成就，人们也许并不怀疑。因此说中国现代悲剧性作品注重灵魂的悲剧，并且把一种悲剧性的灵魂看成是可以改变的这样一些倾向，与作为中国历史传统主流的儒家文化之间的继承和被继承的关系，是无须避讳的。

如前所述，以鲁迅为代表的中国现代作家在展示普通人的灵魂悲剧的时候，所携带着的悲剧性同情常常是伴随着激愤的，因而也是居高临下的，"哀其不幸，怒其不争"就是这种悲剧性情感的最好表述。这显然不是基于西方民主文化的人道主义情感，而更像是中国传统的民本思想背景下的人道关切。

西方文化和马克思主义文化都是在中国现代社会影响至深的文化思潮。西方的知识分子强调的是独立人格，以独立的文化姿态对待和评价社会文化，同时也以同样的立场对待他人，也就是所谓的平等观念；中国的马克思主义则要求知识分子接受无产阶级的改造，以接近无产阶级或成为无产阶级的一员。但是中国现代作家却把自己定位在一个特殊的位置上，即处于某种"政治权力"与民众之间的阶层。一方面较为熟悉，也较为同情民众；另一方面又要有所归属，如鲁迅要听"将令"，这就决定了现代中国知识分子既深切地同情民众的疾苦，又要使民众建立起人的自觉，从而实现民族的崛起，推动社会历史的发展变化。尤其后者是作为中国现代知识分子的作家们的自任的使命。实际上这种知识分子的文化地位和所肩负的历史使命，早在几千年前就已经是孔子的知识分子理想了，正如余英时所说："中国知识阶层刚刚出现在历史舞台上的时候，孔子便已努力给它灌注一种理想主义的精神，要求它的每一个分子——士——都能超越他自己个体的和群体的利害得失，而发展对整个社会的深厚关怀。"①正是这种中国知识分子的传统在现代作家的身上仍有所体现，才使他们不可能写出西方悲剧性文学所具有的某种超越历史和道德的精神品格，只能把他们笔下的悲剧人生也纳入"士志于道"的时代使命感之中，使他们创造的悲剧性作品也成为一种启蒙的实践形式。

人类创造悲剧的主要目的是满足人的情感需要，当它承载着道德动机时，就必然带有作家对悲剧人物的某种历史的和道德的要求，希望悲剧人物能够清醒，对自身有足够的自觉，以便不犯或少犯悲剧性错误和悲剧性过失。鲁迅们的悲剧故事，就驶入了这样一种轨道，他们展示悲剧人生的目的，不仅是要唤起人的怜悯和同情这样一种美好的情感，其更为重要的是提醒人们特别关注如同悲剧故事中人物命运的现实中的人们的灾难，并把那些悲剧性同情转化为某种具有实际意义的现实救助。这种对悲剧人物的理想化要求和在特定的历史情境中实际上不可能实现的矛盾，在现代这些描绘悲剧故事的作家的感受里是真正意义上的悲凉感，因为这种感受的内在因素本身，就是悲剧性的。

---

① ［美］余英时：《士与中国文化》，上海人民出版社1987年版，第35页。

三、悲凉与中和

中国的悲剧文化是特别的。中国的悲剧性文学常常用曲笔写灾难，淡化悲剧性情感，这就使得人们在中国的文学中很少能看到西方式的悲剧艺术的景象，于是便有人说中国没有悲剧。这看法虽然不一定准确，但也的确是基于对中国悲剧性文学的实际感受。中国文学的这种现象的出现，原因是相当复杂的，或出于一种现代知识分子的人道情怀，或出于某种理想主义向往，等等，这些原因可能都会影响到中国现代文学的悲剧性表现。但对于作家们来说，在头脑中更为清晰的是一种艺术上的追求，是希望自己的作品在各个方面都能达成一种平衡与和谐。如果从西方的悲剧标准来看，中国的所谓悲剧大概都近似于悲喜剧，但中国的艺术史给我们留下的悲剧就是这样一种状况，中国人对悲剧的理解和追求也正体现在这里。鲁迅曾批判过中国文学中的大团圆结局，鲁迅的矛头是针对中国文学在内容上的虚伪，在悲剧形式上的不纯粹性表现的。但是，中国现代文学史中，有许许多多的作品也还是在自觉不自觉地体现着寓悲凉于中和的特征。中国文学的这种倾向何以具有这样的生命力，大概因为只有传统具备这种力量。

包括儒家在内的中国文化传统有一个十分重要的观念，即中和意识，这正像张立文所说的，中国人认为，万物的根源不在于一个造物主，没有上帝，没有神创原因，而是和合。和合不仅是一种看问题的方法论，而且也是一种哲学的本体论。[1]说这种和合精神是一种方法论和本体论，就意味着它将在人们所认识的各种关系中体现出来。

司马迁曾说，"究天人之际，通古今之变，成一家之言"[2]，意思是说，欲成一家之言，必须通晓古今之变，要通晓古今之变，必须探究天与

---

[1] 参见张立文：《中华和合人文精神的现代价值》，载《社会科学研究》，1997年第5期；张立文、包霄林：《和合学：新世纪的文化抉择——关于一种文化战略选择的访谈》，载《开放时代》，1997年第1期。

[2] 司马迁：《报任少卿书》，见《汉书·司马迁传》。

人的关系。儒家文化中的和合观念也正是在"天"与"人"这对基本范畴中展开的。

确切地说，中国人对天与人的理解曾经经历过很大的转变。如殷商时期，天还基本被人们视为一种绝对智慧，是"上帝"，这时的天人关系被理解为神与人的关系。到了西周时期，人们从历史现实的变动中发现了"天不可信"①、"天命靡常""自求多福"②的现象，这实际上反映了原有的"天威"的动摇，于是就出现了人们从"物"的角度来解释天的观念，如周幽王二年（前780年）都城附近发生了强烈的地震，史官伯阳父的解释是由于天地阴阳之气的秩序紊乱造成的。到了春秋战国时代，人们更加倾向于把天看作自然。生活在春秋末期的儒家学派创始人孔子，对天的理解正是这一时代精神的写照。孔子似乎并不反对天命观念，如他说"获罪于天，无所祷也"③。子夏转述的一段话："死生有命，富贵在天。"④但从孔子的基本立场来看，他大体是一个宇宙一元论者。他不相信宇宙之外有不可理喻的神存在，"子不语怪、力、乱、神"⑤的评价，应该说是基本准确的。如孔子说："天何言哉？四时行焉，百物生焉，天何言哉？"⑥孔子这话的意思有点语重心长："天"又何曾说过话呢？四时按照规律在运行，百物按照规律在生长，天又说过什么呢？孔子这种把天视为自然的看法，可以说为儒家思想中的宇宙模式定了位，此后儒家文化的主导性倾向，都是把宇宙看作一个单一过程的展开，如《周易》中讲的阴阳，后儒们讲的"气"，都被视为万事万物的本体，这里正是体现出了宇宙一元论的观点。这种宇宙模式很重要，它是儒家话语的语境，是儒

---

① 《尚书·君奭》。

② 《诗经·大雅·文王》。

③ 《论语·八佾》。

④ 《论语·颜渊》。

⑤ 《论语·述而》。

⑥ 《论语·阳货》。

家文化精神的基本背景。

由于儒家把世界看作一个单一过程的展开，所以他们就自然而然地把宇宙视为一个有机的整体，这个整体之中的各个部分虽各有角色，各有使命，但它们是整体中的部分，这些部分必须始终保持一种和谐与平衡的关系，不然就将影响甚至破坏这个整体。

儒家虽不像道家讲"齐物"，儒家有明显的"重人"观念，但儒家还是把人看作世界整体的一部分，要实现世界的健康运行，人也必须像其中的其他部分一样，与世界整体保持着和谐关系。因而，儒家文化强调"天人合一"。

在儒家文化的考虑中，天人关系，实际上是人的类存在与自然之间的关系，即人类与自然之间的关系，人类要想更好地完成自身在世界整体中的使命，还必须实现"类"的和谐，即人与人的和谐关系。所以，儒家讲"礼之用，和为贵"①，讲仁者，"爱人"②，讲"己欲立而立人，己欲达而达人"③。但儒家所讲的人与人的和谐关系，是一种积极的和谐，强调和而不同，而绝不是同流合污。这种和，正像张立文所说的，是在矛盾、融合、新生的过程中实现的。这里包含着一种"中正"观念，因而有"中和"的说法。

那么，人如何能够成为"爱人"的"仁者"？儒家认为在于修身，孔子的弟子子路在问孔子何为"君子"时，孔子的回答是："修己以敬"，"修己以安人"，"修己以安百姓"④。我们虽然不能把"安人"理解为"修己"的直接或唯一的目的，但安人却是修己的必然结果。所谓修己，主要是修心性。儒家讲的身心统一，知行统一，都是对人的身心内外和谐关系的一种关注。

---

① 《论语·学而》。
② 《论语·颜渊》。
③ 《论语·雍也》。
④ 《论语·宪问》。

可见，儒家文化中的和合精神，体现为一种普遍的和谐，在儒家文化的愿望中，宇宙整体是和谐的，宇宙（自然）与人是和谐的，人与人是和谐的，人本身的身心内外也是和谐的。

儒家对美的构成、美的理想的认识也是建立在上述这种世界观念的基础之上的。董仲舒说："阳者天之宽也，阴者天之急也，中者天之用也，和者天之功也，举天之道而美于和。"①这是讲美形成于和，来源于和。孔子提出的"乐而不淫，哀而不伤"②，强调的是艺术的情感应该控制在适度的中和的境界。儒家的这种文化精神和美学观念，无论是对中国文化和美学的一种总结，还是由于儒家的这种思想观念深刻地影响了中国人的文化心理的形成，我们在社会生活中，在文学艺术作品中，都能发现这种强调和谐和中正的思想倾向和审美倾向。对此王国维曾有一段精辟的解释：

> 吾国人之精神，世间的也，乐天的也。故代表其精神之戏曲小说，无往而不著此乐天之色彩，始于悲者终于欢，始于离者终于合，始于困者终于亨；非是而欲餍阅者之心，难矣。若牡丹亭之返魂，长生殿之重圆，其最著之一例也。……故吾国之文学中，其具厌世解脱之精神者，仅有《桃花扇》与《红楼梦》耳。③

王国维的这种反思，尚把《红楼梦》除外，而在鲁迅那里已经是一种对古代文学的全面和犀利的批判。对传统的反省和批判，改变着人们的思想，重建着人们的文化观念，从而，在中国现代，便产生了如《狂人日

---

① 董仲舒：《春秋繁露·循天之道》。

② 《论语·八佾》。

③ 王国维：《〈红楼梦〉评论》，朱一玄编：《红楼梦资料汇编》，南开大学出版社1985年版，第851页。

记》《阿Q正传》《沉沦》《子夜》《雷雨》《寒夜》《呼兰河传》等新文学作品，它们都显示着一种区别于中国古代作品思想精神的现代姿态。这是中国文学自身发展的结果，更体现着中国文学在西方文艺思潮影响和中国时代文化的促动下的现代化成就。但是人们的认识、思想和理性并不能完全左右人的情感倾向，不能有效限制人们的某些艺术趣味，相反，在一定情况下，某种情感和个人情趣还会左右人的理性和人的思想认识。因而，人的价值观念、人的情感习惯、人的艺术趣味还会蕴含并体现着某些传统文化的因素。中国现代的悲剧性作品，在对中国传统文学的扬弃和超越的同时，也不时地显示着民族传统的血色。那么，这种具有现代素质的悲剧性作品是如何同时体现着传统的精神呢？我想这集中表现在三个方面：

第一，多写普通人的悲剧，在题材选择上避开了惨烈刚猛的悲剧表现。中国现代文学中的悲剧性作品，虽也有一些具有英雄本色的悲剧性人物，如鲁迅笔下的眉间尺、夏瑜，茅盾笔下的吴荪甫，郭沫若笔下的屈原，施蛰存笔下的花惊定等，都不是些默默地生、默默地死的人物，都有惊天动地的身份和叱咤风云的动作，但在现代文学里，更多的悲剧性人物却是普通的老百姓，如鲁迅笔下的华家人、阿Q、闰土、孔乙己、祥林嫂、子君和涓生，郁达夫《沉沦》中的"他"，《薄奠》中的车夫，茅盾"农村三部曲"中的老通宝等，老舍《二马》中的马则仁，《骆驼祥子》中的祥子，巴金《家》中的觉新、瑞珏、鸣凤，《寒夜》中的汪文宣等，凡此种种，我们翻开中国现代文学史看到的最多的令人怜悯的悲剧人物是处在水深火热之中的底层人和其他阶层的普通人。

这与中国现代作家的启蒙理想有关，在启蒙理想的推动下，作家的着眼点在于尚未觉醒的普通民众，但与作家们没有对惨烈刚猛的悲剧性格和对崇高的追求，也是不无关系的。因为，小人物不处在社会历史的风口浪尖上，他的行动和命运变化，不可能给社会带来更大的影响；普通人那种极平常的社会地位，不容易构成巨大的悲剧性冲突；普通人本身仅有的贫弱力量，也不可能成为呼风唤雨、惨烈刚猛的悲剧性英雄性格。这或许正体现着作家们的一种平和、超然的审美趣味的需要。

第二，不恤曲笔，在始与终的平衡中淡化悲剧感。中国现代作家的一个重要选择就是要用自己的笔，尽量深刻地表现出社会的灾难和罪恶，以引起人们的广泛注意，并在关注社会灾难和罪恶的同时，参与到社会改造和进步的历史活动之中。我曾试图在中国现代文学中选择出一些情境明朗、故事美好、情绪乐观的作品，但看来看去，不要说美好乐观的作品，就连不丑恶、不阴暗、不悲惨的作品也寥寥无几。如果我们把中国现代文学中的所有作品都编织到一起，我们看到的尽是灾难的人生，罪恶的世界，痛苦的灵魂。应该说，从整个中国现代屈辱悲惨的历史状况，从作家们的渴望国人对中国现实社会能够有一种清醒的认识，以及历史赋予他们，或是自己主动承担起的历史使命上看，作家们揭示了现实罪恶和灵魂丑陋是再合理不过的事了。既然作家们以一种可贵的历史使命感，以一颗真诚的心灵，真实地表现了时代生活，我们当然愿意在这种真实的时代悲剧中获得对人生的深刻认识，获得灵魂的净化，在价值情感的加强中获得美的享受。然而，当我们游历中国现代文学的历史时，我们总是觉得那些具有悲剧性的作品中有一种无形的力量在阻碍着我们对悲剧人生所进行的苦涩的体验。细细地琢磨，发现作家们常常在描写悲剧性人生的时候用了"曲笔"，用了与悲相对的某些审美"砝码"，调整着我们的情感流向，使我们的情感不至于完全流向悲剧感。而那种在始与终的平衡中来淡化人们的悲剧体验，就是其中的手段之一。

在那些展示现代悲剧人生的作家们之中，鲁迅是最激烈地对中国传统文学中那种"始于悲者终于欢"的现象进行批判的现代作家，他对此表现出了十分的愤怒，竟然将这种现象定罪为"瞒和骗"[1]，甚至连《红楼梦》这样的不朽之作，也无法从他的胳膊底下过去。他对《红楼梦》的评价是："《红楼梦》中的小悲剧，是社会上常有的事，作者又是比较的敢

---

[1]　参见《论睁了眼睛看》，《鲁迅全集》第1卷，人民文学出版社1981年版。

于写实的，而那结果也并不坏。无论贾氏家业再振，兰桂齐芳，即宝玉自己，也成了个披大红猩猩毡斗篷的和尚。和尚多矣，但披这样阔斗篷的能有几个，已经是'入圣超凡'无疑了。至于别的人们，则早在册子里一一注定，末路不过是一个归结：是问题的结束，不是问题的开头。读者小有不安，也终于奈何不得。然而后来或续或改，非借尸还魂，即冥中另配，必令'生旦当场团圆'，才肯放手者，乃是自欺欺人的瘾太大，所有看了小小骗局，还不甘心，定须闭眼胡说一通而后快。"①鲁迅所批判的中国文学的这种现象是具有某种普遍性的，这种普遍性的产生说明着中国文学的背后有一个相对稳定的原因在起作用，那就是中国文化要求平衡，要求和谐的中和精神。这种文化上的中和精神，一方面制约着人们对人生的基本看法；另一方面又导致了中国人对能够体现人的理想和人的情感的文学的某种独特的艺术追求。渗透在中国人的这些世界观、价值观和审美观中的和合精神，既会影响到作家对悲剧题材的选择和处理，也会在欣赏者的审美趣味中表现出来。这种创作和接受的统一趣味，会拧成一条艺术的导向，这种导向的力量，有时可能是仅仅靠我们的理性判断所无法扭转的，这一点在中国现代悲剧性作品中就不同程度地体现了出来。

从鲁迅对待中国文学的那种"始于悲者终于欢"现象的毫不留情的批判来看，他似乎是悲剧性文学的纯正性的一个坚定的捍卫者，可以说直面人生是鲁迅的一贯思想，但鲁迅在创作他自己的作品的时候也还是打了折扣，还是没有在创作实际中捍卫住悲剧的纯粹性，这一点不需要我们去证明，鲁迅自己早就明确指出了：

　　在我自己，本以为现在是已经并非一个切迫而不能已于言的人了，但或者也还未能忘怀于当日自己的寂寞的悲哀罢，所以有时候仍不免呐喊几声，聊以慰藉那在寂寞里奔驰的猛士，使他们不惮于前驱。至于我的喊声是勇猛或是悲哀，是可憎或是可笑，

① 参见《论睁了眼睛看》，《鲁迅全集》第1卷，人民文学出版社1981年版，第239页。

那倒是不暇顾及的；但既然是呐喊，则当然须听将令的了，所以我往往不恤用了曲笔，在《药》的瑜儿的坟上凭空添上一个花环，在《明天》里也不叙单四嫂子竟没有做到看见儿子的梦，因为那时的主将是不主张消极的。[1]

作家不想让悲剧人物夏瑜表现得过于悲惨和寂寞，便在他的坟上"凭空添上一个花环"；不想让单四嫂子太失望，便没有去写"单四嫂子没有做到看见儿子的梦"这样一个作家心中的悲剧人物的命运结局。这种悲剧结局的处理显然是对悲剧性的一种淡化，是在悲与喜、无望与希望之间确立一种平衡，通过这种平衡使作品中的悲剧人生置于某种"中和"格局之中。鲁迅自说这是听将令的结果，然而谁都知道，对于鲁迅这样一个恪守人格独立的文化先驱，与其说是一种"听将令"的结果，不如说是一种认识和情感上的认同的结果，是自觉不自觉地对"哀而不伤"的艺术古训遵从的结果。这一点也并非我的分析和揣测，而是鲁迅自己所认定的，他说：

> 至于自己，却也并不愿将自以为苦的寂寞，再来传染给也如我那年青时候似的正做着好梦的青年。[2]

可见鲁迅并不愿意让自己的作品展示给读者一个违反中国人悲剧心理的悲剧图景。

鲁迅在表现悲剧时的上述文化和审美心理，其他作家自然也会存在，如施蛰存的《将军底头》，着力描写了悲剧人物花惊定将军，他和他所率领的军队所向无敌，屡立战功，但他的部下打了胜仗之后的奸淫和掠夺，使他不能升迁和获得重用。他的父亲是入唐的吐蕃的武士，在他被派去征

---

① 《呐喊·自序》，《鲁迅全集》第1卷，人民文学出版社1981年版，第419页。
② 《呐喊·自序》，《鲁迅全集》第1卷，人民文学出版社1981年版，第419—420页。

讨吐蕃军的时候，他的处境是：一面是养育他的大唐，一面是他的祖国。这种难以调和的矛盾，使他陷入极大的内心冲突和痛苦之中，于是在他来到边塞小镇的时候，便带着这种心灵的冲突在酒馆喝得大醉，就是在这里遇上了受到他的部下调戏的美貌少女。他对这少女一见钟情，深爱不移。在与吐蕃军作战的战场上，由于他亲眼看到了这个少女的哥哥阵亡，便下意识地担心起那女子的安危来，就在他一走神儿的瞬间，他的头已被吐蕃将领的大刀砍了下来，一场悲剧就这样酿成了。但是作家并没有罢笔，又接着写了在吐蕃将领砍下花惊定的头的那一刹那，花惊定的大刀也砍下了吐蕃将领的头。这在中国文化中，叫作以血还血、以牙还牙的对命。对命是公平的，所以也并不显得那么悲惨。而对花惊定的悲剧命运最大的平衡因素还在后头，花惊定将军在自己的头被砍下之后，却没有倒下，仍然骑在马背上，弯腰抓起那个吐蕃将领的头，奔向那个少女所在的小镇去了，直到他来到一条河的岸边，与在对岸的那个少女相遇，被那少女用话奚落后才最终倒下。一个无头的将军竟能走向自己所爱的人，这显然更是一种"曲笔"，一种对悲剧的淡化。认真想起来，这岂不是《牡丹亭》的悲剧模式的一种翻版吗？

在中国现代文学中，这种对中和审美意识的体现是各种各样的，有的作家甚至对某种悲剧倾向的节制会跨越多部作品，如叶圣陶在《低能儿》中刻画了阿菊这样一个生存和心灵都很悲惨的悲剧性人物，而作家此后又写了一篇《小铜匠》，作品中同样是孩子的陆根元却是一个有主见、心灵手巧、有很强的生活能力的孩子，他最后用自己的能力使周围人不得不对他表示佩服。作品是两部，但却相映成趣。我们虽然不能肯定地说这一定是作家有意为之的，但我们也不能说这里不包含着作家的中和审美意识，更何况，早有学者认为叶圣陶的文学创作，在中国现代文学中是最能体现传统的中和精神的突出代表呢。①

---

① 参见罗成琰：《回溯长河之源——现代中国作家与传统文化》，第7章，湖南文艺出版社1995年版；费振钟：《江南士风与江苏文学》，第3章，湖南教育出版社1995年版。

　　第三，在文与质、悲与喜的对立和交融中诱人进行冷静沉思。中国现代文学中的一些具有悲剧性的作品，虽总是展示了人生的灾难，塑造了一些令人怜悯的悲剧性人物，但从作品看，作家又常常有意无意地在作品结构里加进与悲剧性因素相对的一些成分。这些非悲剧性的成分，在作品中或是强化着深层的悲剧精神，或是在某种角度上有效地控制着悲剧情感的泛滥。如鲁迅的《孔乙己》《祝福》等作品，虽然人物的命运都十分悲惨，但叙述者的态度却都是冷漠的，对悲剧人物的遭遇不以为然。作为孔乙己的见证者的店里的伙计，对孔乙己的态度主要是两个：一个是孔乙己好笑，这伙计能够记住孔乙己也不过是因为"孔乙己到店，才可以笑几声"；一个是鄙视："我想，讨饭一样的人，也配考我么？"正表明着这个伙计对孔乙己的心态。《祝福》中的"我"，虽在总体上看是一个具有人道主义精神的知识分子，但这个人物对待祥林嫂的悲剧命运也还是漫不经心的，不然怎么会对祥林嫂那么重要的疑问回答得那么草率呢。有欣赏实践的人都知道，作品叙述者的态度常常对读者具有相当大的导向作用，所以，作家用了这样的艺术手段，其目的就是在对读者的情感加以节制的同时，引导读者关注作品中展示的悲剧现实的思想意义。

　　萧红的《呼兰河传》虽写了像胡家的小童养媳等悲剧性人物，但是这些不幸的事实，却被置于叙述者的回忆之中，回忆中的事件在人们心理上产生的遥远的距离感，常常会使人们把心酸、痛苦、灾难或是快乐都作为一种趣味来看待，如果我们关注了叙述者与作品中的那些故事的关系，我们就会发现作品的叙述者的叙述态度也真的具有这种回忆的趣味倾向。

　　除了用这种形式的因素来节制悲剧情感之外，中国现代作家还常常用一种介于形式和事实之间的喜剧性因素来对作品的悲剧感加以节制。如鲁迅的《阿Q正传》，作家一方面表现了阿Q的悲惨遭遇，另一方面又以相当多的笔墨写了阿Q身上的悲剧性错误，这些错误表现不像奥塞罗那种严肃的、沉重的错误，而是可悲又十分可笑的错误。当悲惨遭遇与由于个人愚昧所带来的滑稽可笑集于阿Q一身时，他的遭遇所体现出来的悲剧感自然受到了有效的节制。但我们应该看到，这种节制是一种统一的对立，阿Q的可笑行为多是对他本人的可悲处境不能察觉而产生的滑稽，所以这种可笑虽抑制了悲剧性情感，但在理性层面上却深化了作品的悲剧主题。

老舍对《二马》中的马泽仁的刻画，钱钟书在《围城》中对方鸿渐的刻画，作家也大致采用了近似的表现模式，主人公的悲剧命运给人的悲剧感在作品的讽刺加幽默的笔调之下受到了节制。

当然，也有一些作品借助某些不同倾向的事实，来实现作品的一种中和境界。如茅盾的"农村三部曲"，老通宝这代人是悲剧的人生，但多多头的朴素认识和觉醒则又暗示了老通宝们的悲剧命运的某种转机。在《子夜》中，吴荪甫这个悲剧人物在一切希望都化为灰烬之时，虽曾想自杀，但他还是超越了这条绝路，和少奶奶林佩瑶双双到庐山消闲去了。

中国现代作家在他们的作品中用文与质、悲与喜的对立统一关系，来节制作品中的悲剧情感的这一事实的背后，所隐藏的动机是多方面的，但其中有两点是值得特别重视的：一是作家们不希望作品一味地表现悲剧性，是要引导人们对作品中所展示的现实进行冷静的沉思，以便引起疗救的注意；二是作家也不希望把自己所感受到的悲哀和苦痛无节制地展示在读者面前，有意追求一种"哀而不伤"的情感表现。显然，这两种表现都能统一到那种平衡中和的审美境界之中。

纵观中国现代作家的悲剧性作品，缺少悲剧的纯粹性，但又体现出某种丰富性，因而我们说中国现代是有悲剧性文学，还是没有悲剧性文学，就要看我们站在什么样的价值立场上了。

第六章　功利意识

——儒家传统与现代作家的审美取向之二

中国现代文学的功利意识是贯穿始终的，但不同的作家所表现出来的功利意识也还是有自己的倾向。鲁迅是带有人本主义倾向的文艺功利观；郭沫若承认文艺作品在客观上是可以实现社会目的的；茅盾在文艺的功利观念上强调动机和效果的统一；赵树理希望自己能够用自己的作品来为政府工作。

一、以人为本：鲁迅的启蒙主义功利观

中国整个20世纪的文化选择，就总体而言，都是对西方的侵入与挑战的回应，这种回应是建立在民族立场上的，其动机和目标是振兴中国。这个目标是20世纪中国几代知识分子的共同追求，如果将实现这一目标看作一个过程，那么这个过程的逻辑起点在哪里？不同历史时期的知识精英们的思考虽因时代而异，但他们有一个共同的观点是，从转变国人的思想意

识入手，认为国人的思想意识是解决这一问题的根本和关键。他们正是从
这一思路出发，把自己的启蒙动机与对现实人生的深切感受赋予了一种审
美形式。鲁迅既是其中的一个重要代表，也显示出了他独特的人本主义的
文学功利思想。

（一）

我们知道，鲁迅在刚刚踏上文艺道路之初，就把文艺视为一种肩负
着沉重的历史使命和严肃的道德任务的文化形态，鲁迅的目的不是想搞艺
术，"不过想利用他（指小说——引者）的力量，来改良社会"，而"和
学问之类，是绝不相干的"。①他做小说不是为了当小说家，而是为了唤
醒沉默和麻木的国民灵魂。因而在小说创作时也是以思想启蒙和"改良人
生"的内在依据来选择艺术形式：他特别看重《钦差大臣》的"使演员直
接对看客道：'你们笑自己！'"的结构方式。鲁迅对此也表现出相当的
自觉性，明确地说："我的方法是在使读者摸不着在写自己以外的谁，一
下子就推诿掉，变成旁观者，而疑心到像是写自己，又像是写一切人，
因此开出反省的道路。"②他绝不让读者轻轻松松地从他的小说中走开，
读者要离去只有在心灵上背起历史、现实和个人的疑问才被允许。可见鲁
迅为了达到他的启蒙目的，实现文艺的社会价值，对读者是近乎"残忍"
的。他"所以力避行文的唠叨，只要觉得够将意思传给别人了，就宁可什
么陪衬拖带也没有"，鲁迅并深信对于他改良人生的目的，"这方法是适
宜的"。③这些事实所说明的，就是文艺是以它的思想价值为前提的，艺
术形式是要接受它的历史功能的制约和选择的。在鲁迅看来，文艺的历史

---

① 《我怎么做起小说来》，《鲁迅全集》第4卷，人民文学出版社1981年版，第511
页。

② 《答〈戏〉周刊编者信》，《鲁迅全集》第6卷，人民文学出版社1981年版，第
145—146页。

③ 《我怎么做起小说来》，《鲁迅全集》第4卷，人民文学出版社1981年版，第512
页。

价值具有极为显要的优先地位。

鲁迅虽从不否认文艺的社会价值和历史功能，但他并不孤立地强调文艺的社会价值，而是把文艺的社会价值视为一种独立的价值形态，肯定文艺的力量又不无边地夸大文艺的价值。他肯定文艺是"宣传"，又反对把宣传视为文艺的全部，从而消解了文艺作为一种审美形式的独立价值。他认为文艺的历史功能应该在审美的构架中来实现，否则就失去了讨论文艺这个前提。因而他一再强调：

> 我是不相信文艺的旋乾转坤的力量的，但倘有人要在别方面应用他，我以为也可以。譬如"宣传"就是。[1]

> 我以为一切文艺固是宣传，而一切宣传却并非全是文艺，这正如一切花皆有色（我将白也算作色），而凡颜色未必都是花一样。[2]

我们无法回避，鲁迅在谈到文艺的历史功能与它的独立形式时，所强调的和所承认的，并不完全一样。他在承认文艺是宣传时，仿佛更加强调文艺的独立价值。但我们应当看到，这是由于他言说这一思想时的文化语境，即他言说时的特定假想"对手"的不同造成的。当人们将文艺作为某种纯粹的审美形式的时候，文艺的独立艺术价值已不必去强调，于是他就特别强调文艺的历史功能；当有人过分强调文艺的思想价值而无视文艺的审美品格时，需要强调的当然是艺术的独立价值。可以肯定，鲁迅的艺术观是思想价值与审美品格的统一论，但鲁迅却从未将文艺视为作家的审美自娱与读者的消遣的消费形式，相反始终强调文艺的思想启蒙意义和它的社会历史功能。

---

[1] 《文艺与革命》，《鲁迅全集》第4卷，人民文学出版社1981年版，第83页。

[2] 《文艺与革命》，《鲁迅全集》第4卷，人民文学出版社1981年版，第84页。

我不反对说鲁迅继承和发展了梁启超"欲新人心，欲新人格，必新小说"①的观点，②梁启超特别强调小说的新民觉世的历史功能的思想，从一定角度说，在鲁迅那里是有过之而无不及。因为鲁迅虽不同于梁氏，在重视文艺的历史功能的同时也不忽视文艺的审美品格，然而鲁迅重视艺术的独立意义的根本目的，却是更好地实现文艺的社会历史价值，而不是为了追求某种至美的艺术品。

当我们把这一由梁启超开创、由鲁迅加以发展和完善的20世纪中国小说观念的传统放在中国历史中加以观照和理解时，就会发现一个长期以来被人们有意无意地回避或忽略的问题：梁启超的小说观念的历史超越性仅仅表现在他把小说从"旁门"文学变为正统文学。同时，小说成为理直气壮的文学样式的条件是，小说必须具备正统文学的资格，这种正统文学的资格又一定肩负正统文学的使命，这一正统文学的使命就是明道济世，用人们不愿意承认的话来说，就是"文以载道"。

如前述，不可否认，文以载道的文艺观在中国的20世纪，甚至在"五四"以后，一直具有强大的结构功能。不要说鲁迅把文艺的最主要价值理解为"改良人生"，也不要说文学研究会的作家们将文学看成是"为人生"的，就是另外的创造社文人，不同样是打着"为艺术"的旗号，为推进历史进程而写作吗？郭沫若和郁达夫在"五四"以后很快放弃了"自我表现"的文艺观，带着真诚，带着自我牺牲的精神去大力表现底层的痛苦和时代的黑暗，甚至以一支文学之笔投身革命的文化选择，不是正表明着一种"为人生"的内在逻辑吗？中国文学始终逃不出"文以载道"的传统，不仅说明它的"顽固"，而且也说明它的深入人心。

的确，儒家所提倡的"文以载道"的"道"，与鲁迅们的"改良人生"，启蒙思想的历史功能的具体内涵并不完全一致（当然也有一致之

---

① 梁启超：《小说与群治之关系》，郭绍虞主编：《中国历代文论选》第4册，上海古籍出版社1980年版，第207页。

② 参见钱理群等：《中国现代文学三十年》，上海文艺出版社1987年版，第59—60页。

处），但从文艺的价值取向和结构功能上看，它们是相同的。对于这一点，我觉得郭沫若在谈到"五四"文学革命时对此所作的解释倒是较为可取：

> 古人说"文以载道"，在文学革命的当时虽曾尽力的加以抨击，其实这个公式倒是一点也不错的。道就是时代的社会意识。在封建时代的社会意识是纲常伦教，所以那时的文所载的道便是忠孝节义的讴歌。近世资本制度时代的社会意识是尊重天赋人权，鼓励自由竞争，所以这时候的文便不能不来载这个自由平等的新道。这个道和封建社会的道根本是对立的，所以在这儿便不能不来一个划时期的文艺上的革命。①

如郭沫若所给予我们的提醒那样，不同时代的"道"是不同或者不尽相同的，但我们却不能因为否定了封建时代的"道"，也将"文以载道"的结构意义和它的价值取向同时扔掉。这恍如每个时代，乃至每个人对真善美的理解都是不同的，但我们不能因为不同意某个时代或某个个人对真善美的认识，而把真善美的超时代价值和意义也一笔勾销，也正如我们要扔掉盆里的脏水，将尚有价值的盆也一起扔掉一样荒谬和不可取。就实际的历史而言，这种看法也是无法实现的，中国文学的全部历史就在不断地证明着这一点。

儒家传统的美论思想虽讲究"尽善尽美""文质彬彬"，但儒家却始终把"善"放在首位，把善作为美的基石。善是一种实践范畴，是一种历史功能，是一种社会目的。这种美论思想决定了儒家的艺术观反对把艺术作为一种与历史和现实相脱离的完全独立的审美形式，而要求艺术对历史进程的依赖和参与，换一个说法，就是强调艺术的社会目的性。值得注意的是，这种美论思想和艺术观念是与中国整体性的文化体系分不开的，美

---

① 《文学革命之回顾》，《郭沫若全集·文学编》第16卷，人民文学出版社1989年版，第86页。

和艺术是这个有机的整体性文化结构的一部分，人们只要自觉或不自觉地无法拒绝中国文化的道德主义和人治特征，就必然对文艺的历史价值加以强调。西方历史对此作出了不同的回答。他们认为"真"是美的基础，事物的内在规律是美的本体，因而他们的美可以因他们将"真"界定为"上帝"而走向上帝；也可以因为他们将"真"界定为"意欲"而使美回到内心。显然，这些"美"都已具有了外在于历史，并与历史对立的性质和姿态。这种对美的认识，当然会产生唯美主义和为艺术而艺术的文艺观，会拒绝文艺对社会历史的依赖和参与。

鲁迅处在中国的文化情境中，以一种现代的姿态继承了儒家强调历史价值的文艺观是清醒和明智的，因为这样才能有效地实现文艺的价值：关心了历史和民众，从而为人们所接受；历史认同了这样的艺术，作家的启蒙和"改良人生"的价值目标才会得以实现。总而言之，由于这种艺术形式蕴含着深厚的儒家传统积淀，它无论对作家还是国人来说都会产生一种文化心理上的亲切感和现实价值的需要感。

（二）

文艺的社会目的的实现，按说应该有许多条途径，但鲁迅在思考如何用文艺来实现他的启蒙主张时，则是更多地将这种功利目的放在了精神至上观的思想依据基础之上的。

我们知道，鲁迅能够成为作家，来自于他的人生中的一次重要抉择，那就是他在1906年的弃医从文。鲁迅为什么突然弃医从文？人们常常把《〈呐喊〉自序》中鲁迅的一段自述作为依据。用鲁迅自己的话说，从那一次以后就放弃了学医的理想，到了东京搞文艺运动去了。然而，当我们仔细考察鲁迅"从医"还是"从文"的理由时，就会发现问题并不那么简单。

鲁迅的从医选择是相当实际而有意义的，照他自己的说法是，一面可以救治"被误的病人"，可以在战时做军医；一面可以促进"国人对维新的信仰"。根据上面的解释，鲁迅对这样一种选择的放弃理由并不充分，因为一方面在战争时期，第三国的人为交战双方的一方做间谍的事是常有的，另一方面这现象对于中国人来说又没有普遍意义，并不能说明什么深刻的问题。鲁迅却因此得到三点认识：一是国民的精神如果"愚弱"，体格再健壮也毫无意义；二是国民救助的唯一途径是"改变他们的精神"；三是"善于改变精神的""要推文艺"。很显然，鲁迅的这三点认识有一个共同的关怀，就是人的精神的重要性，而这种对人的精神的特别强调，与他所看到的那些极度悲愤和痛苦的"画面"似乎并无直接的、明显的联系，这说明强调人的精神已经先在于鲁迅的思想结构之中了。

1907年以后，鲁迅连续发表的《人之历史》《科学史教篇》《文化偏至论》《摩罗诗力说》《破恶声论》等文章，集中反映了他早期的思想成果，尤其是《文化偏至论》中所表达的思想更具有代表性。在这里，鲁迅的思考是，要振兴民族大业，重建民族文化的辉煌，就"当稽求既往，相度方来，掊物质而张灵明，任个人而排众数"[1]。很显然，鲁迅在将物质与灵明、个人与众数对立起来之后，赞成和主张的是"张灵明"和"任个人"。

与物质相对的"灵明"，同传统儒家心性之学中的"心"的含义十分接近，如王阳明在《大学问》中就把心界定为"身之灵明主宰之谓也"。鲁迅所说的灵明，实际是指良知，即人的道德理性。也就是说，救世的法宝不是物质，而是人的良知和理性，民族的希望在于人们的精神世界的转变。

鲁迅在这里说的"个人"和"众数"，其含义是特定的。他提出"任个性而排众数"的口号，是基于对"众治"的怀疑和对思想自由的特殊关心。他认为有了更多的国民能够用自己的头脑去独立地思考历史、面对现实，民族国家才有望振兴。中华民族的出路"首在立人，人立之后而凡事举；若其道术，乃必尊个性而张精神"[2]。鲁迅的"个人"是指一种独立人格，而这种独立人格又是在个性精神的支撑下实现的，所以他才把民族

---

① 《文化偏至论》，《鲁迅全集》第1卷，人民文学出版社1981年版，第46页。

② 《文化偏至论》，《鲁迅全集》第1卷，人民文学出版社1981年版，第57页。

振兴和民族文化重建的基本途径最终归结到"尊个性而张精神"上来。

在鲁迅看来，个人化的思想是历史进化和社会解放的动力之源，他所强调的人的精神，不仅是一种民族解放和文化重建的历史需要，而且常常在他的历史文化评判中不声不响地成为某种价值标准。他所提倡的是与肯定个性精神和思想意识的重要地位合拍的文化价值，他所反对的一般也是与否定和压制精神至上的历史观念和文化现象。正是由于这个原因，他一生的思想和作为，虽也在不断地变化，但始终没有放弃思想启蒙这个追求。

鲁迅走上文艺的道路是出于他看准了文艺最善于改变人的精神。作为文艺家的鲁迅，也正是自觉于这样一种价值原则去选择文化和接受文化的选择。与他早期对"众治"的怀疑和否定相关联的是，他后来仍然对政治不以为然，甚至对政治进行历史哲学的批判。譬如，在政治不断显示出它对历史和现实的推动和控制力量的中国20世纪20年代后期，他却明确指出他所推崇和从事的文艺与政治的不可调和的矛盾和对立。他认为文艺与"政治不断地冲突"，"政治想维系现状使它统一，文艺催促社会进化使它渐渐分离：文艺虽使社会分裂，但是社会这样才进步起来"，而政治家"厌恶"文学家的根本目的是"想不准大家思想"。①鲁迅对政治的批判正是出于政治对个性精神和思想的先觉性的扼杀，也就是说，鲁迅批判政治和张扬文艺并非他真正的和最终的目的，他所急于实现的历史功能是人的精神的改变，即人的精神的独立。

作为思想家的鲁迅，他也曾鼓吹过科学，然而他对科学的价值认同并不明显表现在科学为人们提供的生存意义，相反却突出地表现为科学对人的精神的启蒙和灵魂的救赎。他早在《〈月界旅行〉辨言》中就曾指出，科学的意义在于"改良思想，补助文明"，"导中国人群以进行"。②他

---

①　《文艺与政治的歧途》，《鲁迅全集》第7卷，人民文学出版社1981年版，第114—117页。

②　《〈月界旅行〉辨言》，《鲁迅全集》第10卷，人民文学出版社1981年版，第152页。

从科学事业转向文艺是为了国民精神的救赎，他提倡科学的目的也没有背离这一基本动机，他所倾心张扬的是能够对人的世界观、对人的精神结构发生影响的科学精神。鲁迅批判西方中世纪的教会束缚，是因为它压制了"思想自由"①；鲁迅将"奉科学为圭臬之辈"的主张视为"恶声"，原因也是他们对人所需要的精神价值的漠视。②

作为革命家的鲁迅，他并没有把用现实的革命或政治手段清除社会黑暗和腐败，以及建立新的社会秩序作为头等重要的使命，至多不过是以笔做投枪揭露社会黑暗和罪恶，而他自始至终的注意中心却是国民性的研究和解剖，是启发民智，使国民树立起"人"的自觉，如他所感叹的"中国人从来没有争到过人的价格"③，和他所主张的"人类向各民族要求的是'人'"④。鲁迅之所以一生都着力于思想启蒙，来自于他认为人和"人为"对历史的构成和发展的主宰作用，而人格和人的行为又是由人的思想意识或人的精神直接决定的这样一种思想观念。

概而言之，从存在角度说，这种精神至上主义，在鲁迅的思维结构中是不是一种自觉，或者是在多大程度上的自觉，虽十分复杂、一言难尽，但无可辩驳的是鲁迅的思维所触及的许多方面都体现出精神至上的思想倾向，同时精神至上主义在鲁迅一生的精神活动中，构成了某种反复和不断出现的现象，这说明精神至上主义已经成为鲁迅的分析范式。

从本质上说，我们想特别强调的是鲁迅的精神至上主义的逻辑起点不是个人主义和唯我主义，而是建立在与他人和民众的和谐关系的基础之上的。

林毓生曾认为，甲午战争以来的中国第一代和第二代知识分子所具有的是"借思想文化解决问题"的思想模式。鲁迅当然在他的视野之

① 参见《人之历史》，《鲁迅全集》第1卷，人民文学出版社1981年版。

② 参见《破恶声论》，《鲁迅全集》第10卷，人民文学出版社1981年版。

③ 《灯下漫笔》，《鲁迅全集》第1卷，人民文学出版社1981年版，第210页。

④ 《随感录四十》，《鲁迅全集》第1卷，人民文学出版社1981年版，第321页。

中，"借思想文化解决问题"的命题，即认为"思想是政体和社会的基础"①，历史进步与社会和政治秩序的变革和重建取决于人的思想道德的变革，这种对思想变革优先性的深信不疑，就包含着我们所说的精神至上主义的含义。②与我们所不同的是，林氏的目的是寻找鲁迅们的"全盘性反传统主义的根源"，而我们则试图客观地再现鲁迅本来的精神世界，以及传统与鲁迅的思想意识所构成的关联。

（三）

我们提醒人们不要忽视鲁迅思维方式上的这一特点，其目的并不仅仅在于展示这一特点本身，一个更为有意义的问题是这一特点的历史文化根源。

学界有一种并不少见的看法，认为鲁迅的文化批判之所以那么深刻和具有超越性，一个很重要的原因就是他掌握了属于西方20世纪这样一个新的思想时代的理论武器，认为鲁迅的精神至上主义，也是来自于西方唯意志论等思想影响的结果。这样去说明鲁迅的深刻、超前和现代当然是十分简便的，但简便的证明也常常是草率的。的确，鲁迅在思想文化上曾不同程度地接触过达尔文的进化论观念，海克尔一元论生物哲学，斯宾塞的文化人类学，叔本华、尼采和克尔恺郭尔的唯意志论思想等。但仅仅根据这些就能够把西方思想视为鲁迅具有新姿态的思想的文化根源，就能够把鲁迅思想结构中的精神至上主义说成是西方唯意志论等思想影响的结果吗？根据显然是不充分的。

我想我们首先应该注意到这样几个事实：一是精神至上主义作为鲁迅的一种思想模式，它将需要长期的环境、心理、知识的积累和思想的训练才能形成。任何一种思想在本质上的把握都需要一个相当长的过程，鲁迅

---

① ［美］林毓生：《中国意识的危机》，贵州人民出版社1986年12月版，第61页。

② 参见［美］林毓生：《中国意识的危机》，贵州人民出版社1986年12月版，第60—82页。

的时代从思想史上说还是西方思想刚刚进入中国的时代，可以说鲁迅还没能拥有这些条件，即便是今天的我们也还不能说是完全认识了西方思想的真谛。应该说，鲁迅的时代还不是从本质上理解西方思想的时代，而且鲁迅接触西方思想的机会是极为有限的。二是西方文化思想虽然是复杂多样的，但西方文化的核心本质不是强调思想的思想，而是强调制度和物质的思想；不是把精神文化放在首位，而是把制度文化和物质文化放在首位，即我们常说的"唯物论"、"经济决定论"和"政治决定论"等，这与鲁迅的精神至上主义观念正好相反。三是我们能够看到西方的进化论与鲁迅思想中的社会达尔文主义、尼采的超人哲学与鲁迅的"立人"观念之间的关联。但鲁迅思想的核心一个是同情弱者，一个是救世济民精神，这与达尔文主义的强者哲学，与西方唯意志论的极端唯我主义是有本质区别的。

作为一个处于思想文化转型时期的作家，一个过渡时代的知识分子，鲁迅的精神世界自然是复杂的，既有传统文化的深刻积淀，又有外来思想文化的冲击。但是，我们应该看到，鲁迅是一面主张"拿来主义"和坚决批判传统，一面又在自觉或不自觉地表现出对传统文化的信奉，这不仅体现在他的伦理观念和道德选择上，体现在他世界观的方方面面，同时也在他的精神至上观的思想模式中体现出来。因而我们不应回避和搁置鲁迅的精神至上观与传统文化的深层联系。

中国没有形成特别规范的宗教形式与中国人更关怀伦理性哲学有关，中国哲学没有西方式的能够形成二元对立结构的终极关怀，又与中国人的哲学指向是建立在宇宙一元论背景之上的心学模式相连。心学，可以说是中国传统文化的一个重要走向。本来道家创始人老子的学说是经世的，可到了庄子时代则变为心性之学，儒家的创始人孔子的学说更不用说是经世之学，可到了孟子时代，也走上了心学轨道；儒家文化被确立为正统之学以后，曾一度发生危机，因而唐代的有识之士掀起了儒学复兴运动，而这一运动于北宋完成时所重建的新儒学，吸收了道家和佛家的一些思想，还是成为一种更为完善的心性之学。这说明，儒家思想的本质特征之一就是它的心学模式，心学模式在中国有着丰厚的历史文化土壤，它在中国深入人心，而且具有极强的生命力。要认识中国的心学传统，要发现这种心学传统与鲁迅的思想模式之间的深刻联系，我们就不得不回视一下中国思想史的一些事实。儒家思想虽不能代表所有的中国传统思想，但它却是中国思想的主流与核心，心学思想也以儒家的心性之学最为发达和最有代表性，这也算是我们在儒家思想中寻找现代思想的历史文化依据的一个重要原因。

在《论语》中，"心"字只有六见，其中直接出自孔子之口的只三见，而且这三见也不能说都具有概念性，但论及儒家的心性之学，又必须从孔子学说谈起。我虽并不反对认为儒家的心性之学是由孟子开的先河，但我们不可忽视的是孟子的全部学说都是建立在孔子思想基础上的，孟子的心学也是对孔子人格学说的深入理解和阐释，孔子尽管不能被认为是儒家心学的奠基者，但孟子以后的心学思想却与孔子的思想是一脉相承的。

大家知道孔子有一个最为得意的学生，叫颜回。他既没有做过官，也没有发过财，可以说中国世俗所肯定的功名利禄等人生价值，都与他无缘。他有为官之才，但却没有赶上子贡、子路在政治上的成就。居于陋巷，生活苦不堪言，有道是"人不堪其忧，回也不改其乐"[①]。他生前不能尽孝于父母，死后还要由父亲来为他举行葬礼。可以说他是一个现实中的失败者。如果用经世的价值标准来衡量，他是一无是处的。然而，孔子在世时就对他大加赞赏，说他死后再也没有那样的好学者。据《史记·弟子列传》载，颜回在汉时被列为"七十七贤人"之首。后来的唐太宗尊他为"先师"，唐玄宗赠其"兖公"，宋真宗加封"兖国公"，元文宗奉为"兖国复圣公"，明嘉靖九年（1530年）改称"复圣颜子"。为什么他在经世方面无功无绩，却能得到孔子那样的高度评价，能在中国历史上有如此显赫的辉煌呢？孔子的解释是"其心三月不违仁"[②]。在孔子看来，人格是最为重要的，是经世之本，而人格的成就又取决于"其

---

① 《论语·雍也》。

② 《论语·雍也》。

心"。这种强调人心和人格的思想，实际上已经具有了后来儒家心学的基本观念。

孔子曾说："仁远乎哉？我欲仁，斯仁至矣。"①又说："欲仁而得仁"②。总起而言，这里强调两点，一方面，既然是我想为仁，仁就会来，那么就说明仁本身就是人的主体心性的一种潜能，因而人人都具有仁心；另一方面，仁，来自于人的主观欲求，仁是心的召唤的结果。心的欲求是得仁的根本和关键。但同时，孔子又承认自己也未能实现圣和仁，所谓："若圣于仁，则吾岂敢？"③这里也强调两点：一是天下没有什么人已经完全体现了仁的价值，仁是一个理想的人格境界。二是仁要通过艰苦的磨炼才能达到，提出了践仁的必要性。孔子思想是以仁为核心的，孔子虽也未明白地将仁称为心，但从孔子的言论中可知心是践仁的主宰，仁要在心上得到解释和落实，所以孟子在阐发孔子的仁时便说："仁，人心也。"④

虽然孟子被认为是儒家心学的开创者，但孔子的以仁为核心的人格学说，却规定了儒家心学的基本走向，即心的道德性。孟子的心性之学正是建立在仁心的逻辑基础上的。孟子曾提出天、性、心的心性之学模式，所谓："尽其心者，知其性也；知其性，则知其天矣。"⑤这就是说，天是性的本体，性是心的依据。心虽是一种道德功能，但它却是人的天性这个本体的摹本和体现，因而孟子必然讲性善，而这个善就是人的天性的道德本心。心，不仅载有道德法则，也是一种具有外在道德价值的能量。但孟子并没有将心仅仅理解为某种静态的道德功能，他认为这种负载着道德原则的心也只是践仁的出发点，是一种潜在的为善能量，因此他说："恻

---

① 《论语·述而》。

② 《论语·尧曰》。

③ 《论语·述而》。

④ 《孟子·告子上》。

⑤ 《孟子·尽心上》。

隐之心，仁之端也；羞恶之心，义之端也；辞让之心，礼之端也；是非之心，智之端也。"①既然这种体现着善的心还是"端"，还是一个开头或起点，那么它就有重塑的必要，它就要加以提升。

孟子之后的荀子曾提出与孟子不同的心性之学观念，他虽也认为"性者，天之就也"，但他所发现的这种天性的本质却是"情"。从逻辑范畴上讲，情就是性，二者同质同构，而"情"的衍生结果又是"欲"，即他所说的"情者，性之质也。欲者，情之应也"②。所以徐复观说荀子是"以欲论性"。在荀子看来，人的"好利""疾恶""好声色"等欲望，会导致"争夺""残贼""淫乱"的行为③，因而得出结论："人之性恶，其善者伪也。"④荀子既然认为人天性恶，那么人类的希望在哪里呢？荀子说："今人之性恶，必将待师法然后正，待礼仪然后治。"⑤师法和礼仪虽然是化性为善的具体途径，但师法和礼仪的客观尺度是"道"。荀子讲："何为衡？曰：道。"⑥不过"道"是需要认识的，道被认识后才能成为有意义的价值标准，这就需要一种能够认识道的认知功能，这种认知功能就是荀子所说的心，所谓："人何以知道？曰：心。"⑦"心知道，然后可道。"⑧于是，心成为化性为善的主体内在依据。心为什么具有这样的功能？是因为"心生而有知"⑨。荀子讲的心虽不同于孟子的德性心，是一种认知心，但它仍以成德为其终趣，它的成就

① 《孟子·公孙丑上》。
② 《荀子·正名》。
③ 《荀子·性恶》。
④ 《荀子·性恶》。
⑤ 《荀子·性恶》。
⑥ 《荀子·解蔽》。
⑦ 《荀子·解蔽》。
⑧ 《荀子·解蔽》。
⑨ 《荀子·解蔽》。

仍表现为理想人格和历史秩序，因此，在荀子看来，心是人格实现和历史秩序的主宰功能。

荀子和孟子的心性之学虽大异其趣，但我们不难看出，荀子却又与孟子一样地强调心的内在依据性和对人及其历史秩序的主宰功能；强调"人之性恶，其善者伪也"的化性为善的人为性，而且他的性恶论使他完全将人的德性视为后天养成的结果。可见，在这一点上他比孟子认识得更为透彻。

宋明心学，可谓儒学的一次革新，也可谓儒学的一次复兴。宋明心学有着深厚的历史文化积淀，又有效地吸收了佛家和道家思想，因而比起先秦时期更为丰富和发达，但就其基本思想而言，仍是有很大的一致性。朱熹所言之心与荀子接近，王阳明所说的心与孟子接近。

儒学的这种突出人的心智功能的思想倾向，实际上已经成为一种民族文化逻辑，这不仅表现在中国哲学和思想史中，在实际的历史行为里，人们也从未忘记"民心"，忘记"人的因素"等，对人的精神的表达、理解和强调有时甚至有些过分。由于这种思想模式是以一种文化基因的形式在鲁迅的精神结构中加以延续的，因而他本人没有清醒地察觉或是干脆没有察觉也是十分正常的，我们却不能因此对鲁迅的思想模式与儒家心性之学的密切关系视而不见。

就本质意义而言，鲁迅的精神至上主义，一是强调人格的作用，它的价值范畴就是"修身"，鲁迅始终相信人的质量就是社会和历史的质量，人是社会历史本质的根本所在；二是强调思想的历史功能，它的价值范畴就是"心"的内在思想经验的功能（道德功能），所以，鲁迅一直十分关怀国民性，并致力于国民精神的救助，为民众的思想启蒙运动而呕心沥血；三是强调心对修身的决定作用，及人格和心性的可塑性，人格塑造与心性养成的极端重要性。鲁迅一生的追求目标就是通过改造人的思想——人心来实现社会的变革和历史的进步，并且坚信人心是可以改变的。这一思想特征显然与我们前面所描述的儒家心学思想在本质意义上有着千丝万缕的联系，甚至是十分接近的。

就鲁迅的精神结构形成的历史文化语境而言，鲁迅从小所受到的是正规的儒家文化的教育，他的最直接的文化环境是一个以儒家传统为信仰的正统家庭。在西方思想与儒家传统这两大文化系统中，鲁迅的精神结构与哪一个在事实上和本质上有联系或联系得更为紧密我想也是不言自明的。可见，精神至上主义是鲁迅思想模式的一个特征，而这一思想特征的形成依据又主要与儒家文化传统有关。此外，从上面的分析可以看出，证明鲁迅的思想模式与儒家思想的深刻联系并不是我们的全部目的，我们渴望得到认同的还有，鲁迅之所以被誉为"民族魂"，之所以在一个动荡的时代而没有成为昙花一现的思想者，之所以始终没有失去他的现实意义，一个很重要的原因就是他自觉或不自觉地与民族传统保持着积极的联系，他的脚踏着丰厚的传统文化的历史积淀。

正是由于认为人的精神是社会变革的根本，鲁迅才选择了文艺作为拯救民众、变革社会的途径，因而在鲁迅看来，文艺肩负着推动历史进程的重要而切实的使命。坚持认为文艺应该具有社会目的，是中国现代许多作家的一种文艺观念，只是鲁迅的这种文艺的功利观念中强调了对人的处境、对人格和人心的特别关切。

二、无用之用：郭沫若的客观功利观

当我们把郭沫若的文学价值观作为对象加以审视时，有的人因为过于专注，有的人因为带着某种先在的命题，于是，或者说其是唯艺术的，或者说其是功利的，或者说其是"多变"的和矛盾的。我们虽不能简单地说出孰是孰非，但有一点是可以肯定的：如果忽视甚至完全忘记了郭沫若文学价值观的特定语境，就不大可能对郭沫若文学价值观作出恰当的审视和分析报告。

（一）

郭沫若的确多次告诉过我们，他的文学价值观是非功利的。如他说："我对于艺术上的功利主义动机说，是有所抵触的。"①他曾这样说过："艺术上的功利主义的问题，我也曾经思索过。假使创作家纯以功利主义为前提以从事创作，上之想借文艺为宣传的武器，下之想借文艺为糊口的饭碗，这个我敢断言一句，都是文艺的坠落，隔离文艺的精神太远了。"②这里，郭沫若较为明确地表达了他对文艺功利主义的否定。那么，他为什么认为功利主义是文艺的陷阱呢？因为他对文艺本性的理解是"情绪的律吕，情绪的色彩便是诗。诗的文字便是情绪自身的表现"③。他并且认为作家到了"热情横溢"的时候，就将"冲破人性的界限"，因而也就没什么价值可言。④郭沫若相信激情能够超越价值，超越一切，但他有时还是流露出了他并不完全否认的事实："无论表现个人也好，描写社会也好，替全人类代白也好，主要的眼泪，总要在苦闷

---

① 郭沫若：《论国内的评坛及我对于创作上的态度》，王训昭、卢正言、邵华、肖斌如、林明华编：《郭沫若研究资料》（上），中国社会科学出版社1986年8月版，第158—159页。

② 郭沫若：《论国内的评坛及我对于创作上的态度》，王训昭、卢正言、邵华、肖斌如、林明华编：《郭沫若研究资料》（上），中国社会科学出版社1986年8月版，第158—159页。

③ 《二、致宗白华》，《郭沫若全集·文学编》第15卷，人民文学出版社1990年版，第47—48页。

④ 《少年维特之烦恼·序引》，《郭沫若全集·文学编》第15卷，人民文学出版社1990年版，第310—311页。

的重围中，由灵魂深处流泻出来的悲哀，然后才能震撼读者的灵魂。"①
他强调"灵魂深处"的情感在文学创作中的重要地位，同时他也承认这种
灵魂深处的声音也"能震撼读者的灵魂"。可见郭沫若并不是笼统地反对
文艺的功利主义，而是在表达某种特殊的含义：

> 我于诗学排斥功利主义，创作家创始时功利思想不准丝毫夹
> 杂入心坎。创作家所常讲究事，只是在修养自己的精神人格。艺
> 术虽是最高精神的表现物，纯真的艺术品莫有不是可以利世济人
> 的，总要行其所无事才能有艺术的价值。②

从这里我们可以看出，郭沫若排斥功利主义的根据有两条，一是艺术
创作是艺术家追求精神境界，修养自身人格的过程；二是文艺的"利世济
人"的价值实现不应等同于宣传等形式，而是要维护文艺价值的独特性。
这是认识郭沫若文艺功利观的关键环节，它联系着这种功利的是与非。要
理解这个关键环节，我们必须对它的文化语境有所了解。

实际上，这个文化语境是我们最为熟悉的，我们对它的无视，是因
为我们过于现实和具体，或者受到了西方分析论思维方式的影响所致。
自上古以来，中国人所关切的，不外是三种关系，即人与自身、人与自
然和人与神。这三种关系需要调适才能实现和谐与秩序，而调适这些
关系的正是同时处于这三种关系之中的最主动的因素——人。于是，从
古代开始，中国人所特别关注的一直是人，关心文艺不是为了文艺，而是
文艺为人应该做出什么。因而，对人的特别关切，是中国古代艺术观的原

---

① 郭沫若：《论国内的评坛及我对于创作上的态度》，王训昭、卢正言、邵华、肖
斌如、林明华编：《郭沫若研究资料》（上），中国社会科学出版社1986年版，
第158—159页。

② 郭沫若：《论诗·通讯》，王训昭、卢正言、邵华、肖斌如、林明华编：《郭沫
若研究资料》（上），中国社会科学出版社1986年版，第145页。

点，而这个原点的展开便意味着艺术是由人的精神来决定的，反之又要求艺术对人的精神塑造和提升发挥作用。[①]儒家的"心性之学"和"中和精神"就是这种认识的必然结果。所以儒家美学对艺术的发生作出独特的解释："凡音之起，由人心生也，……其本在人心之感于物也。"[②]郭沫若似乎对此也有同感，他在对这一以儒家传统为主导的中国文化背景心领神会的时候，便说，"艺术能提高人们的精神，使个人的内在的生活美化"[③]，又说："我郭沫若素来是富于反抗精神的人，我的行事是这样，我的文字也是这样。"[④]这些观点显然与孟子的"知人论事"思想十分接近。

（二）

然而，郭沫若还是分明地肯定了文艺的功利性。他说：

> 我承认一切艺术，虽然貌似无用，然在她的无用之中有大用存焉。它是唤醒人性的警钟，它是招返迷羊的圣篆，它是澄清河浊的阿胶，它是鼓舞革命的醍醐……[⑤]

郭沫若不笼统地否认文艺的功利观，也不笼统地赞成文艺的功利观。

[①] 参见栾勋：《学人的知识结构与中国古代文论研究》，《文学评论》1997年第1期。

[②] 《礼记·乐记》。

[③] 《艺术之社会的使命》，《郭沫若全集·文学编》第15卷，人民文学出版社1990年版，第199页。

[④] 《暗无天日的世界——答复王从周》，《郭沫若全集·文学编》第16卷，人民文学出版社1989年版，第153页。

[⑤] 郭沫若：《论国内的评坛及我对于创作上的态度》，王训昭、卢正言、邵华、肖斌如、林明华编：《郭沫若研究资料》（上），中国社会科学出版社1986年版，第159页。

当他在"文艺"的说明书上写上那些重要功能的时候，我们应该看得出来，他的笔还在隐约地颤抖着，因为他只认为文艺的社会价值是作品的某种客观的、自然而然的释放，而绝不是艺术家创作时就有的功利动机的必然结果，也就是说，他"对于艺术上的功利主义的动机说，是不承认他有成立的可能性的"[①]。这样一来，文艺的价值就不是来自于艺术家在创作时的动机、目的和愿望，而是取决于艺术家的思想、人格、经验和感受。

我们以这一逻辑为逻辑，会得到这样的认识：郭沫若是一个十分关切现实、积极入世的作家。他的忧患意识和使命感，他的经验和感受必然在他的作品中以各种艺术方式获得表达，因而，他的作品就不可能不带有明显的社会功利目的。这或许正像他在创作《聂嫈》时所自然实现的作品的功利目的一样："我平生容易激动的心血，这时真是遏勒不住，我几次想冲上前去把西捕头的手枪夺来把他们打死。这个意想不肖说是没有实行得起来，但是实现在我的《聂嫈》的史剧里了。我时常对人说：没有五卅惨剧的时候，我的《聂嫈》的悲剧不会产生，但这是怎样的一个血淋淋的纪念品（呸）！"[②]他的《女神》、他的《屈原》都是这样写成的，也都存在着它们的艺术功利。

所以，无论郭沫若对文艺的功利观的表述有多少矛盾，真正了解作家、了解作家的作品之人，都会发现郭沫若也是一个具有文艺功利主义倾向的作家。譬如，郑伯奇就曾对创造社作家作过如是判断："真正的艺术至上主义者是忘却了一切时代的社会的关心而笼居在'象牙之塔'里面，从事艺术生活的人们。创造社的作家，谁都没有这样的倾向。郭沫若的诗，郁达夫的小说，成仿吾的批评，以及其他诸人的作品，都显示出他们

---

① 郭沫若：《论国内的评坛及我对于创作上的态度》，王训昭、卢正言、邵华、肖斌如、林明华编：《郭沫若研究资料》（上），中国社会科学出版社1986年版，第159页。

② 《写在〈三个叛逆的女性〉后面》，《郭沫若全集·文学编》第6卷，人民文学出版社1986年版，第146页。

对于时代和社会的热烈的关心。"①郭沫若始终担心人们把他的文艺功利的主张理解为某种主观动机，而不是一种客观的释放，郑氏的阐述也正是采取了客观的态度。

儒家思想并不否定文艺创作的独特性，但儒家美论却强调文艺的价值目的，强调文艺对人、对社会的教化与影响作用。孔子的"兴观群怨"的诗教、"尽善尽美"的审美观，以及后儒提出的"文以载道"说，都表现出与西方完全不同的艺术思想。西方把"真"视为"善"和"美"的前提，儒家则对"善"特别看重，有时"善"就是"美"，有时"善"是"美"的前提和基础。儒家对"真"的要求不是知识论的，而是道德主义的人格概念，所以常常是把"真"解释为"诚"。郭沫若反对主观的功利论，承认客观的功利论，不就是寻求作家的真诚感受，真诚心灵的艺术实现吗？因为他十分怀疑"真"的可把握性，他说过，我们没有能力求得"客观的真实"。②我们很难说郭沫若对儒家审美文化有多大的自觉意识，但从他的艺术观来说，他对儒家审美文化的理解是相当深刻的，大概也正是由于这一点，他对儒家"文以载道"的价值观作出了在当时非常与众不同的历史性解释，③这说明他已经站在了新时代的立场上肯定了儒家艺术功利论的价值形式。

（三）

郭沫若虽已是一个亡灵，但我们仍不能违背他的认识来解释他的文艺价值观，而应该以某种客观的眼光来把握它。

---

① 郑伯奇：《中国新文学大系·小说三集导言》，上海良友图书印刷公司1935年版，第8页。

② 参见郭沫若：《印象与表现——在上海美专自由讲座演讲》，王训昭、卢正言、邵华、肖斌如、林明华编：《郭沫若研究资料》（上），中国社会科学出版社1986年版，第195—202页。

③ 《文学革命之回顾》，《郭沫若全集·文学编》第16卷，人民文学出版社1989年版，第86页。

我们从郭沫若的《女神》中当然能够发现理想化倾向、表现自我、歌颂自然和形式的绝对自由等浪漫主义特征，但我们无法忽视的是郭沫若扬弃了西方浪漫主义最核心的"超功利"主张，没有接受西方浪漫主义给诗人的提醒——如果太关心人世会丢掉诗的神圣性质，以他独有的方式表现出对社会和时代的无比关心。这正像闻一多对他的那个著名评价所言："郭沫若君的诗才配称新呢，不独艺术上他的作品与旧诗词相去甚远，最要紧的是他的精神完全是时代精神——二十世纪底时代底精神。有人讲文艺作品是时代的产儿。《女神》真不愧为时代底一个肖子。"①郭沫若虽然不像文学研究会诸作家和鲁迅那样，公开扯起"为人生而艺术"的旗帜，但在文化心理上又无法摆脱传统文化，尤其是儒家文化的实践理性和忧患意识的驱动，从而去关怀人生、拥抱时代。

积善成德，"事以利人皆德业"，是郭沫若儿时的家训。他最早接受的正规教育又是以"不打不成人，打到做官人"为教育目的和教育方式的绥山山馆的极其严格的家塾。②这些不可能不对郭沫若的深层文化心理结构产生原初性的影响。大概正是因此，他在很年轻的时候就颇富使命感地"抱着富国强兵的志向，幻想科学救国"③。进入成年以后的郭沫若，在"五四"之前，曾遇到两件与他人生命运和前途关系重大的关槛：

一件是1915年7月郭沫若升入冈山第六高等学校第三部医科后，立志学好专业。为勉励和提醒自己，便命笔抄录了深谙孔子仁道内涵的曾参的一句言论"士不可不弘毅，任重而道远"，并取字"毅夫"以自戒。④可见其心灵深处那种儒家式的忧患意识和使命感。

二是因学习过于刻苦，又忧患于灾难深重的国家，患了严重的神经官

---

① 《女神之时代精神》，《闻一多全集》第3卷，三联书店1982年版，第351页。

② 参见龚济民等：《郭沫若传》，北京十月文艺出版社1988年版，第5页。

③ 成仿吾：《怀念郭沫若》，《文汇报》1982年11月24日。

④ 参见龚济民等：《郭沫若传》，北京十月文艺出版社1988年版，第27页。

能症，自觉理想破灭，痛苦至极，"悲观到了尽头，屡屡想自杀"①，是他读了明代儒学大师的《王文成公全集》，深受其中修己之道的启发，赶走了病魔。后来他说："我有过一个时期是王阳明的崇拜者。"直到1958年，他还较为客观地评价曾拯救过他的王阳明的"事上磨练"思想。他指出："一面主张静坐，以求良知的体验，一面主张实践，以求知行合一的生活。尽管那出发点是有问题，但他的'事上磨练'那个主张，尽足以拯救一切玄学家的偏蔽。"②而且把王阳明的"去人欲存天理"的思想作为自己思想观念的来源之一。③

郭沫若早期诗歌建立在一个重要的思考基础之上，即他对人与自然的基本看法，这个基础也可以说是郭沫若诗学原则的哲学根底。我们从郭沫若的《天狗》《炉中煤》《晨安》《地球，我的母亲》《雪朝》《太阳礼赞》等早期诗歌中，都能看到人与自然在精神上的沟通，在感情上的交流。而这种交流是以人为中心的，郭沫若是把自然看作自我的表现。郭沫若对人的肯定，是建立在把个性融于群体之中的认识基础之上，所以，他称自己是一个"人民本位主义"者，因而在他的作品中体现出极强的忧国忧民的使命感。郭沫若和创造社成员们，虽然鼓吹过"为艺术而艺术"的主张，但这是另有用意的，用王晓明的话说，"创造社所以要打出他们自己并不十分信仰的为艺术而艺术的旗帜"，"是为了向文学研究会争夺理论的主导权。"④可见，创造社的"为艺术而艺术"的价值，主要在于它是另立的旗号，这"旗号"的下面仍然是为人生的艺术。

郭沫若对文艺的功利观念在表达上存在着明显的矛盾，有时甚至显得

---

① 《王阳明礼赞》，《郭沫若全集·历史编》第3卷，人民文学出版社1982年版，第289页。

② 《创造十年续编》，《郭沫若全集·文学编》第12卷，人民文学出版社1992年版，第208页。

③ 《王阳明礼赞》，《郭沫若全集·历史编》第3卷，人民文学出版社1982年版，第299页。

④ 王晓明：《刺丛里的求索》，上海远东出版社1995年版，第291页。

吞吞吐吐。然而如果我们稍加留意，就会发现几乎所有的中国智慧都是在"两端互补"的方式中建构起来的，而绝不是非此即彼的西方文化，如对阴与阳、天与人、福与祸、己与人等作出的"和德"与转化的解释。郭沫若对文艺功利的认识也与这种传统智慧相关联，他反对创作动机上的艺术功利论，但他肯定文艺所具有的客观社会价值。更有意味的是他虽主张创作过程是一个特定人格的真诚流露，但他对作家人格的要求以及他自己的人生理想却是博施济众、关切现实、积极进取等这些中国传统精神，而一个富有儒家传统的入世精神的创作主体，也就不必有意为之，便会自然而然地在他的文本中留下充分的社会目的性。这样，不就实际上等于肯定了儒家在艺术问题上的重善主义功利观吗？

在审视郭沫若的文艺价值论观念时，因忽略了它独特的传统背景，曾使我们产生了解释的"迷误"。但郭沫若的确非常忧虑：一旦举起了文艺的功利主义旗号，是不是会大大动摇文艺的独立品格，使文艺"像留声机一样"，只是一味地去"替别人传高调"①。实话实说，文艺如果丧失了信仰，也真是非常可怕，真有灭顶之灾，因而，我们只能承认，郭沫若的忧虑和担心也是一种艺术良心的表现。

三、镜子与斧头：茅盾的理性功利观

茅盾写的第一篇现代作家论的文章虽然是《王鲁彦论》，但他选择的第一个作家论的对象却是鲁迅。这现象尽管平常，但这背后的根据却对我

---

① 《批评与梦》，《郭沫若全集·文学编》第15卷，人民文学出版社1990年版，第232页。

们很重要：由于茅盾有一种思想与鲁迅那种干预社会的文学观念和创作意识产生了强烈的共鸣，才使他对鲁迅及其创作那么感兴趣，而那"思想"就是茅盾的功利主义的价值论文艺观。

茅盾曾这样解释新文学："我以为新文学就是进化的文学，进化的文学有三件要素：一是普遍的性质；二是有表现人生、指导人生的能力；三是为平民的非为一般特殊阶级的人的。唯其是要有普遍性的，所以我们要用语体来做；唯其是注重表现人生、指导人生的，所以我们要注重思想，不重格式；唯其是为平民的，所以要有人道主义精神，光明活泼的气象。"[1]在这里，所谓"普遍"，是在提倡为人生的广泛途径；所谓"为平民"，主要是对文学的人道主义立场的强调。而第二点的"表现人生指导人生"是核心，它所强调的是在文学的"思想"和"格式"这两个基本要素中首先选择"思想"。但茅盾所说的"思想"，并不是就一般意义而言的，因为"思想"可以是束之高阁的理论，也可以是消极出世的宗教观念，这些都是茅盾所否定的。他对"思想"的特别理解是：

> 凡是一种新思想，一方面固然要有哲学上的根据，一方面定须借文学的力量，就是在现实人生里找寻出可批评的事来，开始攻击，然后这新思想能够"普遍宣传"。[2]

在茅盾看来，文学中的"思想"，一个层面是"哲学上的依据"，另一个层面是批判现实的武器，而"武器"的意义正在于它在干预现实的过程中所体现出来的价值。文学这种价值常常体现在对现实政治的干预，因而，茅盾就十分推崇那些具有政治意义的文学。他曾借英国作家哥斯的

---

[1] 《新旧文学平议之评议》，《茅盾全集》第18卷，人民文学出版社1989年版，第18页。

[2] 《对于系统的经济的介绍西洋文学底意见》，《茅盾全集》第18卷，人民文学出版社1989年版，第20页。

观点说，"挪威稍有价值的诗人，都是政治家"；俄国的作家大都"要诅咒这政治这社会"；"匈牙利文学简直是借文学来作宣传民族革命的工具了"；"波希米亚文人不但把政治思想放在文学作品里，并且还拣取了一种最宜于宣传政治思想的文学体式咧"。[①]凡此种种，茅盾把参与政治看作文学的一种辉煌，把文学看作参与政治的最好形式。他的小说也正是以审美的方式实现了他的文学价值论思想，这正如一位先生所说：茅盾的小说"力争把艺术从象牙之塔引向十字街头，在沉醉迷离的意识层间外，用清醒的镜角透视广大的社会人生，在总体的艺术框架间体现作家的社会责任感，这便是它的可珍惜的价值观和艺术使命"[②]。

茅盾用他的理论鼓吹着文学的历史价值，用他的作品反复实践着他自己的这一主张。许多人对茅盾这种价值论文学观念不以为然，但茅盾几乎从来没有修正过他的这个观念，无论在理论上还是在创作上。对此，我们今天不论怎么看，历史都曾经选择了它，历史真真切切地选择了茅盾的这一文学观。

"五四"时期的文学观念是各种各样的，但总起来说，有三种文学思潮具有显要位置：以文学研究会为代表的为人生派，亦称"五四"的现实主义；以创造社为代表的为艺术派，亦称"五四"的浪漫主义；以鸳鸯蝴蝶派为代表的娱乐派，它一直处于边缘地位。起初，各派对自己的主张还都很坚定，如改革之后的《小说月报》虽不是文学研究会的机关刊物，但它却代表着人生派的文学观念，而茅盾主持改革《小说月报》时的第一刀就砍向了鸳鸯蝴蝶派；又如创造社作家在开始时，不仅在艺术观念上提出与文学研究会不同的看法，很明显还有意与文学研究会争夺文坛的中心地位。然而，几年过后，文学研究会作家们的文学观念似乎自然而然地成了中国现代文坛的主导思想。

---

① 《文学与政治社会》，《茅盾全集》第18卷，人民文学出版社1989年版，第279—280页。

② 孙中田：《〈子夜〉的艺术世界》，上海文艺出版社1990年版，第97页。

在文学研究会的作家中，比较有代表性的观点应该是周作人、郑振铎和茅盾。他们在原则上都承认文学与人生的关系，但在文学的本质和外在功能等方面却又表现出很大的不同。其中，周作人与茅盾的观点差距较大，郑振铎的观点大体处于周、茅之间，所以，我们应该特别关注的是周作人与茅盾之间的不同点。就总体而言，周作人立足于个人本位主义，提倡文学的多元化，承认文学有现实的功利，但反对作家带着功利目的进行创作。茅盾则有些相反，他立足于为"集团"、为平民的创作目的，坚持社会使命是文学所必须守望的不可动摇的特征，因而我们几乎见不到茅盾提倡文学的多元化；他认为文学的功利目的是创作主体自觉意识的体现，强调动机与效果的统一。就是茅盾的这些观点，在后来，越来越被中国的现代文学史所认同。细心的文学史家会发现，到了30年代中期，郑振铎在为《新文学大系·文学论争集》撰写的"导言"中，对自己的观点只字不提，倒反复地介绍和评价沈雁冰的观点，虽然他的文章也被收进这本文集里。这里在有力地暗示着，茅盾的主张已经被历史所肯定，为大多数人所接受。

茅盾上述思想与本章其他部分提到的所有观点汇合起来，主要有三个方面：一是认为文学应以时代化的人道主义立场真诚地面向平民和大众；二是文学的社会使命和教化作用应该受到充分的肯定；三是作家要有意识地、自觉地实现文学的社会价值。我们能够发现，后来中国现代文学观念的主流形态就是由茅盾的这些文学思想构成的。这里有一个中心逻辑：无论是文学的创造者还是文学文本本身都应对文学的社会价值具有足够的自觉。这些事实我们已经无法否认，然而一些非常诱人的问题还存在着：茅盾为什么那样理解和描述文学？历史又为何毫不犹豫地选择了它？

对上边的问题，作家自己未必一点没有察觉，不然他何以认识到"文学与人种很有关系"，"民族的性质，与文学也有关系"呢！①的确，茅盾为历史所选择，是由于他选择了"历史"。因为，历史的深层活力是它

① 《文学与人生》，《茅盾全集》第18卷，人民文学出版社1989年版，第269页。

的文化传统的积极本质，而且传统文化的积淀对历史主体来说也是具有普遍意义的。

中西文化都有人文主义思想，但西方的人文主义肯定的是人的欲望、情感、个性等"个体感悟"，至少对此表示深切的同情，因而他们要求一切外界，包括人所创造的"文化"和"第二自然"都必须以满足人的个体感悟的需求为目的，能否实现这一目的，也是"文化"和"第二自然"的不可动摇的存在依据；中国的儒家文化是一种特殊的人文文化，它对人的重视，则是建立在把宇宙学与生命学统一起来的有机宇宙观背景之上的，他们的做法是"观乎天文，以察时变；观乎人文，以化成天下"①。人的理想境界是人与"天文"和"时变"所体现的宇宙生命的和谐，而人只有认识了"道"，才能达到这一境界，才能内在地体会到宇宙生命的反响，所以要"化成天下"。儒家文化强调内圣，强调"为己之学"，强调道德理性，就是这一生命体悟的表现。同时，"道"的本质体现是"善"，善的核心是"仁"，因而，从根本意义而言，人如果真正体认了道，就应该"修己以安人""修己以安百姓"②，就应该"己欲立而立人，己欲达而达人"③。这里"安人""立人"的一个很重要的内容就是使人更具有人的特征，人的境界，使人更具有"善"的坚定性。我们从中不难体会到三个要点：一是对道德理性的追求，即人的一切作为都应围绕人格境界的提升；二是这种道德理性不是以个人为出发点的，而是要"仁者爱人"④，是在"修己""立己"的同时，也使他人和群体都实现某种道德境界；三是当这种对道的体认转化为道德理性时，它就一定是一种道德自觉。

基于这种观念，儒家文化便要求一切文化形式都要服务于这一理念，因而，就注定了文学艺术也必须在对人们的教化中来确立自身的价值和存

---

① 《周易·贲卦》。

② 《论语·宪问》。

③ 《论语·雍也》。

④ 《孟子·离娄下》。

在依据。儒家的"诗教"思想就充分地体现着这种观念。孔子说:

> 入其国,其教可知也。其为人也,温柔敦厚,《诗》教也;……其为人也,温柔敦厚而不愚,则深于《诗》者也。[①]

孔颖达对此加以解释说:

> "其为人也,温柔敦厚而不愚,则深于《诗》者也",此一经以诗化民,虽用敦厚,能以义节之,欲使民虽敦厚不至于愚,则是在上深达于诗之义理,能以诗教民也,故云深于诗者也。

> 若以诗辞美刺讽喻以教人,是诗教也。[②]

可见,儒家的"诗教"强调文学的教化作用,而且是使广大的民众经过诗教后实现温柔敦厚的人格。为什么这种教化会达到"温柔敦厚"的人格面貌呢?原因是以"诗"教之的结果。这就强调了以诗教所体现的审美教育的独特性,所以孔子同时强调"尽善尽美",提倡"文质彬彬"的审美观念。茅盾也并不是仅仅强调文学的社会价值,他还认为:"文学是思想一面的东西,这话是不错的。然而文学的构成,却全靠艺术。""创造新文学,思想固然重要,艺术更不容忽视。"[③]但我们从整体来看,儒家的美论思想和茅盾的文学主张都是强调艺术的"善"和社会价值的优先地位的。

肯定文艺的社会价值的中国现代作家很多,仅就"五四"时期,鲁

---

① 《礼记·经解》

② 孔颖达:《礼记正义》。

③ 《"小说新潮"栏宣言》,《茅盾全集》第18卷,人民文学出版社1989年版,第12页。

迅、周作人、郑振铎、郭沫若、叶绍钧、冰心、丁玲等都基本不否认文学的功利性，但其中有的作家却认为文学的功利性只是文本的客观价值，并非作家在创作前或创作中所具有的一种自觉意识。比如，郑振铎认为如果承认了这种自觉意识，就等于"消灭"了文学[①]；周作人虽承认文学与人生之间的密切关系，但认为"文学是无用的"[②]；郭沫若认为把文学的功利观作为创作动机，就是"文艺的坠落"[③]；而茅盾则另有主张，明确强调文学家对文学价值目的的自觉：

> 文艺家的任务不仅在分析现实，描写现实，而尤重在于分析现实描写现实中指示了未来的途径。所以文艺作品不仅是一面镜子——反映生活，而须是一把斧头——创造生活。[④]

所以，茅盾认为："文学决不可仅仅是一面镜子，应该是一个指南针。"[⑤]这类观点茅盾在许多场合都表述过。由此可见，茅盾不仅肯定文学的社会使命，而且是理直气壮地坚持这一点，因而他所主张的是作家对文学功利的自觉意识，强调动机与价值的统一。茅盾创作之前总是习惯于制作一个详细的"大纲"，如《幻灭》《霜叶红似二月花》，尤其是《子夜》的创作，茅盾所写的"大纲"，其详细和完备性是中国文学史中少有的；此外，茅盾创作过程的"主题先行"倾向等，大概都与他所强调的动

---

① 《新文学观的建设》，《郑振铎选集》下册，福建人民出版社1984年版，第1089—1090页。

② 周作人：《中国新文学的源流》，华东师范大学出版社1995年版，第14页。

③ 郭沫若：《论国内的评坛及我对于创作上的态度》，王训昭、卢正言、邵华、肖斌如、林明华编：《郭沫若研究资料》（上），中国社会科学出版社1986年版，第158页。

④ 《我们所必须创造的文学作品》，《茅盾全集》第19卷，人民文学出版社1991年版，第313页。

⑤ 《文学者的新使命》，《茅盾全集》第18卷，人民文学出版社1989年版，第539页。

机与价值统一的文学创作的指导思想不无关系。当然，托尔斯泰和巴尔扎克等在小说写作前也制定"大纲"，茅盾也的确受到过他们的影响，但茅盾选择了这一做法也不可否认与他对文学的价值自觉的充分肯定具有一致性。如前面所说，中国文化视野中的文学，是在历史价值的实现之中确立自身的，因而它本来就无须遮掩地承认文学创作应该对文学的价值有充分的自觉意识。这在儒家的诗教理想、美学观念中都有体现。

茅盾提倡文学的社会使命意识，他认为文学应该以一种人道主义立场在社会群体、在平民中来体现自身的使命；他承认文学的教化作用，并认为这种教化作用应该是文艺家的自觉意识，他在一种动机与价值的统一关系中来把握文艺的社会目的，表现某种对文艺的功利目的的理性而科学的态度；这些观点显然与儒家的求"道"的文化观和"载道"的艺术观在本质上有着很大的相似性。不仅如此，茅盾作为一个带着民族文化积淀，带着对民族传统的深刻理解的中国作家，我们很难完全否认他的文学观念与中国文化传统的渊源关系。

四、为了劝人：赵树理的现实功利观

有无数的文学家一直努力将文学推到超越历史和现实的境地，这种对文学的独特艺术信仰的追求，大概是容易理解的，而赵树理却要主动回避这种对文学的追求。他所希望的是能够用自己的作品来为政府工作，所以他从来没有想过文学应该有什么独立的身份，经常是把文学视为为政府解决社会问题的一种工具。他极力强调文学形式要让民众喜闻乐见的目的，除了为民众提供精神食粮之外，最为重要的就是能够在更广阔的范围里实现文学的社会价值。

<h2 style="text-align:center">（一）</h2>

赵树理完全不相信文学有自己的独特的艺术信仰，不相信文学的产生动力就来自文学自身，不相信文学的创作目的就是文学，因而他坚决反对一切具有唯美倾向的文学主张，反对为艺术而艺术的文艺观念。他对文学的基本建树是，就客观上说，文学创作是从生活到生活的过程；就主体而言，创作动机和目的都是解决社会问题，他确信的事实和理由是：

> 俗话常说："说书唱戏是劝人哩！"这话是对的。……从前有些写小说的硬说他们自己的目的只是为"写小说"，一提到小说是劝人的他们就火了——他们自以为有了"劝人"的目的就俗气了。其实不论他们自己赞成不赞成，他们仍然是为了"劝人"才写。凡是写小说的，都想把自己认为好的人写得叫人同情，把他自己认为坏的人写得叫人反对。你说这还不是劝人是干什么？说老实话：要不是为了劝人，我们的小说就可以不写。①

否认文学的纯粹艺术价值是中国现代作家的一种普遍看法，但我们却很少能够看到像赵树理所表现出来的那种毫不动摇的坚定姿态。他认为创作就是把好人"写得叫人同情"，把坏人"写得叫人反对"，就是为了"劝人"，他甚至干脆不相信那些认为写小说的目的就是"写小说"的讲法是一种真实思想的流露，以为那不过是由于怕被人说成是"俗气"，是图虚荣。对此，我们完全没有必要去想这是赵树理的门派观念。从他的整个精神世界来看，他在中国现代作家中是一个无门派观念的突出者。我们有时对他把文学表述为一种是解决社会历史问题的工具，感到有点幽默，

---

① 《随〈下乡〉集寄给农村读者》，《赵树理文集》第4卷，工人出版社1980年版，第1761页。

甚至滑稽，然而当我们体会到这的确是他心灵的真实的时候，我们或许就会被他的这种"虔诚"所感动，从而产生某种"悲壮"感。

中国现代作家中的鲁迅、郭沫若、茅盾等都有文学的功利思想，但赵树理对文学功利的理解则是相当特别的，他不仅相信文学就是"劝人"的，而且把文学的社会价值几乎等同于宣传的作用，因此他才津津乐道地说：

> 我在作群众工作的过程中，遇到了非解决不可而又不是轻易能解决了的问题，往往就变成所要写的主题。这在我写的几个小册子中，除了《孟祥英翻身》与《庞如林》两个劳动英雄的报道以外，还没有例外。如有些很热心的青年同事，不了解农村中的实际情况，为表面上的工作成绩所迷惑，我便写《李有才板话》；农村习惯上误以为出租土地也不纯是剥削，我便写《地板》（指耕地，不是房子里的地板）……假如也算经验的话，可以说"在工作中找到的主题，容易产生指导现实的意义"。[①]

他说他写《李有才板话》是为了批评有些"热心的青年"工作的不深入，实际上这并非这篇作品的客观价值，因为作品的章工作员的浮躁作风并没有被突出出来，读者从中首先看到的是"村东头"那些贫苦农民的痛苦和心愿，和代表政府的老杨为民做主的故事。有了人民政府，农民就有希望——应是作品的主要思想，但赵树理对自己的创作动机的自白，却可说明他把文学创作看成了解决实际工作的一种形式，而且将其视为他的作品的普遍特征。《地板》倒正如作家所说，一开始就通过地主王老四之口提出了一个十分尖锐的问题：粮食是拿地板换的，还是拿劳力换的？像是一篇开门见山的论文。对于《邪不压正》，他的创作动机的针对性也是十分具体，用他的话说，他"写那篇东西（指《邪不压正》——摘者）的

---

① 《也算经验》，《赵树理文集》第4卷，工人出版社1980年版，第1398页。

意图是'想写出当时当地土改全部过程中的各种经验教训，使土改中的干部和群众读了知所趋避'"①。如果我们仅仅从作家的角度来理解他的作品，有时真的觉得他并不是一个作家，而是一个做具体工作的工作员。可以说，他的独特性就是他没有独特性，他所坚持的作家的独立人格就是作家主动放弃自我而成为社会历史发展的一种功能。

然而，我们却不能完全否认作为一个作家所必须具备的对文学的艺术自觉，赵树理还是在为了实现他的文学的社会目的的同时，关注了文学的自身规律。他的确考虑过"通过什么形象来感动人，使人受了感动后思想意识上可能发生一点什么变化，是写作者在计划一个具体作品之前应该首先考虑到的事，不是见到了什么人什么事都有写成文艺作品的任务"②。又说："我们写小说的意图虽说在于劝人，可是和光讲道理来劝人的劝法不同——我们是要借着评东家长、论西家短来劝人的。"③在这里我们看得出来，赵树理注意到了文学的"形象"，即感性形式的问题，注意到了审美心理的问题，也注意到了作家情感倾向的问题，但他对此的理解却是太粗糙、太简单了，距离文学应有的独特艺术价值的复杂性、丰富性和深刻性实在相去甚远。

（二）

赵树理能够把文学的社会价值理解得这样极端，根源自然是多方面的，这与党对文艺的要求，与他所处的三晋文化的"敦行务实"精神④等都有关系，但我们必须注意这样两点：一是党的要求和地域文化的形成，

---

① 《也算经验》，《赵树理文集》第4卷，工人出版社1980年版，第1398页。

② 《和青年作者谈创作——在全国青年文学创作者会议上的发言》，《赵树理文集》第4卷，工人出版社1980年版，第1507页。

③ 《随〈下乡集〉寄给农村读者》，《赵树理文集》第4卷，工人出版社1980年版，第1762页。

④ 参见朱晓进：《"山药蛋派"与三晋文化》第3章，湖南教育出版社1995年版。

都与中国的主流文化传统的参与有着密切的关系；二是从根本上说，赵树理的文学价值观是中国文化和艺术传统的最易形成的结果。中国现代作家在这方面的某种普遍性也同时在说明着这个问题。

儒家传统对社会文化的认识是整体性的，它把整个文化系统中的所有部分都视为一个文化系统的有机组成部分，因而它便无法想象文艺能够自己从这个整体的文化系统中分离出去成为一种独立的文化形式。与此相关，儒家形成了在世界文化史中极为独特的审美观念和文艺思想。

儒家不否认美的存在和价值，但它把美建立在善的基础上。就某种意义而言，儒家文化所理解的美是善的一个高级境界，是善的完美形式。孔子说："知者乐水，仁者乐山。"①用朱熹的话说，就是："知者达于事理而周流无滞，有似于水，故乐水；仁者安于义理而厚重不迁，有似于山，故乐山。"②孔子把审美看成是人在面对审美客体时所产生的道德共鸣。因而，他认为玉之美是因为他看到了"温润而泽，仁也"等六种可以比附的关系，汉代刘向概括为"玉有六美，君子贵之"③。所谓："夫玉者，君子比德焉。"④孟子认为味、色、声相对于口、目、耳可以构成审美关系。那么唤起"心"中之美的是什么呢？他给的答案是"理义"，所谓："理义之悦我心犹刍豢之悦我口。"⑤孟子这种推理虽未必成立，但他所强调的善对美的决定性意义则一目了然。

既然儒家把道德人心作为美的本质，那么，它就必然特别重视文艺的社会功能。孔子讲："诵《诗》三百，授之以政，不达；使于四方，不能专对。虽多，亦奚以为？"⑥这是说，读了《诗》不能很好地应对政务，

---

① 《论语·雍也》。

② 朱熹：《四书集注》。

③ 刘向：《说苑·杂言卷十七》。

④ 《荀子·法行》。

⑤ 《孟子·告子上》。

⑥ 《论语·子路》。

那就等于白学了。不仅如此，《诗》还可以"迩之事父，远之事君"①，显然他把侍奉父母和国君视为学"诗"的根本目的之一。他甚至认为："人而不为《周南》《召南》，其犹正墙面而立也与？"②，意思是人如果不学《周南》和《召南》这样的作品，就好比面壁而立，不通人际和世事。

荀子认为儒者肩负着对朝廷和百姓的教化作用，当然这里包含着身教和言教两个方面，这些观念总起来说，都包含在他提出的"美政"和"美俗"的思想之中，因而政治功利成为荀子文艺观的重要核心。为此，荀子在《乐论》中反复强调这一思想，我们不妨摘录几段，以作参证：

> 故乐者，天下之大齐也，中和之纪也，人情之所必不免也。

> 君子以钟鼓道志，以琴瑟乐心。……故乐者，所以道乐也。金石丝竹，所以道德也。乐行而民向方矣。故乐者，治人之盛者也。

> 乐合同，礼别异。礼乐之统，管乎人心矣。

这里，荀子仿佛认同了音乐的两种功能，即情感愉悦和道德教化，但实际上只有一个核心，就是"礼乐之统，管乎人心"。因为荀子一贯认为"人情不美"③。他出于"性恶论"的观念，认为人的自然需要是恶的，所以他极力主张对人性的管制与教化。

我们能够看到，儒家对美的本质和文艺的特性的认识有两个倾向：一个是以孔子为代表的强调对人的个体人格的造就，它所理解的文艺的社会功能常常带有追求人的价值实现的内在目的；另一个是以荀子为代表的强

---

① 《论语·阳货》。

② 《论语·阳货》。

③ 《荀子·性恶》。

调文艺的政治功能，它常常从政治统治的角度来认识文艺的教化作用，有时甚至把文艺视为参与政治和管理人民的工具。但从总体而言，儒家美论和文艺思想都把美和文艺的本质理解为善，在一些场合，善就等于美，尽管他们也并不完全忽略美和艺术形式，但在儒家的美论和文艺观中，道德本质以外的东西，不过是一种应加以道德制约的"装饰"而已。当然对此也有不同理解，但我还是觉得我们的看法并不过分。

虽然中国还有以道家思想为代表的体现出某种历史超越的艺术传统，儒家文化自身也发生过不止一次的危机。不过，我们把历史的选择称作自然的或是残酷的都无关紧要，中国的文化史在事实上的确给了儒家文化以更多的发言权和主宰权，因而儒家的美论和艺术观一直对中国古代的文艺潮流具有主导性影响。此后，也还在明里暗里地引导着鲁迅们、赵树理们和我们。

（三）

我们倒不是说儒家的这些具体的观念与赵树理有什么事实上的直接关系，而是要说明中国文化的总体特征在多种机缘和途径上给中国现代作家带来的影响。我们作为这样一种文化的自觉或不自觉的传人，我们任何人都无法摆脱这种文化在我们精神世界里的积淀。

儒家传统的功利主义文艺观对中国现代作家的影响具有某种普遍性，鲁迅创作小说是为了民众的启蒙，但他似乎没有发现比他清醒的另外任何人，他也一直没有把自我交出去，按照别人的意愿来进行历史和文化选择。茅盾强调文艺为人生，但他从来没有忽略过文艺的审美价值和艺术形式的完美，所以他才以一种在中国现代作家中少有的精心态度创作了《子夜》。赵树理与鲁迅和茅盾虽然都受到儒家文化传统的影响而自觉或不自觉地在理论和创作实践上坚持了文艺的社会目的论，但赵树理与他们却有某些明显的不同。

从前面的分析可以知道，赵树理对文艺的"劝人"价值认识得十分清楚，这也是他反复强调的，是他所坚信的观念。但他对文艺的审美价值却几乎没有自觉，不要说他在这方面少有理论上的认识，在他的作品中，我们对其艺术性也实在不好恭维。一个翻译了多种赵树理作品的美国人，最后说出的却是："我对赵树理的书感到失望。"理由是，赵树理"对故事情节只是进行白描，人物常常是贴上姓名标签的苍白模型，不具特色，性格得不到充分的展开。最大的缺点是，作品中所描写的都是些事件的梗概，而不是实在的感受"①。我们尽可以说这是一个西方人用西方的文学标准来衡量赵树理作品的结果，但我无法自欺的是，曹雪芹和罗贯中并没有像赵树理那样写小说。这说明，赵树理在儒家的这一艺术传统上达到了某种极端，或许不能叫作极端，而只是接近于荀子的文艺主张罢了。

在对创作主体的认识上，他自然不同于茅盾，更不同于鲁迅。对此他曾说："我们写小说的，想叫自己劝人劝得不出错，就得先端正自己的认识。不过我们也都是从旧社会过来的，谁的思想上也难免受过一些旧社会的沾染，想消灭这种坏影响，一方面要靠学习马列主义，一方面要锻炼自己的思想感情使它和劳动人民的思想感情融洽起来，简截地说来，就叫做政治修养。"②又说："解放以来，旧文艺界虽然不写'一道白光'之类的作品了，但写新的还不能掌握政策，所以我们要好好学（每天报纸上的政策和文件，都应好好学习），渐渐学得能掌握政策，才能有好的作品产生。"③可见他所关心的是"政治修养"，而"政治修养"的关键是学习革命的"指导思想"，是把握党和政府的"政策和文件"。

---

① ［美］杰克·贝尔登：《赵树理》，黄修己编：《赵树理研究资料》，北岳出版社1985年9月版，第40页。

② 《随〈下乡集〉寄给农村读者》，《赵树理文集》第4卷，工人出版社1980年版，第1762页。

③ 《在大众文艺创作研究会成立大会上的讲话》，《赵树理文集》第4卷，工人出版社1980年版，第1428页。

赵树理的确有一种献身精神，他当然也要他的作品忘掉"自我"，完全成为政治的工具。这里透露出一个与鲁迅不同的精神倾向，就是他对某种政治的完全忠诚。

后　记

我才知道，在自己的书稿将要付梓之时，心情不都是喜悦，感激、振奋、惭愧、遗憾，甚至怀旧等，都会在灵魂中亮相。

这个课题，在许多年前我就开始关注了。此前在阅读有关中国现代文学的各种文章和文学史的著作中，留下的最深印象是中国现代文学是新的，是坚定地反传统的，而且在很长一段时间里，都觉得这种印象是不可怀疑的。后来文学现象接触多了，便发现原有的印象只是某些文学评价给定的，而不是中国现代文学自身的"完形"体现，于是，1991年我就把这些最初的想法之一写成了一篇今天看来很不成熟的文章——《中国现代文学观的社会目的性》，并把它发表出来。但这篇文章还只是一种表面性的描述，没有在真正意义上涉及传统文化与中国现代文学的问题。我当时深知这个课题的挑战性、难度和所必须具有的雄厚的知识储备，便一直没再敢去写这方面的东西，只是在默默地读有关传统文化的一些书籍。几年以后，我开始集中考虑这个题目。1998年春季，这一部书的初稿总算完成了。而后，又经过了几个月的调整和修改，便成了现在的模样。

几年来，我一直埋头于本书的资料整理、思考、写作和修改之中，无暇跳出本书来审视本书，在本书真的完成之时，我才深深感到这个题目的大和难，才觉得对这个题目的力不从心。好在我一开始的渴望，就是要引起人们对中国现代文学在深层结构上与儒家文化之间的复杂联系的关注，而从未奢望凭我的一人之力来解决这样一个文学史中的巨大问题。

本书的写作过程，得到了我的导师孙中田先生的深入细致、自始至终的指导，从整体构架到一些论述的细节，他都提出了许多十分宝贵的意见，同时他还为本书提供了若干材料。在本书即将出版之际，想起导师对本书的殷切关怀，使我更加体会到了恩师之"恩"的贵重和永恒。

本书因不可避免地要涉及古代思想和文化，故在本书写作的那些日月，我多次烦扰并请教过李炳海先生，他给了我许多非常有意义的指教，他还对书稿作过某些修改。他的学识、胸怀和师长风范，令我永生难忘。

朱德发、范伯群、郭铁成、刘中树、袁国兴、张福贵诸位先生都曾于百忙之中读过本书的原稿，他们对书稿的评价，多有奖掖，对此我虽兴奋、感激，但从不敢以此自是，只想永记心中，作为鞭策。我的同事加同学逄增玉、朱自强、刘雨三位教授曾为本书不吝提供资料和思想，这不仅使我体会到了一种学术人生的温暖，还对本书的顺利完成起到了重要的作用。

本书所研究的课题，能够作为国家教委人文社会科学九五规划青年基金项目，全靠有关专家和领导的大力支持，对此我万分感激。

我的这本书能够纳入"东北师范大学文库"系列之中，全赖出版社领导的悉心关怀，他们的知遇，他们的热心，让我感佩万分。我想我还必须特别提出的是，在我的书稿完成后，便敬呈当时的出版社总编辑詹子庆先生指教，以求获得出版的"许可证"。我虽与他素无来往，但他却为本书的出版十分积极，让我出乎意料。这是一种鼓励后学的高尚精神和学术使命感，我真无法须臾忘怀由此产生的那种深沉的激励。友人吴长安为本书的出版所做的努力，也是不能用语言道谢来表达的。责任编辑唐峻山老师在版式、文字、印刷等方面，为本书的出版不舍昼夜地工作，他的那种完美主义的追求，让我感动，使我惊叹，至今难忘。

限于本人的学识和本书话题的独特性，书中荒谬和推测之处在所难免，还望学术界的师长和朋友不吝赐教。

作　者
1999年9月9日

读者须知

　　本书已接入版权链正版图书查证溯源交易平台，"一本一码、一码一证"。扫描上方二维码，您将可以：

　　1. 查验此书是否为正版图书，完成图书记名，领取正版图书证书。

　　2. 领取吉林人民出版社赠送的购书券，可用于在版权链书城购买吉林人民出版社其他书籍。

　　3. 领取数字会员卡，成为吉林人民出版社读者俱乐部会员。

　　4. 加入本书读者社群，有机会和本书作者、责任编辑进行交流。还有机会受邀参加本社举办的读书活动，以书会友。

　　5. 享受吉林人民出版社赠予的其他权益（通过读者俱乐部进行公示）。